市场营销沙盘模拟教程
（第2版）

何 伟　张恩广　赵盼红　主编

康元华　主审

电子工业出版社
Publishing House of Electronics Industry
北京·BEIJING

内 容 简 介

本书依托中教畅享（北京）科技有限公司（ITMC）市场营销综合实训与竞赛系统（4.0版本），以仿真的企业经营管理环境和运营操作流程为主线。本书共包括五大模块：模块一，走进市场营销沙盘的世界，让读者了解市场营销沙盘虚拟企业经营过程；模块二，市场营销沙盘操作基础，让读者掌握市场营销沙盘虚拟企业经营规则及流程；模块三，制定经营战略，让读者领会企业的经营管理技巧；模块四，市场营销沙盘实战模拟，让读者模拟生产企业经营与管理；模块五，解密市场营销沙盘经营，让读者掌握企业经营的本质。本书文字简洁、精练，便于理解，准确阐明了市场营销沙盘虚拟企业经营的理念和规则，力求使操作体系全面、完整、准确，具有很强的实用性。

本书可作为职业院校市场营销专业、计算机专业、电子商务专业及其他商贸类专业的教材，也可作为市场营销爱好者、创业者的自学用书，还可供准备参加全国职业院校技能大赛高职组市场营销赛项比赛的教师、学生参考使用。

未经许可，不得以任何方式复制或抄袭本书之部分或全部内容。
版权所有，侵权必究。

图书在版编目（CIP）数据

市场营销沙盘模拟教程 / 何伟, 张恩广, 赵盼红主编. -- 2版. -- 北京 : 电子工业出版社, 2025.1.
ISBN 978-7-121-49565-6

Ⅰ. F713.50

中国国家版本馆CIP数据核字第2025YP8227号

责任编辑：陈　虹　　　　文字编辑：张　彬
印　　刷：河北鑫兆源印刷有限公司
装　　订：河北鑫兆源印刷有限公司
出版发行：电子工业出版社
　　　　　北京市海淀区万寿路173信箱　邮编100036
开　　本：787×1 092　1/16　印张：15.75　字数：404千字
版　　次：2019年1月第1版
　　　　　2025年1月第2版
印　　次：2025年1月第1次印刷
定　　价：55.00元

凡所购买电子工业出版社图书有缺损问题，请向购买书店调换。若书店售缺，请与本社发行部联系，联系及邮购电话：(010) 88254888，88258888。
质量投诉请发邮件至zlts@phei.com.cn，盗版侵权举报请发邮件至dbqq@phei.com.cn。
本书咨询联系方式：chitty@phei.com.cn。

前 言
PREFACE

在当今的时代背景下,创新创业教育受到政府部门、高等院校的高度重视,许多高等院校纷纷成立创业学院,开展创业教育工作。可以作为创业教育前期创业认知基础教育的市场营销沙盘模拟经营,通过模拟训练的模式,对宏观环境、行业特性、消费者特征及购买行为、市场竞争进行仿真模拟,构建虚拟运营的博弈环境。每4人组成一个经营团队,模拟经营一家资金充裕、银行信誉良好、有一定运营基础的制造型企业。各个虚拟企业在动态的经营环境中与竞争对手进行经营博弈,企业经营者通过不同市场、不同时期的各种竞争策略的制定、调整、完善并且成功实施,寻求营销组合的最优化,实现投入最小和市场份额最大,从而达到利润最大化。

虚拟企业的运营是一次困难而有意义的经营博弈历程,能够提高经营者分析和解决市场营销管理问题的能力,开拓创新思维,激发创业意识。经营者想要在众多虚拟企业中脱颖而出,就必须进行经营创新。企业经营创新就是根据市场环境、竞争对手状况一点点地去改变。但是这样的"一点点地去改变"需要极大的信仰追求和耐心,需要长远规划、坚持推进。只有不断地改变与完善自我并且不断地坚持才能真正实现企业经营创新。

ITMC市场营销综合实训与竞赛系统(4.0版本)(简称市场营销沙盘系统)是由中教畅享(北京)科技有限公司研发的生产企业经营模拟仿真软件,该系统对于提升学生的决策能力、分析和解决问题能力、团队协作能力、创新思维能力等具有很好的作用。自2013年问世以来,以市场营销沙盘为平台的全国职业院校技能大赛已经成功举办9届,国内很多高校开设了市场营销沙盘模拟课程。特别是2014—2023年,市场营销沙盘系统成为全国职业院校技能大赛高职组市场营销赛项的一个重要组成部分,参赛院校已达数百所。

本书在第1版的基础上进行了第2版的改写工作。本次改写的主要内容如下:根据ITMC市场营销综合实训与竞赛系统(4.0版本)更新的内容,对相应章节的数据图、表进行了更新;新增了模块五任务三对各类经营策略的解析。

本书由何伟、张恩广、赵盼红担任主编,由康元华主审。本书主编自2013年开始从事市场营销沙盘教学工作,指导学生多次参加市场营销沙盘相关职业技能竞赛,获得多项国家级一等奖,积累了比较丰富的教学经验。为了更好地满足课程的需要,主编结合指导

市场营销沙盘模拟教程(第2版)

学生的实际情况,同时参考相关教材和文献,编写了本书。在此,向所有被引用文献的著作者,以及给予我们指导和帮助的专家、学者表示衷心的感谢。

由于编者水平有限,书中难免有缺陷和疏漏之处,恳请专家、读者批评指正!

编　者

目 录
CONTENTS

模块一　走进市场营销沙盘的世界 ·· 1

　任务一　认识市场营销沙盘 ·· 1
　　一、市场营销沙盘概述 ·· 1
　　二、市场营销沙盘模拟经营的意义 ·· 3
　　三、市场营销沙盘系统的业务模块 ·· 4
　任务二　组建团队 ·· 5
　　一、虚拟企业组织架构 ·· 5
　　二、企业重要角色的岗位职责 ·· 6
　　三、根据岗位职责组建团队 ··· 8
　任务三　经营虚拟企业 ··· 11
　　一、企业的财务状况 ·· 12
　　二、企业的经营成果 ·· 13
　　三、新管理层接手企业 ··· 13
　【思考与探究】··· 17

模块二　市场营销沙盘操作基础 ·· 18

　任务一　学习经营规则 ··· 18
　　一、得分规则 ·· 18
　　二、市场部操作规则 ·· 26
　　三、直销部操作规则 ·· 30
　　四、批发部操作规则 ·· 31
　　五、生产部操作规则 ·· 32
　　六、零售部操作规则 ·· 35
　　七、财务部操作规则 ·· 40
　　八、破产规则 ·· 42
　　九、模拟经营时间表 ·· 42
　　十、系统设置 ·· 43

十一、规则与岗位工作要求 ··· 44
　任务二　熟悉企业经营基本操作 ··· 45
　　一、年度规划制定 ··· 46
　　二、虚拟企业日常运营 ·· 49
　任务三　运用特殊任务工具 ·· 77
　　一、产品型号管理 ··· 78
　　二、生产线变卖 ·· 78
　　三、生产线转产 ·· 79
　　四、生产线搬迁 ·· 79
　　五、厂房租转买 ·· 80
　　六、厂房变卖 ··· 80
　　七、厂房退租 ··· 81
　　八、紧急采购 ··· 81
　　九、库存调拨 ··· 82
　　十、贴现 ·· 82
　　十一、追加股东投资 ··· 83
　任务四　分析企业经营数据 ·· 83
　　一、市场预测图 ·· 83
　　二、现金流量表 ·· 85
　　三、各组财务报表 ··· 86
　　四、市场占有率 ·· 86
　　五、订单 ·· 88
　　六、产品库存信息 ··· 91
　　七、零售商库存信息 ··· 91
　　八、企业信息 ··· 91
【思考与探究】··· 93

模块三　制定经营战略 ·· 94

　任务一　经营环境分析 ··· 94
　　一、经营环境分析的重要性 ··· 94
　　二、经营环境分析的内容 ·· 95
　　三、产品生命周期 ··· 107
　　四、产品需求分析 ··· 108
　任务二　市场定位 ·· 110
　　一、市场定位的方式与原则 ··· 111
　　二、产品分析与定位 ··· 111
　　三、零售目标人群定位 ·· 114

  任务三 经营策略制定··116
    一、渠道策略···117
    二、生产策略···125
    三、融资策略···130
  【思考与探究】··132

模块四 市场营销沙盘实战模拟··133

  任务一 计划管理，谋而后动——第1年经营··133
    一、创建企业···134
    二、年度经营···135
    三、年末总结研讨···145
  任务二 差异竞争，多元发展——第2年经营··148
    一、年度经营···148
    二、年末总结研讨···159
  任务三 决战胜负，智者为王——第3年经营··161
    一、年度经营···161
    二、年末总结研讨···173
  任务四 经营总结··176
    一、岗位评价···176
    二、经营分析报告···179
    三、收获/感悟报告···180
  【思考与探究】··181

模块五 解密市场营销沙盘经营··182

  任务一 战略——我们想打造什么样的企业···182
    一、企业经营的本质···183
    二、读懂市场···184
    三、谋定而后动···188
  任务二 财务——谁吸走了我们的流动资金···189
    一、现金——企业的生命之源··189
    二、筹资渠道的选择···192
    三、财务分析···192
  任务三 订单——我们倾向于哪种经营策略···194
    一、直销批发策略···194
    二、经济不定策略···195
    三、囤货策略···196
    四、理智策略···198

五、情感策略 ·· 200

【思考与探究】 ·· 202

附录A　教师指导平台 ·· 203

　　一、教师指导平台简介 ·· 203

　　二、系统登录 ·· 203

　　三、经营控制 ·· 204

　　四、经营数据 ·· 220

　　五、经营分析 ·· 223

　　六、经营设置 ·· 240

模块一　走进市场营销沙盘的世界

在学习的路上，在生活的路上，在人生的路上，我不知道什么是成功，但我知道什么是失败，放弃就是失败，不放弃就有希望；坚持，才有可能成功！

任务一　认识市场营销沙盘

学习目标

1. 知道市场营销沙盘的含义与模型
2. 明确学习市场营销沙盘模拟经营的意义
3. 了解市场营销沙盘的业务模块

一、市场营销沙盘概述

沙盘最早被应用于军事领域，是高级指挥官模拟战场地形，研究敌情，组织作战方案，进行战略部署的工具，具有直观、形象、一目了然、易于把控全局的特点。20世纪初，在哈佛商学院MBA课堂上，教师借助沙盘这一实物模型，通过游戏的方式让学员仿真虚拟企业经营决策的过程，直观地了解企业经营的全过程，体验得失、总结成败，增强对企业经营和管理理念的感性认识。

商场如战场，特别是在当今"互联网+"的时代背景下，如果只凭借想象来描绘如何管理企业，那么无疑是"空穴来风"；如果仅仅在每门课程中展现企业的一个局部现状，那么会让学生感到"只见树木，不见森林"。将一个企业各个关键部门的运作提炼成一个虚拟企业环境，让学生模拟整个企业日常经营过程中的管理活动，进行实际演练，无疑可以避免以上这些缺憾。这就是市场营销沙盘的由来。本书基于中教畅享（北京）科技有限公司（ITMC）研发的市场营销沙盘系统即市场营销综合实训与竞赛系统（4.0版本）编写而成。

【小思考】

你见过什么沙盘？它们有何作用？

中教畅享（北京）科技有限公司研发的市场营销沙盘系统通过模拟企业营销与策划，将企业运营中普遍应用的营销知识、工具、模型、方法与国内外成功企业的营销策划经验融入虚拟企业的经营管理中，使经营者在模拟经营中快速掌握营销策划这一实践性极强的学科知识，并使复杂、抽象、枯燥的营销策划理论知识趣味化、生动化和形象化，让经营者在游戏般的训练中体验完整的企业经营过程，感悟正确的经营思路和管理理念。

市场营销模拟经营由4人组成一个团队来经营一家虚拟企业，大家分别担任企业总裁、营销总监、运营总监、财务总监等重要岗位，可以根据实际需要增设直销经理、批发经理和零售经理。教师可将全班经营者分成若干组，系统根据分组数，自动生成共同市场环境下的若干虚拟企业，在一定规则下从事企业经营活动。市场营销沙盘盘面如图1-1所示。

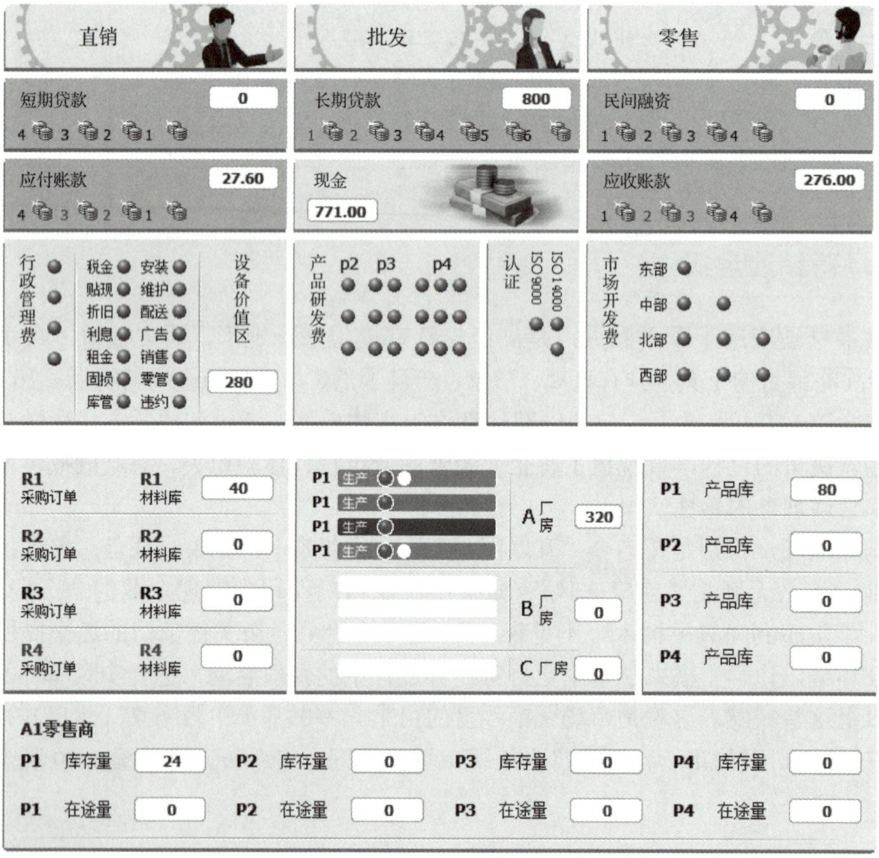

图1-1　市场营销沙盘盘面示意图

在经营过程中，经营团队需要开展市场调研、分析市场信息，在资源受限的条件下进行财务核算，制定一系列的经营策略，如研发产品、购买生产线、组织生产与销售等。由于各虚拟企业是在动态的经营环境中与竞争对手展开竞争，因此还需要经营团队能够根据环境的变化来调整企业的营销策略，通过策略的成功实施来获取竞争优势，为企业创造价值。

二、市场营销沙盘模拟经营的意义

市场营销沙盘不仅可以让经营者从战略高度来观察市场营销活动的全貌，还可以亲身体验市场营销活动主要环节的执行过程。通过团队成员各个虚拟角色之间的沟通与配合，经营者可以学会如何利用团队力量解决实践中会遇到的各种典型问题。

（一）提高经营者的学习兴趣，增强教学效果

市场营销沙盘具有互动性、趣味性、竞争性的特点，能够最大限度地调动学生的学习兴趣，使其在培训中处于高度兴奋状态，并充分运用听、说、学、做、改等一系列学习手段，开启一切可以调动的感官功能，对所学内容形成深度记忆。

市场营销沙盘在虚拟环境下模拟真实企业的经营，经营者通过角色扮演、团队组建等环节，切身感受企业的真实经营过程。在市场营销沙盘学习过程中，无论是在营销战略、战术、作业等层面的决策还是其实施，经营者均会遇到各种各样的问题，其能通过团队成员的不断交流、讨论解决问题，进而获得一种成就感，学习态度也逐渐由被动接受转变为主动学习，从而提高学习兴趣。

市场营销沙盘将书本上枯燥的理论内容具体化、情景化和过程化，使经营者得到的不再是空洞乏味的理论，而是极其宝贵的实践经验和深层次的领会与感悟，真正达到做中学、学中做，将理论知识、实践技能、态度融为一体，进而提高教学效果。

（二）培养经营者的综合素质，增强职业竞争力

在引入市场营销沙盘后，经营者在整个模拟经营过程中，通过团队建设，能够培养自己的团队合作能力、综合分析与判断能力，提高综合素质；通过角色扮演，能够清楚地了解与掌握企业经营中各工作岗位的内容与技能，逐渐适应日后工作的职业环境。与此同时，职业能力、精神、道德等也会得到培养。在企业模拟运作过程中，经营者既可以从战略高度来观察市场营销的全貌，也可以亲身体验市场营销活动主要环节的执行过程。通过各个虚拟角色的沟通与配合，经营者可以学习如何利用团队力量来解决实践中遇到的各种典型问题，使自己具备毕业即能就业的能力，增强职业竞争力。

（三）改进实践教学手段，提高教师的实践教学能力

市场营销沙盘是对企业经营操作全过程的高度仿真模拟，这种教学模式对教师的实践教学能力提出了更高的要求。教师需要打破传统的教学观念和教学模式，既要将基础理论

知识融入市场营销沙盘的实践教学中,又要让经营者区分出模拟经营和现实经营的差异,活学活用。在应对和处理实践教学中遇到的各种问题的同时,教师的实践教学能力、业务水平均能得到提高。

【小思考】

你准备如何参与市场营销沙盘模拟经营的学习和实践活动?

三、市场营销沙盘系统的业务模块

市场营销沙盘系统盘面主要由营销与规划、生产组织、采购与库存管理、会计核算与财务管理构成。每个虚拟企业通过操作市场营销沙盘系统的经营流程(任务列表)、特殊任务和特殊任务信息 3 个业务模块,完成每个阶段的虚拟运营过程。

其中,经营流程模块由市场部、直销部、批发部、零售部、生产部和财务部 6 个部分组成,如图 1-2 所示;特殊任务模块包括产品型号管理、生产线变卖、生产线转产、生产线搬迁、厂房租转买、厂房变卖、厂房退租、紧急采购、库存调拨、贴现、追加股东投资;特殊任务信息模块包括市场预测图、现金流量表、各组财务报表、市场占有率、直销中标公示、直销订单信息、招商广告信息、批发订单信息、媒体中标信息、零售订单信息、各组零售订单、产品库存信息、零售商库存信息和企业信息等。

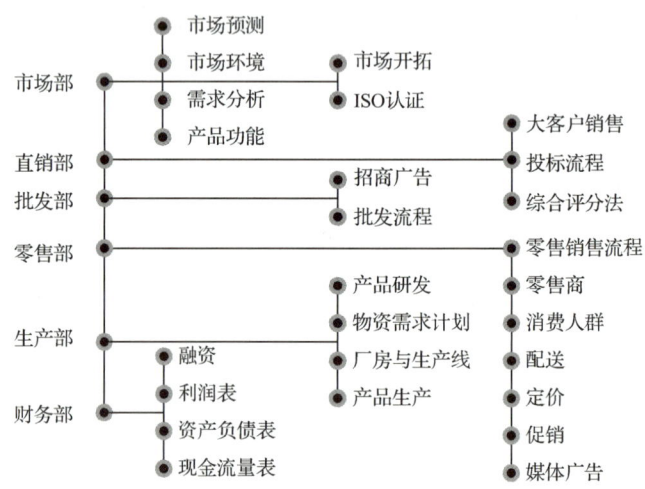

图1-2 市场营销沙盘系统经营流程模块

走进市场营销沙盘的世界　模块一

任务二　组建团队

学习目标
1. 掌握虚拟企业重要角色的岗位职责
2. 会结合岗位职责根据个人特长选择其擅长的岗位
3. 会组建虚拟企业经营团队，建立协调沟通机制

一、虚拟企业组织架构

　　一个企业要保证有强执行力，必须做到"事事有人做，事事都做好"。市场营销沙盘系统对企业的组织结构进行简化，根据日常事务安排，相应设置了企业总裁、营销总监、运营总监、财务总监4个主要岗位，体现了企业经营活动的主要环节：目标市场选择与定位、竞争策略分析与执行、营销活动策划与组织、成本核算与财务分析等，是一个传统生产企业的缩影。虚拟企业组织架构如图1-3所示。

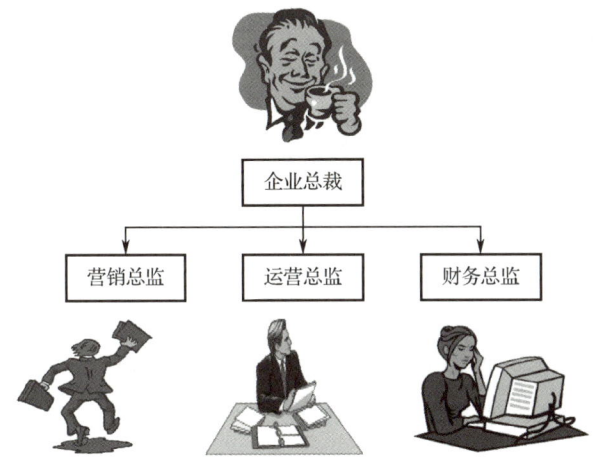

图1-3　虚拟企业组织架构

【小思考】

你适合什么岗位的工作？为什么？

二、企业重要角色的岗位职责

1. 企业总裁的职责

企业总裁是企业的总负责人,是整个团队的领导者和带头人,对企业全局业务全面负责。

(1) 对企业的一切重大经营运作事项进行决策,包括企业定位、经营策略、财务、业务范围等。

(2) 制定发展战略,分析竞争格局,确定经营指标,制定业务策略。

(3) 主持企业的日常业务活动,负责企业运营。

(4) 进行全面预算管理,合理分配资金,负责制订项目的投融资计划及审核财务状况。

(5) 管理团队协作,分析企业绩效,定期报告运营情况,提交季度报告、年度报告,分析企业盈利(亏损)状况。

注意:在市场营销沙盘中,企业总裁发挥最大职能,当团队成员在模拟经营中意见相左时,由企业总裁拍板。

2. 营销总监的职责

只有扩大销售并及时收回货款才能使企业实现盈利,赢得生存和发展的机会。也就是说,实现营业收入是企业生存和发展的关键。营销总监所担负的责任是透彻了解市场需求、满足市场需求、开拓市场和实现销售。

(1) 进行市场调查分析,及时掌握每个市场中的产品需求和价格的变化情况,对相关信息资料进行收集、整理、归纳,并编制原料采购计划。

(2) 参与制定企业的营销战略,根据营销战略制定企业产品营销组合策略和计划,经批准后组织实施。

(3) 收集市场销售信息,了解竞争对手的销售数据,推测竞争对手的经营策略。

(4) 合理制定促销策略,合理投放媒体广告。

(5) 定期对市场营销的环境、目标、计划、业务活动进行核查分析,及时调整营销组合策略和计划,制定预防和纠正措施,确保企业已生产产品能够取得匹配的客户订单,完成营销目标和营销计划。在稳定企业现有产品销售的情况下,积极拓展新市场、新产品销售渠道。

(6) 督促运营部门按时交货,监督货款的回收,分析销售绩效。

在人员充足的前提下,可以为营销总监增加一个助手,主要负责市场调研工作,以掌握其他企业的经营信息,帮助领导进行决策。在模拟经营过程中,每个企业都可以有意识地安排一名人员监控竞争对手的情况,明确竞争对手的动向。该人员应学会如何获取竞争对手的信息,并将信息加工整理后反馈给营销总监或企业总裁,从而为企业战略、战术发展提供参考依据。通过助手岗位模拟,使学生认识到社会竞争中可能存在"商业间谍",并学会防范。

> 【议一议】
>
> 营销总监的助手该如何工作?

3. 运营总监的职责

运营总监是企业生产部门的核心人物,对企业的一切生产活动进行管理,并对企业的一切生产活动及产品负最终的责任。运营总监的主要工作是通过计划、组织、指挥、控制等手段实现企业资源的优化配置,创造最大的经济效益。

(1) 在营销总监投放广告前,按照不同生产线和产品品种计算全年产量。

(2) 根据获取订单情况、原料供应情况和生产线状态,编制全年生产计划,组织生产并维持生产低成本稳定运行(合理利用应付账款,如适当采用批量采购方式缓解资金压力)。

(3) 做好生产车间的现场管理,根据营销规划和财务状况购置新生产线,协调处理好外部工作关系。

(4) 根据企业总体战略组织新产品研发,扩充并改进生产设备,不断降低生产成本。

(5) 购买或租赁厂房。

(6) 对原料和成品库存进行管理,避免原料和成品积压。

4. 财务总监的职责

如果说资金是企业的"血液",那么财务部门就是企业的"心脏"。财务总监的主要职责是负责资金的筹集管理,做好现金预算,管好、用好资金。

(1) 在企业总裁的领导下处理企业核算、监督、管理等财务工作,对企业的销售经营、资金运行情况进行核算。

(2) 计算每年度各部门的现金支出和现金回流情况,做好现金预算。

(3) 通过短期贷款和长期贷款缓解资金压力,保障企业发展。

(4) 通过全年的费用和销售毛利对比,预算企业的盈利状况。

(5) 根据现金预算,采用经济有效的方式筹集资金,将资金成本控制到较低水平并做好现金流量记录。

(6) 每年度结束时按需求支付各项费用、核算成本,按时报送财务报表并做好财务分析。

（7）对企业的综合财务状况进行分析。

【议一议】

作为企业新任管理层，你们准备如何经营该企业？（可参考图1-4）

_____
_____
_____
_____

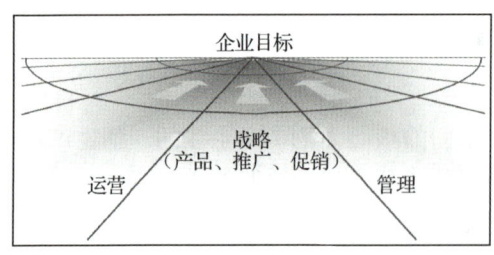

图1-4　企业新任管理层经营企业的方法参考图

三、根据岗位职责组建团队

没有完美的个人，但是可以有完美的团队。每个人都有不同的天赋特质，团队管理者必须了解团队成员的个性特征和行为方式，将正确的人放到正确的位置做正确的事，挖掘每个人的潜能，从而有效地提升员工的绩效。同时，团队成员之间通过了解彼此的性格和行为特征，也可以认识彼此的差异、有效沟通、避免或化解冲突，在互信和互动的基础上团结协作、优势互补，使团队发挥出"1+1+1+1>4"的整体力量，形成高效团队。

1. 招兵买马（组建经营管理团队）

通过学生自荐或教师推荐，有意向竞选企业总裁的学生上台发表竞选企业总裁演讲，全班学生投票推选出10位。然后各位企业总裁通过宣讲自己的经营思路或经营理念，招兵买马，组建各自的虚拟企业。一般将一个教学班级的成员分为10组，每组为4人，这样教学现场就组成了10个互相竞争的虚拟企业。每个团队在企业经营开始之前应确定企业的名称，并用一句话概括企业宗旨和经营理念。

在组建经营管理团队时主要应该注意以下几个方面。

（1）能力互补。团队成员是紧密合作的关系，要信息共享，强调集体绩效。团队成员之间可以通过性别、性格、成绩和行为方式等进行互补。

（2）责任明确。团队既强调个人责任，也强调集体责任。团队有总体目标，也有明确的分工，每个团队成员并非只是简单地完成本职工作，还需要承担集体责任。

（3）目标清晰。团队应该有清晰的目标，这个目标就是团队存在的理由。每个团队成员都需要对这个团队目标做出承诺。

（4）相互信任。每个团队成员应开诚布公地说出感受，用语言和行动支持自己的团队，在经营中体现公平，既为自己也为别人的利益工作，表现出自己的才能。

2. 角色分工与岗位认知

团队是一个集体，只有分工明确、讲求效率，才能在处理事务时达到预期效果。团队成立后，由企业总裁发表就职演说。小组内部自行讨论，根据每个人的特点，确定个人扮演的角色及其承担的任务，并按要求进入各个部门。各个角色对自己的岗位职责建立清晰的认识后，根据工作分工和工作现场做位置调整。

企业总裁要有一定的领导能力，富有主见，善于团结，对团队工作全面负责，能够公平、公正地对待团队中的每个成员。

营销总监要头脑灵活，反应机敏，善于观察，判断力强。

运营总监要态度认真，勤于动手，做事有条理，善于思考。

财务总监要认真仔细，肯吃苦，工作有条理，积极负责。

【做一做】

现在你们是一个团队，有了自己的企业。请发挥奇思妙想，为自己的企业起个名字，设计一个响亮的创业口号，先声夺人，并将创意记录在表1-1中。

表1-1　创建企业

企业名称			组别	
创业口号				
团队分工	职务	姓名		主要职责
主要成员	企业总裁			
	营销总监			
	运营总监			
	财务总监			

团队将带领企业在变化的市场中进行开拓，应对激烈的竞争。企业能否顺利运营下去取决于团队是否有正确决策的能力。每个团队成员应尽可能利用自己的知识和经验做出决

策，不要因错误行动而使公司陷入混乱。

经过几次完整的模拟操作后，团队成员之间有了更深刻的了解，这时可以根据成员特点调整岗位，力求每个人都能各展所长、各尽其才；也可以按年更换岗位，体验不同的工作，使每个人提高对不同岗位的认知，进行个人职业定位。

【玩一玩】

如何做决策

决策是企业管理中的一项重要活动，是管理的核心。管理功能实质上是决策方案实施过程的体现。因此，决策贯穿于管理过程的始终，也是组织中各级、各类管理人员的主要工作，只是决策的重要程度或影响范围不同而已。决策具有目标性、选择性、满意性、过程性、动态性、可行性的特点。当某人拿到一个项目时，他需要根据决策的特点，确定项目的目标，然后做出让企业满意、可执行、有多重选择的决策。

在棋界有句话："一招不慎，满盘皆输；一招占先，全盘皆活。"这句话喻示了一个道理，即无论做什么事情，成功与失败都首先取决于决策的正确与否。科学的经营决策能使企业充满活力、兴旺发达，而错误的经营决策会使企业陷入被动、濒临险境。

下面针对如何制定决策这一话题，一起来做个游戏：**决策模拟——合同执行决策**。

甲乙双方经多次谈判达成了一个一揽子交易合同，合同分 6 笔交易。在实施合同的过程中，双方遵循以下市场规则（以出红黑牌为例，红牌为守约，黑牌为欺诈）。

规则 1：6 笔交易要一笔一笔地做，做完一笔再做下一笔。

规则 2：每次交易双方要同时出牌。若双方均为红牌，则各得 20 万元；若双方均为黑牌，则各亏 30 万元；若一方为红牌，另一方为黑牌，则红方亏 50 万元，黑方得 50 万元。其中，第 3 年和第 6 年损益值要加倍。

决策目标：为股东赢得最大的利润。

游戏目标：在模拟比赛中胜出，即获得盈利最多的小组胜出。

模拟练习方式：每组 4～5 人模拟董事会；

每项决策由董事会成员集体表决做出；

由各小组自由选择交易对象，分对儿进行模拟。

模拟练习时间：决策10分钟，组内总结5分钟。

决策练习步骤：组建决策模拟小组；各自画好决策模拟记录表（见表1-2），以便记录交易过程和结果；交易双方各自写下决策思维过程；在第三方的协助和公证下进行交易，并可委托第三方记录每笔交易结果；整个交易结束后，双方先各自总结经验教训，然后全班集中进行交流。

表1-2　决策模拟记录表

交易双方	时间					
	第1年	第2年	第3年（加倍）	第4年	第5年	第6年（加倍）
甲方	决策：	决策：	决策：	决策：	决策：	决策：
	损益：	损益：	损益：	损益：	损益：	损益：
乙方	决策：	决策：	决策：	决策：	决策：	决策：
	损益：	损益：	损益：	损益：	损益：	损益：

甲方得分：　　　　　　　　　　　　　　　　　　　乙方得分：

总结交流：从决策过程、经验教训和启示3个方面展开。

_____
_____
_____
_____

任务三　经营虚拟企业

学习目标

1. 了解虚拟企业现状，包括企业现在所处内外部环境、机会与挑战等
2. 理解企业将来发展的方向和决策管理的重点
3. 能够经营一家虚拟企业

A 企业是一家新成立不久、总部设立在中国某市的生产制造型企业，以设计、生产 P1 产品为主营业务。A 企业资金充裕、银行信誉良好，拥有 4 条生产线（两条半自动生产线、一条全自动生产线和一条柔性生产线）生产 P1 产品，在南部市场有一定的销售基础，而且一直致力于倾听客户的需求，提供客户所信赖和注重的创新技术与服务。随着决定资

源分配的市场宏观环境日益稳定，A 企业逐渐意识到营销能力已成为企业发展的瓶颈，如何建设营销队伍，精细地进行市场分析，精确地选择目标市场，紧跟市场变化，有效制定最佳的营销组合策略，赢得市场先机，取得市场份额，已经成为企业迫切需要解决的问题。

股东希望新的团队可以通过不断分析市场变化，不断研发新产品，在市场博弈中脱颖而出，为股东获取更多的利润。

一、企业的财务状况

所谓企业的财务状况，是指企业资产、负债、所有者权益的构成情况及其相互关系。企业的财务状况由企业对外提供的主要财务报告——资产负债表来表述。在市场营销沙盘系统中，资产负债表如表 1-3 所示。

表1-3　资产负债表

单位：万元

资产				负债及所有者权益			
项目	表达式	上年金额	当年金额	项目	表达式	上年金额	当年金额
流动资产				流动负债			
货币资金	+			短期借款	+		
其他应收款	+			应付账款	+		
应收账款	+			预收账款	+		
存货				应交税费	+		
原材料	+			流动负债合计	=		
在途物资	+			非流动负债			
在制品	+			长期借款	+		
库存商品	+			非流动负债合计	=		
发出商品	+			负债合计	=		
流动资产合计	=			所有者权益			
非流动资产				实收资本	+		
固定资产原价				未分配利润	+		
土地和建筑	+			所有者权益合计	=		
机器和设备	+						
减：累计折旧	-						
固定资产账面价值	=						
在建工程	+						
非流动资产合计	=						
资产总计	=			负债及所有者权益总计	=		

资产负债表是根据资产、负债及所有者权益之间的相互关系，即"资产 = 负债 + 所有者权益"的恒等关系，按照一定的分类标准和一定的次序，将企业特定日期的资产、负债、

所有者权益 3 项会计要素所属项目予以适当排列，并对在日常会计工作中形成的数据进行加工、整理后编制而成的，其主要目的是反映企业在某个特定时期的财务状况。通过资产负债表，可以了解企业所掌握的经济资源及其分布情况，了解企业的资本结构，分析、评价、预测企业的短期偿债能力和长期偿债能力，从而正确评估企业的经营业绩。

二、企业的经营成果

企业在一定期间的经营成果表现为企业在该期间所取得的利润，它是企业经济效益的综合体现，由利润表（又称损益表或收益表）来表述。利润表是用来反映收入与费用相抵后确定的企业经营成果的会计报表，即反映企业生产经营活动的成果（净利润的实现情况）。利润表的项目主要分为收入和费用两大类。在市场营销沙盘系统中，利润表如表1-4所示。

表1-4　利润表

单位：万元

项目	表达式	上年金额	当年金额
营业收入	＋		
减：营业成本	－		
营业税金及附加	－		
销售费用	－		
管理费用	－		
财务费用	－		
营业利润	＝		
加：营业外收入	＋		
减：营业外支出	－		
利润总额	＝		
减：所得税费用	－		
净利润	＝		

注：表中的"营业税金及附加"项目，"营改增"之后改为"税金及附加"，下同。

【试一试】

你能找出其他团队在表1-3、表1-4上的填写错误吗？

三、新管理层接手企业

A企业上一年盈利69.75万元，利润增长缓慢，生产设备落后，产品单一，企业管理层长期以来墨守成规，导致企业缺乏活力，目前虽尚未衰败，但已停滞不前。鉴于此，A

企业全体股东决定将企业交给一批优秀的新人去发展,他们希望新的管理层能够把握时机,抓住机遇,开发新产品,使企业的市场地位得到提升,在广泛开发国内市场之际,积极开发本地市场以外的其他新市场,进一步拓展市场领域,扩大生产规模,采用现代化生产手段,努力提高市场占有率,全面带领企业进入快速发展阶段。

市场营销沙盘系统设置了企业总裁、营销总监、直销经理、批发经理、零售经理、运营总监和财务总监7个角色,如图1-5所示。以企业总裁的身份进入系统,修改密码,就可以开始经营一家虚拟企业了。

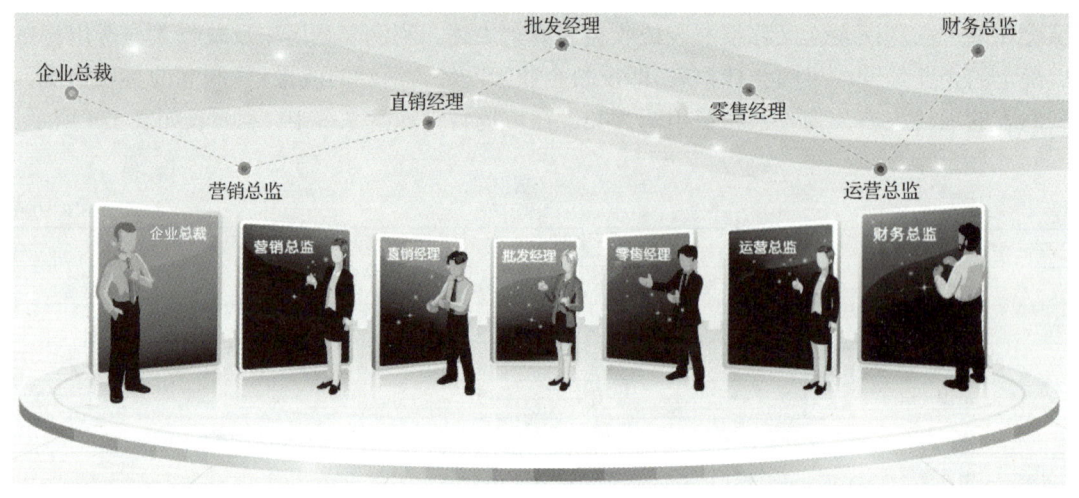

图1-5　市场营销沙盘系统设置的角色

企业经营管理涉及企业的战略制定与执行、市场营销、采购与生产管理、财务管理等多项内容。在企业中,这些职能是由不同的部门履行的,企业经营管理过程也是各职能部门协同工作、共同努力实现企业目标的过程。

新管理层接手企业后的首要工作是认真思索以下问题。

(1) 想成为什么样的企业?企业的经营目标和宗旨是什么(如销售收入目标、利润目标等)?

具体来说,要思索企业的目标是大企业还是小企业,生产的产品是多品种还是少品种,市场开拓的是大众市场还是小众市场,是努力成为市场领导者还是追随者。

(2) 倾向于何种产品、何种市场?准备何时实现?如表1-5所示。

表1-5　市场、产品组合

产品	市场				
	南部	东部	中部	北部	西部
P1	当前位置				
P2					
P3					
P4					

在资源有限的约束条件下，放弃比不计代价地扩张更明智。打下江山后，应该想的是如何保江山。但应该注意的是，要保的是有价值的江山。对于那些竞争激烈、利润空间小的市场要敢于放弃，敢于根据自己的产品组合和竞争状况寻找新的市场，不断地"丢芝麻，捡西瓜"。企业不可能全面开花、面面俱到，因此要选取重点市场和重点产品。

（3）希望发展到多大的产能？铺设什么样的生产线？准备何时实现？如表1-6所示。

表1-6　产能规划

单位：条

生产线	时间			
	目前	第1年	第2年	第3年
半自动	2			
全自动	1			
柔性	1			

市场营销沙盘系统中有半自动、全自动和柔性3种生产线，生产线是产品加工的载体。生产线不同，其购置价格、生产效率、折旧费用及转产灵活性也各不相同。因此，运营总监应会同财务总监、营销总监依据本企业的发展经营战略和财务状况选择恰当的时机投资恰当的生产线。具体来说，为了有效扩大生产能力，需要思考并决定购置什么样的生产线，以及什么时候购买和购买多少。具体来说，需要考虑以下因素。

① 产品研发周期。例如，P2、P3、P4产品研发周期需要3个季度，为了避免生产线闲置，生产线投资一定要与研发相对应。

② 生产线的折旧。生产线的折旧影响企业的权益，而权益又决定了企业融资规模的大小和是否破产等。因此，生产线的折旧直接影响着企业的财务状况。由于当年建成的生产线当年不计提折旧，所以在财务状况紧张的时候更应考虑生产线的投资时机。

③ 生产线的种类组合。生产线的种类组合需要考虑产品研发的种类及市场开拓的情况。如果采取积极扩张的策略，则倾向于全自动和柔性生产线；如果采取稳健发展的策略，则可考虑半自动和全自动生产线，并控制生产线的数量。

在实际操作中，柔性生产线是一把双刃剑，它的优点在于可以拥有灵活的产品生产组合，方便营销总监接取订单。然而，其缺点也很明显：首先，其投资成本较高，折旧费用较高；其次，其存在对原料采购、生产都产生了一定的影响。因此，生产线的种类组合及安装的前提是制定合理、详细的企业发展战略，做好企业的现金预算分析，这样才能保证生产线选择得合理。

（4）想什么时候融资，融多少？如表1-7所示。

表1-7 融资计划表

单位：万元

融资方式	时间			
	目前	第1年	第2年	第3年
长期贷款	800			
短期贷款	0			
民间融资	0			
贴现	0			

现金流是企业生存的命脉，企业失去现金流将意味着破产。融资方式有很多，如长期贷款、短期贷款、贴现、出售厂房和设备等，以及民间融资（高利贷）。每种融资方式的特点和适用性都有所不同。企业要根据自身发展规划，做好融资计划，以保证企业正常运转，切不可因小利而影响到整个规划的实施。

值得注意的是，融资方式不应过于单一，而应是多种融资方式的最佳组合。如何巧妙地处理各种融资方式之间的关系，以最低的成本获取最合适的融资是财务总监的重要职责。例如，作为企业主要融资方式的长期贷款，费用成本高于短期贷款，但还款压力较小；短期贷款的利息成本较低，但还款压力较大，尤其是在前期，所有者权益可能较低，从而影响企业的贷款能力。因此，需要对企业的经营战略、运营状况进行长期、细致的分析，正确把握贷款时机并合理调整长短贷之间的比例关系，在满足现金需求的情况下，使总的成本费用降到最低。

贴现是企业为缓解暂时性资金紧张而采取的融资方式，其前提是要有应收账款。在实际操作中，应注意贴现的比例。一般来讲，应首先考虑贴现账期较长的应收账款。

民间融资是市场营销沙盘系统中成本费用最高的一种融资方式，对所有者权益损失较大，甚至可能使企业财务状况进一步恶化，因此，一般应避免使用，尽量优先考虑其他的融资方式和途径。只有在迫不得已的情况下，才考虑此种融资方式。

在开始实际操作前，每个团队都应对上述问题进行深入探讨并达成共识。

经营虚拟企业之后，一方面需要反思我们的行为，另一方面需要聆听指导团队成员根据现场数据所做的点评，分析实际与计划的偏差及其原因，并对战略做出必要的修正。

走进市场营销沙盘的世界　　模块一

【思考与探究】

模块内容：	学号：	姓名：	班级：	年　月　日

1. 通过本模块的学习，你学到了什么？

2. 你准备如何参与市场营销沙盘虚拟企业经营活动？

3. 你认为每个角色在行使其职权时，应如何避免工作的盲目性？

4. "利润最大化"是企业经营的唯一标准，你认同这种观点吗？为什么？

5. 你需要进一步了解或想得到解答的问题是什么？

6. 教师的授课方法对你的学习是否有帮助？

7. 为了更好地教与学，你有何建议？

模块二　市场营销沙盘操作基础

只有懂得规则，才能游刃有余。
只有认真对待，才能收获满满。
只有积极参与，才能相互成就。
思路决定出路，格局决定结局。
只有善于思考和总结，才能获得更大的收获与提高。

任务一　学习经营规则

学习目标

1. 掌握经营规则的内容
2. 掌握相应岗位规则的内容、操作方法
3. 了解其他岗位规则的内容、操作方法

正所谓"没有规矩，不成方圆"，在市场营销沙盘经营活动中，企业根据特定的市场环境从事生产经营活动，想要生存，就必须以理解和遵守规则为前提。深入理解经营规则的内在含义，有利于经营者制定理性的经营策略，提高应对企业经营风险的能力，从而有序开展企业经营活动，甚至进行经营创新。规则的学习是枯燥的，但也是必要的，企业只有懂得规则，才能在商战中游刃有余。

一、得分规则

企业每运营 4 个季度后，都需要进行关账操作，关账后可以看到本企业本年度的财务报表，以及系统根据得分规则自动计算的得分。也就是说，系统计算出来的得分反映的是当年度的企业经营结果，各年度年末的关账得分是独立的。同时，经营者可以通过"辅助信息"中的"各组财务报表"查看其他小组的财务报表。

企业的经营结果根据参加竞赛各企业最后的所有者权益、企业可持续发展能力（包括资源状态、生产能力等）计算总分，再进行综合评分，最后得分最高者胜出。

（一）得分规则描述

企业经营得分计算公式如下：

经营得分 =（1+ 总分 /100）× 所有者权益合计 × 追加股东投资比例

通过对得分规则的解析可知，企业经营得分主要与总分、所有者权益合计和追加股东投资比例有关。在比赛过程中，一般不允许追加股东投资，所以在计算经营得分时主要考虑总分和所有者权益合计。在平时的训练中，为了给新手足够的企业经营操作空间，可以考虑为该企业追加股东投资（该操作由教师端处理，教师可以选择"经营设置"→"操作权限设置"→"允许追加股东投资"命令进行设置）。

企业想取得较高的经营得分，必须通过提高总分和所有者权益合计来实现。竞赛一般以第 3 年关账后的得分为最终成绩，所以第 3 年年末的得分决定了企业经营的效果。

（二）得分规则解析

想要操作好市场营销沙盘就必须吃透沙盘规则，想要有一个理想的经营结果就必须熟知得分规则，这样才能做到有的放矢、有目的地提升企业的经营状况。

1. 总分

总分一共由 14 个大加分项、27 个小加分项构成，根据是否可变的特性，又可以分为固定得分项目和可变得分项目，具体如表 2-1 所示。

表2-1　总分的构成项目

类型		项目	得分
固定得分项目	融资	未借民间融资	+20
		未贴现	+20
	市场开拓	东部市场开拓完成	+10
		中部市场开拓完成	+15
		北部市场开拓完成	+20
		西部市场开拓完成	+25
	质量认证	ISO9000认证研发完成	+10
		ISO14000认证研发完成	+20
	产品研发	P2产品研发完成	+5
		P3产品研发完成	+10
		P4产品研发完成	+15
	生产线	拥有半自动生产线并在线生产	+10/条
		拥有全自动生产线并在线生产	+15/条
		拥有柔性生产线并在线生产	+15/条
	厂房	拥有A厂房	+15
		拥有B厂房	+10
		拥有C厂房	+5

续表

类型	项目	得分		
可变得分项目	营业成本分摊得分	+（1-营业成本/营业收入）×100		
	综合费用分摊得分	+［1-（销售费用+管理费用）/营业收入］×100		
	资金周转率得分	+营业收入/资产总计×100		
	利润率得分	+净利润/营业收入×100		
	资产报酬率（ROA）得分	+利润总额/资产总计×100		
	权益报酬率（ROE）得分	+净利润/所有者权益合计×100		
	资金流动性得分：流动比率（CR）=流动资产合计/（短期借款+应付账款+应交税费）速动比率（QR）=（货币资金+应收账款）/（短期借款+应付账款+应交税费）	CR<1且QR<0.5	资金流动性差	-10
		1.5<CR<2且0.75<QR<1	资金流动性一般	+50
		CR≥2且QR≥1	资金流动性好	+100
		其他比率		+0
	产负债率得分	+（1-负债合计/资产总计）×100		

注：营业成本又称运营成本，是指企业所销售产品的成本，即企业生产产品所需花费的直接成本；营业收入是指企业在销售产品的过程中所形成的经济利益的总流入，也就是销售额；综合费用包括销售费用和管理费用；利润总额指的是税前利润；货币资金指的是企业的账面现金。

企业在经营过程中，一般会将工作重心放在如何扩大销售额、提高利润上，从而得到较高的所有者权益。很多小组以为只要本小组所经营企业的所有者权益最高，就能得到最高分。其实，在实际竞赛过程中，企业所有者权益最高的企业最后的得分未必最高，因为他们忽视了总分的力量。

总分计算公式如下：

$S = T + V$

$T = R + M + Q + P_D + P_L + F$

$= (N_1 \times R_M + N_2 \times R_T) + (N_3 \times M_E + N_4 \times M_C + N_5 \times M_N + N_6 \times M_W)$

$+ (N_7 \times Q_9 + N_8 \times Q_{14}) + (N_9 \times P_{D2} + N_{10} \times P_{D3} + N_{11} \times P_{D4})$

$+ (N_{12} \times P_{LS} + N_{13} \times P_{LF} + N_{14} \times P_{LR}) + (N_{15} \times F_A + N_{16} \times F_B + N_{17} \times F_C)$

$= (N_1 + N_2) \times 20 + (N_3 \times 10 + N_4 \times 15 + N_5 \times 20 + N_6 \times 25)$

$+ (N_7 \times 10 + N_8 \times 20) + (N_9 \times 5 + N_{10} \times 10 + N_{11} \times 15)$

$+ (N_{12} \times 10 + N_{13} \times 15 + N_{14} \times 15) + (N_{15} \times 15 + N_{16} \times 10 + N_{17} \times 5)$

$V = O_{CS} + C_{CS} + T_{RF} + N_{PR} + R_{OA} + R_{OE} + F_L + A_{LR}$

式中，S、T、V、R、M、Q、P_D、P_L、F 分别代表总分、固定得分、可变得分、民间融资得分、市场开拓得分、质量认证得分、产品研发得分、生产线得分和厂房得分；R_M、R_T 分别代表未借民间融资得分和未贴现得分；M_E、M_C、M_N、M_W 分别代表东部市场开拓完成得分、中部市场开拓完成得分、北部市场开拓完成得分和西部市场开拓完成得分；Q_9、Q_{14} 分别代表 ISO9000 认证研发完成得分和 ISO14000 认证研发完成得分；P_{D2}、P_{D3}、P_{D4} 分别代表 P2、P3、P4 产品研发完成得分；P_{LS}、P_{LF}、P_{LR} 分别代表拥有半自动生产线、全自动生产线、柔性生产线并在线生产得分；F_A、F_B、F_C 分别代表拥有 A 厂房得分、B 厂房得分和 C 厂房得分；O_{CS}、C_{CS}、T_{RF}、N_{PR}、R_{OA}、R_{OE}、F_L、A_{LR} 分别代表营业成本分摊得分、综合费用分摊得分、资金周转率得分、净利润率得分、总资产收益率得分、净资产收益率得分、资金流动性得分、资产负债率得分。

$N_1 \sim N_{17}$ 的取值为 0 或 1，具体取值含义如表 2-2 所示。

表2-2 $N_1 \sim N_{17}$的具体取值含义

字母	取值	含义
N_1、N_2	0	已借民间融资或已贴现
	1	未借民间融资或未贴现
N_3、N_4、N_5、N_6	0	市场开拓未完成
	1	市场开拓已完成
N_7、N_8	0	认证研发未完成
	1	认证研发已完成
N_9、N_{10}、N_{11}	0	产品研发未完成
	1	产品研发已完成
N_{12}、N_{13}、N_{14}	\multicolumn{2}{c}{$N_{12}+N_{13}+N_{14} \leq 8$}
	0	拥有生产线但未生产
	1	拥有生产线并已在线生产
N_{15}、N_{16}、N_{17}	0	租赁厂房或未购买厂房
	1	已购买厂房

（1）固定得分分析。

固定得分项目相对来说比较简单，容易计算，企业只要符合相关加分项目条件，就可以获得相应的加分。对企业经营者来说，如果想利用固定得分项目达到加分的目的，那么只要所有固定得分项目在第3年满足加分条件即可。为了更好地利用企业的流动资金，经营者可以根据企业实际经营现状制定相应的固定得分项目取得策略（见表2-3），从而获得更高的总分。

表2-3 固定得分项目取得策略

固定得分项目	得分策略
融资	企业在第3年的经营过程中，如非必要就不要通过借民间融资和贴现来获得货币资金。如果企业在第3年因为缺乏流动资金而无法避免民间融资或贴现，那么首选民间融资，因为贴现不仅会损失20分的总分，还会减少企业经营利润，从而降低企业所有者权益。经营者最好能在第2年第4季度预估出第3年的资金需求，以便制定相应的融资策略
市场开拓	如果企业经营以零售为主，一般而言会按时完成市场开拓。如果企业经营以囤货保权益，或第3年以直销、批发为主，至少可以在第1年放弃东部市场的开拓，其余市场开拓问题具体取决于经营者想要达到的对企业所有者权益的控制程度 注意：正在市场开拓但未完成的不能加分
质量认证	ISO9000、ISO14000的订单在实际经营中占比不是很高，企业经营者可以在第1年延缓ISO9000认证的研发，至于ISO14000，可以依据实际情况决定是否延缓研发 注意：正在认证但未完成的不能加分

续表

固定得分项目	得分策略
产品研发	如果企业经营以零售为主，一般而言，P2、P3、P4三种新产品会在第1年就完成研发，这样的话第3年的加分事宜就不用考虑，但研发将花费180万元的货币资金。 如果企业经营以国货权权益为主，P2、P3、P4三种新产品就没必要在第1年同时研发完成，具体取决于经营者想要达到的对企业所有者权益的控制程度 注意：正在研发但未完成的不能加分
生产线	空闲的生产线是不能加分的，其必须在第3年第4季度继续用于生产。生产线得分与生产线所生产的产品类型和功能无关。为了达到节省资金的目的，企业可以生产无功能的产品，具体取决于企业当时的原料库存 注意：拥有生产线但未生产的不能加分
厂房	市场营销沙盘的B厂房、C厂房不能由租转买，也就是说，企业若想在第3年得厂房分，就必须在扩大生产的时候直接购买厂房 注意：租赁的厂房不能加分

（2）可变得分分析。

可变得分项目可以分成3个类别：一是营业成本、销售费用、管理费用；二是营业收入、净利润、利润总额、流动资产合计、资产总计、所有者权益合计、货币资金、应收账款；三是短期借款、应付账款、应交税费、负债合计。相关负相关项目明细如表2-4所示。

表2-4　相关负相关项目明细

项目	关系	内容
营业成本	负相关	生产线折旧、产品生产成本
销售费用	负相关	市场调研、市场开拓、ISO认证、客户开发、招商、零售商进场、配送（库存调拨）、媒体广告、零售商提成等费用
管理费用	负相关	购买标书、产品研发、零售商管理、行政管理、维修（生产线）、厂房租金、库存管理、生产线转产等费用

根据表2-1可以看出，可变得分项目是根据企业经营状态而动态变化的，这就需要对可变得分项目的相关公式有深入的理解，找到最佳的得分方案。

① 营业成本分摊得分。

营业成本分摊得分与营业成本负相关，与营业收入正相关。在企业出售产品的类型、价格不变的情况下，该部分的得分就只与营业成本相关。营业成本包括生产线折旧和产品生产成本，在折旧不可避免时，只有通过降低生产成本才能增加得分。这时就考验经营者对产品流行周期、零售商反应周期的准确把握。

② 综合费用分摊得分。

综合费用分摊得分与销售费用、管理费用负相关，与营业收入正相关。销售费用和管理费用涉及的范围比较广泛，其中市场开拓（东部）、ISO认证在企业运行正常的情况下前两年就可以开拓或研发完成，中部、北部、西部市场开拓根据企业第3年直销、批发的接单情况再做考虑。如果企业在第3年能够通过直销、批发获得与零售渠道一样的销售额，那么因为减少了媒体广告、配送、零售商提成等费用支出，降低了销售费用和管理费用，可以实现得分的提高。但这是理想状态，经营者在实际经营过程中，应通过差异化竞争实现直销、批发和零售三者完美结合，控制综合费用，提高销售额，以真正地提高得分。

③ 资金周转率得分。

资金周转率得分与营业收入正相关，与资产总计负相关。此部分的得分与第 3 年的销售额有很大的关联，销售额越高，资金周转率得分就越高。所以，部分经营者会在第 2 年资金允许的情况下选择尽可能地囤货以期提高第 3 年的销售额。当然这种做法是有风险的，需要预估企业的实际营销能力，决定囤货的数量。最直接有效的办法就是在销量不变的前提下提高销售单价，或在销售单价不变的前提下增加销量，或者既提高销售单价又增加销售数量。

④ 净利润率得分。

净利润率得分与净利润正相关，与营业收入负相关。通过降低营业收入来实现净利润率得分增加是不可取的，得不偿失。那就只有在一定的销售额（营业收入）下，通过尽可能降低产品成本，降低综合费用和财务费用等手段来实现节流，因为省下来的钱就是净利润。

⑤ 总资产收益率得分。

总资产收益率得分与利润总额正相关，与资产总计负相关，利润总额其实就是税前利润。假设 A、Z 分别代表利润总额、资产总计，a 代表在不产生任何费用的情况下增加的净收入。

$R_{OA} = A/Z$

$R_{OA1} = (A+a)/(Z+a)$

$R_{OA1} - R_{OA} = (A+a)/(Z+a) - A/Z$

如果在净收入增加的情况下 $R_{OA1} - R_{OA} > 0$，即 $(A+a)/(Z+a) - A/Z > 0$，$Z > A$。也就是资产总计大于利润总额的话，随着净收入的增加，总资产收益率得分也增加；反之则减少。其实可以简单地理解为，增加总资产收益率得分的办法就是开源节流。

⑥ 净资产收益率得分。

净资产收益率得分与净利润正相关，与所有者权益合计负相关。所有者权益合计指的是实收资本＋未分配利润。实收资本是一个固定值（1000 万元），未分配利润指的是历年净利润之和或者说当年净利润与上一年净利润之和。假设 E、R 分别代表净利润、所有者权益合计，a 代表在不产生任何费用的情况下增加的净收入。

$R_{OE} = E/R$

$R_{OE1} = (E+a)/(R+a)$

$R_{OE1} - R_{OE} = (E+a)/(R+a) - E/R$

如果在净收入增加的情况下 $R_{OE1} - R_{OE} > 0$，即 $(E+a)/(R+a) - E/R > 0$，$R > E$。也就是所有者权益合计大于净利润的话，随着净收入的增加，净资产收益率得分也增加；反之则减少。

【举例】

某企业第1年年末的净利润为-131.23万元，第2年年末的净利润为-160.68万元。那么该企业第2年年末的所有者权益合计为1000+69.75-131.23-160.68=777.84（万元），净资产收益率得分为（-160.68/777.84）×100≈-20.66（分）；如果其他条件不变，净收入增加50万元，则净资产收益率得分为（-160.68+50）/（777.84+50）×100≈-13.37（分）。可以看出，在满足 $R>E$ 的情况下，增加 a，净资产收益率得分增加。

⑦ 资金流动性得分。

资金流动性得分与流动比率和速动比率有关。短期借款包括民间融资和短期贷款，应付账款包括购买厂房的分期付款、零售商提成和原料采购成本。为了提高资金流动性得分，可以提高销售额，减少短期借款。如果要满足 CR≥2 且 QR≥1，那么流动资产合计必须是短期借款、应付账款、应交税费之和的2倍及以上，货币资金与应收账款之和必须是短期借款、应付账款、应交税费之和的1倍及以上。如果企业在第2年经营过程中遇到资金紧张、没有足够权益进行短期贷款的情况，可以按季度少量多批次采购原材料，等到第3年资金充裕时再行支付。如果第3年资金紧张，企业经营者可以根据得分公式找到一个应付账款的最佳平衡点，既可以使企业能够大量采购并延迟付款，又可以使得分提高。

⑧ 资产负债率得分。

资产负债率得分与资产总计正相关，与负债合计负相关。从得分公式可以看出，负债合计越低，资产负债率得分越高。第3年是经营的最后一年，应尽量减少贷款和应付账款，降低负债，特别要注意的是，在资金允许的情况下，不要将采购资金压到第3年后支付。

2. 所有者权益合计

所有者权益合计指的是实收资本加未分配利润。实收资本是固定值1000万元，未分配利润是年初未分配利润加上本年度实现的净利润，或是历年净利润之和。它反映了企业经营者创造利润能力的大小，是企业经营结果的综合体现。影响企业所有者权益的因素如图2-1所示。

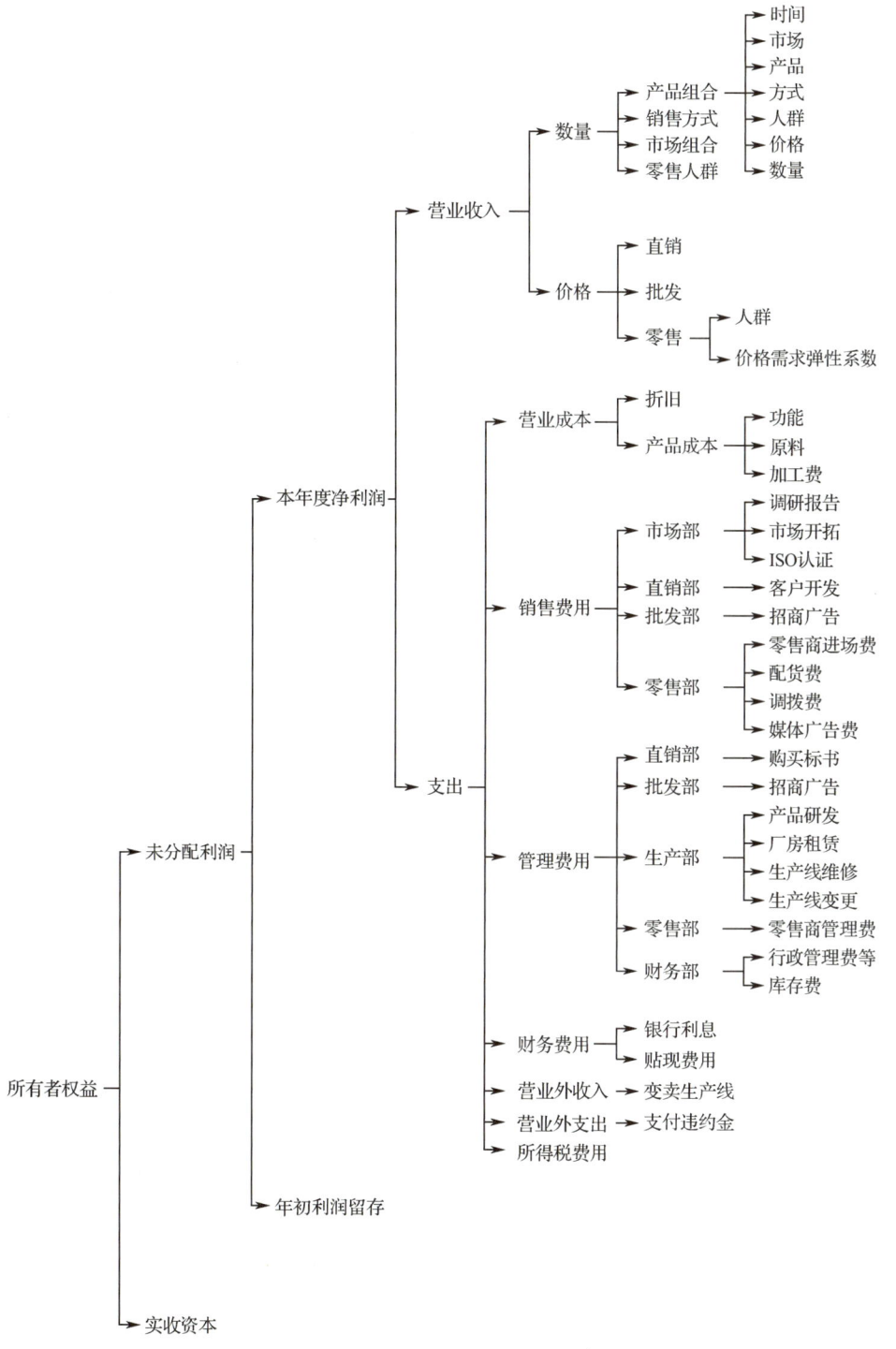

图2-1 影响企业所有者权益的因素

二、市场部操作规则

企业的生存和发展离不开市场的大环境。谁赢得市场，谁就赢得了竞争。市场是瞬息万变的，变化增加了竞争的对抗性和复杂性。

（一）市场预测

系统以柱状图形式（见图2-2和图2-3）给出不同产品在不同市场、不同渠道、不同年度或季度的销售数量、销售价格预测。经营者可以通过市场预测图，对每种产品的价格趋势、需求趋势、生命周期、利润最高点、适合的销售方式等进行市场分析，从而制定企业的营销策略、产品策略及发展策略。

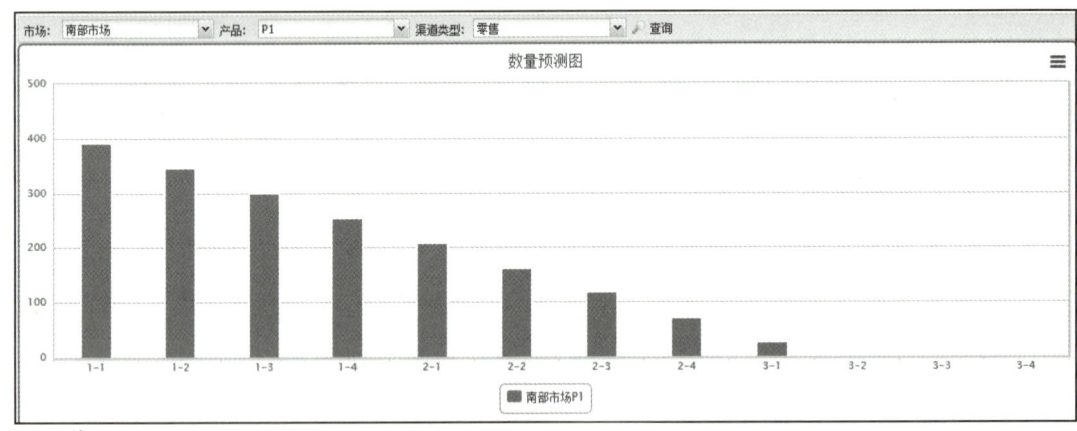

注：

（1）图中的横坐标代表年-季度，如"1-1"代表第1年第1季度，"2-1"代表第2年第1季度。

（2）系统中省略的数量单位为"件"，金额单位为"万元"。

图2-2　南部市场P1产品零售数量预测图

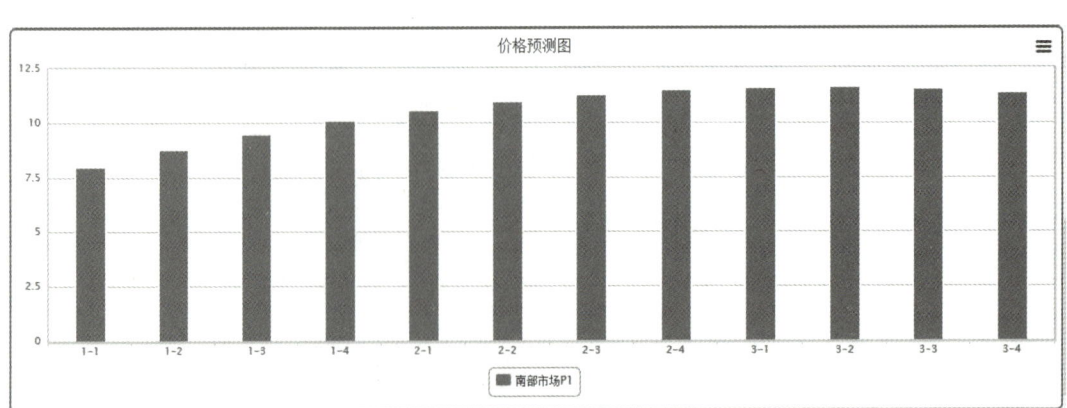

图2-3　南部市场P1产品零售价格预测图

（二）市场分析

在这一环节，经营者需要购买调研报告来获取市场信息，包括市场需求波动信息、各类产品的需求量及市场期望价格信息等。

市场分析包含市场环境和调研报告两部分。市场环境是系统随机给出的，而调研报告是需要购买的，调研报告的购买价格为5万元/份（注意：每个市场一份调研报告）。市场部负责购买调研报告。调研报告中给出了以下数据：产品流行功能，直销、批发、零售渠道6类消费人群的产品需求量及平均期望价格。

1. 市场环境

市场环境主要受市场需求波动率的影响，每年年初，系统会直接给出本年度各季度的市场环境信息，如表2-5所示。每个季度的市场环境变化都会引起本市场本季度需求波动，系统会自动计算出市场需求波动率的数值，该数值会影响到零售渠道6类消费人群产品需求量的变化。

表2-5　南部市场第1年市场环境示例

市场环境	期初值	第1季度	第2季度	第3季度	第4季度
常住人口（万人）	1000	990	950	912	939
购买力指数（%）	20	20	21	22	21
通货膨胀率（%）	2.30	2.00	2.00	2.00	2.00
利息率（%）	1.50	1.44	1.38	1.32	1.36
人均GDP（元）	5000.00	4950.00	4702.50	4467.38	4333.36
恩格尔系数（%）	40.00	38.40	39.17	39.95	38.35
市场需求波动率（%）	0	19.00	17.00	16.00	12.00

零售渠道每个季度实际的产品需求量＝调研报告给出的零售渠道6类消费人群的产品需求量×（1±本季度市场需求波动率）

注意：

（1）市场环境是随机变化的，在每次初始化数据重新开始训练或比赛时，数据都会不同；

（2）对于在同一竞赛环境下的所有小组，市场环境是相同的；

（3）在购买调研报告后，本年度的市场环境不会再发生变化。

2. 调研报告

市场部购买调研报告后，才能看到产品流行功能，直销、批发、零售渠道6类消费人群的产品需求量及平均期望价格等信息。

注意：年初，各企业都需要至少购买一份调研报告，否则无法继续经营。企业可以选择只购买一个市场的调研报告，也可以购买多个市场的调研报告。

（1）产品流行功能。

流行功能是零售渠道的冲动型人群购买该产品的第一标准。产品只有在流行功能流行期间具备这种功能，冲动型人群才有可能购买该产品。并且流行功能在流行过以后，将作为产品的基本功能，如果产品不具有该功能，则零售渠道的 6 类消费人群都不会购买该产品。调研报告以表格形式提供了每种产品在某个季度的流行功能，以及该流行功能持续的时间，如表 2-6 所示。

表2-6　南部市场第1年产品流行功能及周期示例

产品	第1季度	第2季度	第3季度	第4季度
P1	P1F4（流行周期：2个季度）		P1F2（流行周期：1个季度）	P1F5（流行周期：2个季度）
P2			P2F4（流行周期：2个季度）	
P3			P3F3（流行周期：3个季度）	
P4			P4F3（流行周期：4个季度）	

（2）直销、批发、零售渠道 6 类消费人群的产品需求量及平均期望价格。

调研报告以表格形式给出每种产品在某个季度、不同销售渠道中的需求量和平均价格，如表 2-7 所示。其中，直销渠道和批发渠道每年只在第 1 季度提供一次交易机会，所以调研报告中只给出了第 1 季度的需求信息；零售渠道每个季度都有一次交易机会。

表2-7　南部市场第1年市场需求示例

季度	产品	直销		批发		零售						
		平均价格（万元）	需求量（件）	平均价格（万元）	需求量（件）	市场期望价格（万元）	习惯型（件）	理智型（件）	冲动型（件）	经济型（件）	情感型（件）	不定型（件）
1	P1	9.54	184	6.54	370	9.68	56	0	0	66	0	234
2	P1	9.54		6.54		11.00	40	50	0	58	45	122
3	P1	9.54		6.54		12.06	45	50	41	50	45	86
3	P4	12.21		10.86		13.57	2	2	2	2	2	3
4	P1	9.54		6.54		11.53	40	40	40	52	40	67
4	P2	9.47		8.42		10.52	6	6	5	8	5	10
4	P3	11.05		9.82		12.28	2	2	3	3	3	3
4	P4	11.88		10.56		13.20	2	2	2	3	3	4

【练一练】

表2-7提供了南部市场第1年零售渠道6类消费人群对产品的需求量和期望价格，请计算第1年第1季度零售渠道6类消费人群的实际产品需求量。

（三）市场开拓

企业如想在更大范围的市场上销售产品，就必须先进行市场开拓。市场部需要根据市场预测、调研报告及自身制定的营销策略进行市场开拓。市场开拓周期及费用如表2-8所示。

表2-8　市场开拓周期及费用

市　场	开拓周期（年）	开拓费（万元/年）	开拓完成费用合计（万元）
南部	0（开放市场）	0	0
东部	1	5	5
中部	2	5	10
北部	3	5	15
西部	3	5	15

注意：

（1）市场开拓不能加速，开拓完毕当年即可进行产品销售。

（2）除南部市场外，其他市场均需要企业投入一定的时间及费用，完成市场开拓后才能在该市场上销售产品。其中，东部市场只需要1年的开拓时间，中部市场需要2年的开拓时间，北部和西部市场均需要3年时间才能完成开拓。企业如果希望在北部和西部市场销售产品，则每年都不能错过该市场的开拓。

（四）ISO认证

随着中国加入WTO，客户的质量意识及环保意识不断提高。经过一段时间的市场孕育，最终会反映在客户的订单中。只有当ISO9000、ISO14000认证完成后，才可以参与直销和批发带有ISO9000或ISO14000认证标志的订单。ISO认证周期及费用如表2-9所示。与此同时，ISO认证也会影响零售消费人群成交的优先权。

表2-9　ISO认证周期及费用

ISO认证体系	认证周期（年）	认证费（万元/年）	认证完成费用合计（万元）
ISO9000	1	10	10
ISO14000	2	10	20

注意：

（1）ISO认证不能加速，认证完毕当年即可影响销售额。

（2）只有直销和批发订单有ISO9000或ISO14000的要求，零售订单无此要求。

（3）ISO认证将会影响企业的综合指数。如果企业放弃ISO认证，则与参与认证的竞争对手相比，在其他条件相同的情况下，本企业的综合指数将更低。当然，只有当某个ISO认证完成后，才会影响企业的综合指数。

三、直销部操作规则

直销作为销售方式的一种，采用招投标的方式，以综合评分法为原则，在每年的第1季度进行。系统会在调研报告中给出直销客户准确的产品需求量和平均价格。直销部需根据自己的营销策略决定是否通过直销方式进行产品销售。

（一）开发客户

每个客户只需要开发一次，每个客户的开发费用为5万元。如有忘记开发的客户，可在本步骤结束前，再次进行开发。

1. 待开发客户

经营者根据市场需求及企业的销售策略，确定目标客户，进行客户开发，支付相应的开发费用后，才能参与该客户的直销订单竞标（除第1年不需要开发客户外）。

2. 我的客户

客户开发完成后，才可以查看已经开发的客户。如果市场上有该客户的订单，在项目投标任务开始时，可以进行投标。

（二）参与投标

客户开发完成后，就可以看到市场上直销客户的订单，并可以参与投标，具体流程如下：投标报名→资格预审→购买标书→投标→中标公示。

（1）投标报名：选择需要投标的订单进行报名，以取得投标资格。投标报名不收取任何费用。

（2）资格预审：系统会按照不同订单的要求对各小组资格进行预审，资格预审的条件包括客户是否已经开发完成、是否已经进行ISO认证。

注意：可通过单击自己已报名的投标订单查看本投标订单的其他参与小组；投标报名后将不能再开发客户，如果有要求开发客户的订单，应在投标报名之前完成开发。

（3）购买标书：购买标书并支付购买标书费用。标书费用为2万元/份。

（4）投标：对已购买标书的订单进行投标，制定投标价格并提交，投标价格不能高于订单要求的市场最高价格，成交规则为综合评分法。

综合评分法以每组投标价格和每组企业综合指数为评分依据,计算公式如下:

(所有小组投标最低价/本小组投标价格)×60+(本小组企业综合指数/所有有效投标小组最高企业综合指数)×40

式中,企业综合指数=[(ISO14000 按 20 计算+ISO9000 按 10 计算)/所有小组总认证]×20+(上季度小组销售额/上季度所有小组销售额)×40+(小组总媒体影响力/所有小组总媒体影响力)×40。

(5)中标公示:直销投标结束后,经营者可以通过查看中标公示,获得企业所参与投标的订单由哪个小组中标及中标价格等信息。

注意:

(1)直销订单有交货期限。在交货期限内不能交货的,会被扣除违约金,即订单原价的 25%(四舍五入),并取消订单。每违约一张订单则取消一年(下一年)的直销订单投标资格。投标的订单要收取订单原价一定比例的投标保证金,结束投标后再返还投标保证金。

(2)直销订单的账期。账期是指企业在交货后,直销客户的付款时间,具体如表 2-10 所示。

表2-10 直销订单账期

账期	说明
0	现款交易,企业交货,客户当即付款
1	企业交货1个季度后客户付款
2	企业交货2个季度后客户付款
3	企业交货3个季度后客户付款
4	企业交货4个季度后客户付款

【练一练】

根据表 2-10,企业经营者应如何根据企业对资金的需要情况来安排交货,解决资金压力?请举例说明。

四、批发部操作规则

批发作为销售的另外一种方式,需要各小组投放招商广告,并按照招商广告投放数量的多少依次选单。批发订单竞标每年一次,在每年的第 1 季度进行。系统会在调研报告中给出批发客户准确的产品需求量和平均价格。批发部需根据自己的营销策略决定是否通过批发方式进行产品销售。

(一）投放招商广告

各组经营者需根据自身的营销策略，在不同市场上制定不同产品的批发招商广告的投放策略，招商广告费用最低为1万元，最高不限制，但必须是整数。

注意：
（1）只有市场开拓完成后，才能进行招商广告的投放。
（2）每个市场的批发订单是有限的，也就是说，即使企业投放了招商广告，也不一定能够选到订单。

（二）选择批发订单

招商广告投放完成后，由裁判统一控制选单。裁判允许选单后，系统会在每个产品的每个市场判断各小组投入广告费用的多少，并按照由高到低的顺序进行排序，投入广告费用最多的小组开始选单，每次只能选择一张订单，依次类推。若两组投入广告数量相同，则看两组在本产品所有市场上广告费用的投入；如果仍旧相同，则比较所有产品在所有市场上广告费用的投入；如果仍旧相同，则比较招商广告提交的时间，先提交者优先选单。

注意：
（1）选单是有时间限制的。选单开始后，如果超过时间不选择订单，则系统自动跳到下一个企业，该企业将失去本年选单机会。一年过后，如果还有剩余订单，则该企业还有选单机会。
（2）如果不需要该订单，则单击"放弃"按钮放弃选单。一旦放弃，即使市场上有剩余订单，该企业也没有选单机会。
（3）批发订单为预付订单，系统中批发订单的账期表示为"-1"，只要取得订单，则订单货款就会直接进入现金账户。
（4）批发订单有交货期限。在交货期限内不能交货的，会被扣除违约金，即订单原价的25%（四舍五入），连同预付款一并扣除，并取消订单。一旦违约，企业将失去下一年参与直销订单投标的资格。
（5）需要单击"指示区"各市场显示的小组编号，从"订单选择区"选择订单，如"指示区"没有显示本小组编号，则本小组不能进行选单。

五、生产部操作规则

经营者需要根据调研报告及自身的营销策略制订产品研发计划和产品生产计划，并根据运营情况随时进行调整。

（一）产品研发

企业要想生产新产品，必须完成产品的研发，否则无法生产。生产部需要根据市场预测和调研报告制订自身的产品研发计划。产品研发需要一定的周期及费用，如表2-11所示。

表2-11 产品研发周期及费用

产品	研发周期（季度）	研发费（万元/季度）	研发完成费用合计（万元）
P2	3	10	30
P3	3	20	60
P4	3	30	90

注意：
（1）每种产品每个季度最多只能研发一次，不能加速。经营者可以同步研发各种产品，也可以选择性研发。
（2）企业需按研发周期平均支付研发费用，资金不足时可随时中断或终止（已投入的研发费用不能收回）。如果中断一段时间，企业还想继续研发，可在之前研发的基础上，再投入剩余的研发费用，以完成研发。
（3）新产品研发完成后，当季度即可开始生产。

（二）产品下线入库

不同的生产线生产产品需要的周期不同，系统以季度为单位进行生产，半自动生产线需要2个季度生产一批产品，全自动和柔性生产线需要1个季度生产一批产品。生产线上的到期在制品，执行此任务后下线入库，成为产成品。

注意：一条生产线生产的一批产品数量为10件。

（三）租赁/购买厂房

只有租赁或者购买了厂房，才能将生产线安装到厂房中。所以生产部需要提前决策厂房的租赁或者购买。厂房基本信息如表2-12所示。

表2-12 厂房基本信息

厂房	购买价格（万元）	购买分期数（季度）	租赁价格（万元/年）	变卖价格（万元）	维修费（万元）	容纳生产线（条）
A	320	4	40	320	0	4
B	240	4	30	240	0	3
C	120	4	20	120	0	1

注意：
（1）在初始条件下，企业拥有自主的A厂房。
（2）购买厂房可分期付款，租赁厂房不可分期付款。
（3）当企业资金紧张，需要依靠变卖厂房以渡过难关时，要保证企业已经付清购买厂房的费用，且厂房内没有生产线（必须先出售完安装在指定厂房的生产线，再出售该厂房）。
（4）厂房不计提折旧。

（四）生产线购买

企业可供选择的生产线有半自动生产线、全自动生产线和柔性生产线。不同类型生产线的主要区别在于生产效率（指单位时间生产产品的数量）和灵活性（指转产新产品时设备调整的难易程度）。根据制订的生产计划，生产部需要购买合适的生产线。生产线基本信息如表 2-13 所示，生产线加工费如表 2-14 所示。

表2-13 生产线基本信息

生产线	购买价格（万元）	生产周期（季度）	转产费用（万元/次）	变卖价格（万元）	搬迁费用（万元）	维修费（万元/年）	周期产量（件）
半自动	40	2	0	10	8	5	10
全自动	80	1	10	20	10	4	10
柔性	120	1	0	30	10	5	10

表2-14 生产线加工费

产品	加工费		
	半自动生产线（万元）	全自动生产线（万元）	柔性生产线（万元）
P1	1	1	1
P2	1	1	1
P3	2	1	1
P4	2	1	1

注意：
（1）生产线购买来后，不需要安装，可以直接进行生产。
（2）全自动生产线进行转产时，需要支付相应的转产费用。
（3）新购买的生产线当年不计提折旧，但下一年将计提折旧，折旧额计入经营成本。
（4）变卖生产线时，如果生产线净值等于残值，将净值转换为现金；生产线净值大于残值，将相当于残值的部分转换为现金，将差额部分作为费用处理（综合费用——其他）。
（5）当年出售的生产线不需要支付维修费。

（五）原料采购

原料的采购计划需要根据自身的产品生产计划、产品 BOM（物料清单）、原料库存和在途情况来制订。原料采购都要有采购提前期，所以必须先下达采购计划。采购提前期参考系统参数设定。默认 R1、R2 为提前 1 个季度采购；R3、R4 为提前 2 个季度采购。

每种原料的采购价格为 1 万元，采购后会按期自动入库。批量采购原料可以压缩供应商的账期。如果采购数量小于或等于 50 个，则需支付相应的现金；如果采购数量大于 50 个，且小于或等于 100 个，则可以产生 1 个季度的应付账款；如果采购数量大于 100 个，且小于或等于 150 个，则可以产生 2 个季度的应付账款；如果采购数量大于 150 个，且小于或等于 200 个，则可以产生 3 个季度的应付账款；如果采购数量大于 200 个，则可以产生 4 个季度的应付账款。

产品 BOM 及加工费如表 2-15 所示。

表2-15 产品BOM及加工费

产品	BOM	加工费	
		半自动生产线（万元）	全自动、柔性生产线（万元）
P1	R1	1	1
P2	R1+2R2	1	1
P3	2R2+R3	2	1
P4	R2+R3+2R4	2	1

（六）投入生产

经营者选择空闲的生产线生产产品。产品生产时必须选择产品型号，产品型号是由经营者根据产品功能组合自由命名的。例如，生产带有 F1 和 F4 功能的 P1 产品，可将产品型号定义为 P1F1F4，然后添加 F1 和 F4 功能，这样只要看到型号就可以知道产品的功能。

经营者可以在投产时直接添加产品型号，也可以在"特殊任务"中的"产品型号管理"中进行设定。

注意：
（1）每条生产线同一时间只能生产一种产品。
（2）空闲生产线才能上线生产。
（3）上线生产必须有原料，否则必须"停工待料"。

（七）交货给客户

市场部可对获取的直销订单和批发订单执行交货操作。在市场营销沙盘中，交货期都是一年内有效。零售渠道消费人群通过零售商购买产品后直接结算，不需要执行交货操作。

如果库存成品能够满足订单的需求，则可交货给客户。交货后，收到现金或者产生应收账款。

注意：
（1）当年拿到的订单必须在规定交货期内交货，如果不能按时交货，会被扣除订单原价的 25%（四舍五入）作为违约金，并取消订单。当企业违约批发订单时，同时需要支付先前收到的订单预付款。
（2）交货时，如果订单对产品功能有明确需求，那么必须选择带有所要求的产品功能的产品进行交货。一个订单不能被拆分执行交货任务。

六、零售部操作规则

零售是一种通过零售商直接面对终端消费人群的销售方式。零售部需要选择合适的零售商签约进店，针对 6 类消费人群（情感型、习惯型、理智型、冲动型、经济型、不定型）

的特性制定相应的价格和促销策略，并投放媒体广告，由系统模拟消费习惯撮合交易。

（一）6类消费人群交易规则

6类消费人群遵循一定的成交顺序，只有当前一类消费人群成交结束后，才会进行下一类消费人群的成交。6类消费人群的优先交易顺序如下：情感型→习惯型→理智型→冲动型→经济型→不定型。

1. 情感型消费人群

对情感型消费人群而言，某产品历史成交优惠额度最大的，优先成交。如果该产品历史成交优惠额度相同，则比较企业综合指数；如果企业综合指数也相同，则比较价格。

2. 习惯型消费人群

习惯型消费人群属于媒体广告主导人群。按照本组本季度获得的媒体影响力与所在零售商下符合条件的所有小组本季度获得的媒体影响力的总和的百分比分配订单。

3. 理智型消费人群

理智型消费人群属于企业综合指数主导人群。企业综合指数高者优先交易，如果企业综合指数相同，则比较价格。

4. 冲动型消费人群

冲动型消费人群属于流行功能主导人群。流行功能有持续周期，并且开始流行时间受到零售商的市场敏感度的影响。在此期间，拥有某流行功能的优先成交；如果都拥有该流行功能，则比较该产品拥有的所有功能数量，拥有功能数量最多者优先成交；如果仍旧相同，则比较价格；如果价格也相同，则比较企业综合指数。

5. 经济型消费人群

经济型消费人群属于价格主导人群。价格低者优先交易。如果价格相同，则比较企业综合指数。

6. 不定型消费人群

不定型消费人群属于促销活动主导人群，没有促销就不会产生该人群的订单。促销后价格最低的优先成交；如果促销后的价格相同，则比较企业综合指数；如果企业综合指数相同，则比较定价，定价低者优先成交。

注意：
（1）如果制定价格超过市场期望价格，不定型消费人群不会产生交易。
（2）促销活动对其他5类消费人群同样有效。

（二）签约零售商

在市场营销沙盘中，一共有 5 个零售市场，分别为南部市场、东部市场、中部市场、北部市场和西部市场；每个市场均有两个零售商。系统初始状态是南部市场的 A1 零售商跟企业已经签约合作。为了扩大市场，提高销售额，零售部需要选择更多合适的零售商进店销售。

零售商参数包括以下几个。

（1）市场覆盖率：该零售商的消费者需求量与本市场 6 类消费人群总需求量的百分比。

（2）市场敏感度：该零售商基于调研报告实现预期销售的最短周期。

（3）进场费：与零售商签约进店需要缴纳的费用。

（4）到货周期：将产品配送给零售商所需要的物流运输周期。

（5）回款周期：该零售商与选手企业结算的应收账款的账期。

（6）提成比例：零售商对销售产品的提成比例，也就是企业需要给零售商结算的提成金额为零售商销售收入 × 提成比例。

（7）管理费：每季度支付给零售商的管理费用。

（8）便利指数：在实际经营过程中无作用，可以忽略。

5 个零售市场的零售商信息如表 2-16 所示。

表2-16　5个零售市场的零售商信息

市场	零售商	市场覆盖率 （%）	市场敏感度 （季度）	进场费 （万元）	到货周期 （季度）	回款周期 （季度）	提成比例 （%）	管理费 （万元）
南部	A1	40	2	20	0	4	10	2
南部	A2	60	4	20	0	1	10	2
东部	B1	40	2	20	0	2	10	2
东部	B2	60	4	20	0	3	10	2
中部	C1	40	3	20	0	2	10	2
中部	C2	60	4	20	0	3	10	2
北部	D1	40	3	20	0	2	10	2
北部	D2	60	2	20	0	3	10	2
西部	E1	40	3	20	0	2	10	2
西部	E2	60	2	20	0	3	10	2

（三）货物配送

零售部在选择合适的零售商签约以后，需要将产品配送给各个零售商进行销售。当然不同的零售商之间也可以进行产品的调拨，在特殊任务中还可以进行库存调拨操作。不论是配送货物还是将货物在零售商之间进行调拨，企业都需要支付一定的费用。具体收费标准按照配送和调拨的产品数量而定，如表 2-17 所示。

表2-17　货物配送费用

配送目的市场	配送标准数量（件）	配送费（万元）	每多一件配送费（万元）
南部市场	10	1.5	0.2
东部市场	10	1.5	0.2
中部市场	10	1.5	0.2
北部市场	10	1.5	0.2
西部市场	10	1.5	0.2

（四）价格制定

零售部需要对各个零售商销售的产品制定销售价格，并对制定好价格的产品进行上架操作，产品上架后才可以进行销售。

注意：

（1）制定的产品销售价格最高不得超过调研报告中给出的零售渠道消费人群的市场期望价格的2倍，否则将不会产生任何成交。

（2）由于价格需求弹性系数的影响，销售价格将会影响销售的数量。公式如下：

产品的实际销售数量＝实际需求量×（1－销售数量变动率）

实际需求量＝调研报告的预测需求量×（1+市场需求波动率）

销售数量变动率＝[（销售价格－市场期望价格）/市场期望价格]×价格需求弹性系数

其中，P1产品价格需求弹性系数为0.8；P2产品价格需求弹性系数为0.9；P3产品价格需求弹性系数为1；P4产品价格需求弹性系数为1.2。

销售价格影响销售数量的说明如表2-18所示。

表2-18　销售价格影响销售数量的说明

销售价格与市场期望价格的关系	销售数量影响说明
销售价格＞市场期望价格	销售数量变动率＞0，产品的实际销售数量＜实际需求量
销售价格＝市场期望价格	销售数量变动率＝0，产品的实际销售数量＝实际需求量
销售价格＜市场期望价格	销售数量变动率＜0，产品的实际销售数量＞实际需求量

（五）促销策略

零售部将根据自身的营销策略制定相应的促销策略，本季度促销策略将影响不定型消费人群的成交。

促销策略包括以下几种。

1. 满就送

可以设定购买某种产品达到某个金额就可以享受返现金的优惠活动。其中"送"的数值不能大于"满"的数值。

2. 多买折扣

可以设定一次性购买产品达到多少数量后,全部按折扣价格结算。享受折扣额填写折扣数值,如85折,就填写8.5。

3. 买第几件折扣

可以设定一次性购买产品达到多少数量后,该件产品按照折扣价购买,并且如果继续购买,每逢设定数量的倍数,均可按照折扣价购买。如第3件享受5折,即前2件按一口价,第3件打5折,第6件也可以打5折。

(六)媒体广告投标

零售部需要根据自身的营销策略,对不同产品投放媒体广告。广告媒体基本信息如表2-19所示。媒体广告中标后,每个小组将获得相应媒体的影响力,每个小组的媒体影响力会影响习惯型消费人群的成交比例。另外,媒体影响力也会影响企业综合指数,同时也就会影响到受企业综合指数因素影响的消费人群。

表2-19 广告媒体基本信息

媒体	媒体时段	影响力度	得到关系值	最低投放额度(万元)
百度	排名第一	20	5	1
百度	排名第二	18	9	1
百度	排名第三	15	8	1
百度	排名第四	13	7	1
百度	排名第五	11	6	1
百度	排名第六	10	5	1
百度	排名第七	9	4	1
百度	排名第八	7	3	1
百度	排名第九	6	3	1
百度	排名第十	5	3	1
央视	黄金时段	40	2	1
央视	午间时段	12	10	1
央视	晚间时段	6	8	1
单季度单产品媒体数值合计		172	73	

媒体广告中标依据有以下两种。

(1)竞价排名:按照投标金额依次排名,分别计算其获得的媒体影响力和关系值(如百度排名)。

(2)高价中标:投标金额最高者中标,获得相应的媒体影响力和关系值(如央视的各个时段)。

注意:关系值的作用是投标价格相同时,关系值高者优先获得。如果针对同一媒体的关系值相同,则比较媒体广告提交的先后顺序。

七、财务部操作规则

资金是企业的血液，是企业任何活动的支撑。经营者不但需要控制现金流，保证良好的资金链，还要做好整个企业的财务预算，保证企业的良好运营。

（一）应收账款 / 应付账款

企业运营过程中，财务部需要及时进行应收账款和应付账款的结算。应收账款 / 应付账款主要来源如表 2-20 所示。

表2-20　应收账款/应付账款主要来源

	来源	说明
应收账款	直销订单交付	直销订单一般都有账期，如果账期为0，则交货即收到现金；如果账期不为0，则形成相应账期的应收账款
	零售销售收入	企业通过不同零售商销售产品形成不同账期的应收账款，如表2-16所示
	变卖厂房	变卖闲置的厂房后形成4个季度的应收账款
应付账款	原料采购	企业购买原料的数量大于50件时形成应付账款
	零售商提成	企业通过零售商销售产品需要支付10%的零售商提成时形成应付账款（应付账期和零售商的回款账期一致）
	厂房购买	企业购买厂房支付完当期的费用还需支付3个季度的分期费用时形成应付账款

（二）短贷 / 还本付息

系统向企业提供了 3 种融资方式：短期贷款、民间融资和长期贷款。财务部可根据企业经营状态进行融资，其中，短贷（短期贷款和民间融资）可以在每个季度的任何时间进行。

1. 还本付息

如有到期还款的贷款，需要先还款，才能再次进行贷款。短期贷款与民间融资的贷款期限是 4 个季度，贷款到期后，需要归还本金并支付利息。

例如，短期贷款 100 元，到期时，需要支付 100×5％=5（元）的利息，因此，需要支付本金与利息共计 105 元。

2. 新贷款

还本付息后可以获得新的贷款。

短期贷款在每个季度可以随时申请。可以申请的最高额度 = 上一年所有者权益 ×2，并能被 100 整除的最大整数 – 已贷短期贷款额。民间融资与短期贷款的规则类似，只是贷款的利率不同。短贷融资规则如表 2-21 所示。

市场营销沙盘操作基础　模块二

表2-21　短贷融资规则

融资方式	规定贷款时间	贷款额度	还贷规定	利率	贷款期限
短期贷款	每季度	上一年所有者权益的两倍，并能被100整除的最大整数-已贷短期贷款	到期一次还本付息	5%	4个季度
民间融资	任何时间			15%	

（三）管理费缴纳

财务部每个季度必须缴纳一定的行政管理费和签约零售商的管理费，每个季度的行政管理费为 2 万元。零售商的管理费为所有签约零售商管理费的总和，每个季度每个零售商的行政管理费为 2 万元。新签约的零售商签约当季度只缴纳进场费，不再缴纳管理费。

（四）应交税费缴纳

每年第 1 季度缴纳上年度企业所得税，所得税的计算公式如下：
企业所得税 = 利润总和（先弥补前 5 年亏损）×25%（四舍五入，保留小数点后两位）

（五）长贷 / 还本付息

财务总监每年第 4 季度可以进行长期贷款操作。如有到期还款的贷款，必须先还清贷款，才能再次进行贷款。长期贷款期限是 2 年，每年年底需要支付利息，贷款到期后，需要归还本金并支付利息。长期贷款融资规则如表 2-22 所示。

表2-22　长期贷款融资规则

融资方式	规定贷款时间	贷款额度	还贷规定	利率	贷款期限
长期贷款	每年年底	上一年所有者权益的两倍，并能被100整除的最大整数-已贷长期贷款额	每年年底还利息，到期一次还本付息	10%	2年

（六）租赁费 / 维修费支付

厂房租赁费：每年第 4 季度需支付下一年厂房租赁费。
生产线维修费：每年第 4 季度需支付本年生产线维修费，当年新安装的生产线不需要支付维修费。

（七）支付库存费

某种产品或采购的原料数量不超出最低数量 50 件时，每年支付库存费 3 万元，每超出一件就需要增加 0.02 万元。需要注意的是，产品或原料的库存数量并不是合计为总数再计算库存费，而是按照不同产品（同一产品不同型号也是分类计算）、不同原料等分别计算库存费。库存费规则如表 2-23 所示。

表2-23 库存费规则

产品或原料	最低数量（件）	库存费用（万元/年）	每增加一件的费用（万元/年）
P1、P2、P3、P4 R1、R2、R3、R4	50	3	0.02

（八）折旧

随着使用年限的增加，生产线会贬值，可以通过折旧这个项目在税前利润中扣除。折旧方式是按单条生产线价值除以3取整（四舍五入），价值不足3万元的折1万元，直到设备价值为0为止，厂房不再计提折旧。

（九）进入下一季度

每季度运营结束后，经营者可以进入下一季度的运营。

（十）关账

运营完4个季度以后，需要进行关账操作。关账以后可以看到本企业本年度的财务报表及系统根据得分规则自动计算的得分。

（十一）进入下一年

每个会计年度经营完成，教师端允许进入下一年后，经营者可以进入下一年度的运营。

八、破产规则

在市场营销沙盘模拟经营过程中，如企业所持有的现金不足以支付必须支付的款项，造成现金断流，则企业破产。一般造成现金流断裂的原因包括：不能支付应付账款、贷款本息、管理费、相关税费、租赁费/维修费及库存费。

九、模拟经营时间表

虚拟企业经营活动每次需要模拟3年，经营时间如表2-24所示。

表2-24 虚拟企业经营时间

经营流程	第1年	第2年	第3年
经营者进入系统，从"修改密码"结束到"参与投标"结束	10分钟	10分钟	10分钟
从"参与投标"结束到"投放招商广告"结束	5分钟	5分钟	5分钟
"选择批发订单"	60秒/组	90秒/组	90秒/组
从"选择批发订单"结束到"媒体广告投标"结束	15分钟	15分钟	15分钟
从第1季度"媒体广告投标"结束到第2季度"媒体广告投标"结束	15分钟	15分钟	15分钟

续表

经营流程	第1年	第2年	第3年
从第2季度"媒体广告投标"结束到第3季度"媒体广告投标"结束	15分钟	15分钟	15分钟
从第3季度"媒体广告投标"结束到第4季度"媒体广告投标"结束	15分钟	15分钟	15分钟
从第4季度"媒体广告投标"结束到"关账"结束	5分钟	5分钟	5分钟
休息	10分钟	10分钟	
经营时间合计	约100分钟	约100分钟	约100分钟

十、系统设置

1. 系统初始设置

系统初始设置如表2-25所示。

表2-25 系统初始设置

项目	期初值
股东资本设置（万元）	1000
市场需求倍率	1
行政管理费（万元）	2
购买标书费（万元）	2
贷款权益倍数	2
贷款基数（万元）	100
短期贷款利息（/周期）	0.05
民间融资利息（/周期）	0.15
长期贷款利息（/年）	0.1
短期贷款还款期限（季度）	4
民间融资还款期限（季度）	4
长期贷款还款期限（年）	2
贴现基数	100
贴现费率	0.14
生产线折旧率	0.33
厂房折旧率	0
变卖厂房收款账期（季度）	4
变卖生产线收款账期（季度）	0
交货违约金比例	0.25
客户开发费（万元）	5
保证金比例	0.1

2. 操作权限设置

教师在指导经营者进行模拟经营的过程中，可以根据表 2-26 设置经营者的操作权限，当然也可以根据实际需要修改操作权限的初始值。

表2-26　经营者操作权限设置

设置	项目
允许	允许提示现金收支信息
允许	允许单人操作
不允许	允许追加股东投资
不允许	允许长短贷共享额度
不允许	生产线搬迁
不允许	厂房租转买
不允许	紧急采购

十一、规则与岗位工作要求

企业经营过程中，每位成员都有明确的岗位职责和具体的工作任务。企业成员应当熟练掌握个人岗位所对应的经营规则，积极、高效地完成个人工作，督促企业员工积极完成本职工作，形成和谐团队，保证企业的高效运营。企业岗位的工作任务、标准要求及应重点掌握的规则如表 2-27 所示。要想提高市场营销沙盘模拟经营的水平，必须尽快掌握所有规则和要求。

表2-27　企业岗位的工作任务、标准要求及应重点掌握的规则

岗位	工作任务	标准要求	应重点掌握的规则
企业总裁	经营记录	台账正确、全面、及时	全部规则
	企业规划制定	目标妥当、团队达成一致	
	规划管理	措施得当、调整稳妥	
	经营流程控制	流畅、合理、时效性高	
	团队管理	团结、和谐、高效	
财务总监	经营记录	台账正确、全面、及时	融资规则 费用规则 纳税规则
	资金预算与执行	计划合理、资金不断流	
	融资管理	合理、适当、科学	
	财务报告	正确、及时	
	费用计算	及时、准确	

续表

岗位	工作任务	标准要求	应重点掌握的规则
营销总监	经营记录	台账正确、全面、及时	市场分析规则 市场开拓规则 直销规则 批发规则 零售规则
	市场预测与分析	合理、适当、科学	
	市场开拓	合理、适当、科学	
	直销规划	适配销售计划、及时、准确	
	批发规划	适配销售计划、及时、准确	
	订单交货	及时、准确、合理	
	零售规划	适配销售计划、及时、准确	
运营总监	经营记录	台账正确、全面、及时	ISO认证规则 产品研发规则 原料采购与生产安排 库存管理规则
	ISO认证	合理、适当、科学	
	产品研发	合理、适当、科学	
	原料采购	合理、适当、及时、准确	
	生产安排	及时、准确、合理	
	库存管理	核算正确	

任务二 熟悉企业经营基本操作

学习目标

1. 熟悉企业经营各个环节的具体操作
2. 理解企业经营各项工作的意义
3. 学会操作市场营销沙盘软件
4. 能够基本完成财务报表的制作

企业模拟运营应当严格遵守运营规则，按照一定的运营流程进行。为了经营好企业，管理者应当做好预测、决策、预算、计划、控制、核算、分析等工作。预测、决策、预算、计划工作应当在每年经营结束后、下一年运营之前进行，目的是使经营活动有序进行，防止出现意外情况。控制主要是在运营过程中，根据运营流程和事先的计划进行销售运作。核算是在经营结束后对当年的经营情况进行盘点，编制各种报表以反映当年的经营情况和年末的财务状况。分析主要是在经营结束后，根据核实的结果与预算进行比较，找出差异，并对差异进行分析，以便以后更好地开展工作。

市场营销沙盘可以为经营者提供虚拟企业经营的操作界面和全部实时数据，并在此基础上进行数据分析和挖掘，以便经营者更科学地进行经营决策。这是一套完整的企业营销综合实训系统，为学习者提供多种营销理论的实践学习，提供大量的分析数据和经营决策工具。企业模拟经营业务流程如图 2-4 所示。

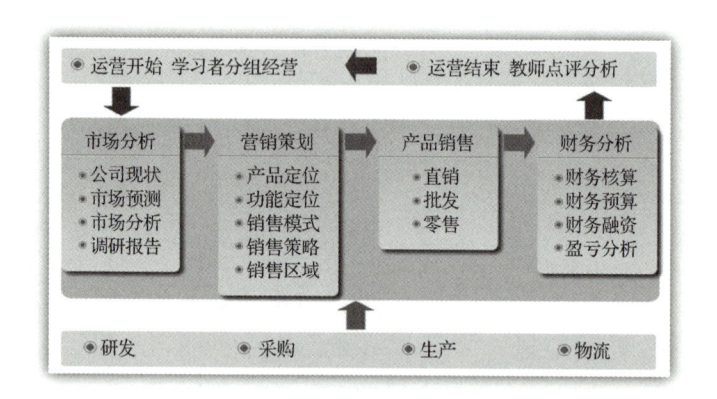

图2-4　企业模拟经营业务流程

在熟悉了经营规则之后，新组建的团队就可以准备创建企业了。在市场营销沙盘系统中，企业经营是按照任务清单的顺序开展的。任务清单代表了企业简化的工作流程，也是企业模拟竞争中各项工作需要严格遵守的顺序。在模拟运营时，由企业总裁主持，指挥团队成员各司其职，模拟市场营销企业经营实践，完成经营过程中的各项任务。经营者要按照角色和流程学习并记录经营过程中各个要素的变化情况。

一、年度规划制定

常言道："预则立，不预则废。"在开始新一年的经营之前，企业需要召开新年度规划会议。由企业总裁召集团队成员，在认识企业的自身条件、分析竞争对手的情况下，研究市场预测信息中的市场需求，最终制定企业战略规划及各个岗位的职能策略，适应本年度企业经营的规划、营销渠道选择方案和营销策划方案等各项业务计划。

世界潜能大师博恩·崔西说过："成功等于目标，其他都是这句话的注解。"也就是说，成功者更关注自己的目标，而不是那些通向成功之路的障碍。成功者的心中只有希望，他们看到的是目标；而在失败者眼中，他们却只看到障碍，这种消极的想法让他们失去了很多成功的机会。注意力在哪里，结果就在哪里！注意力对结果的影响如图 2-5 所示。

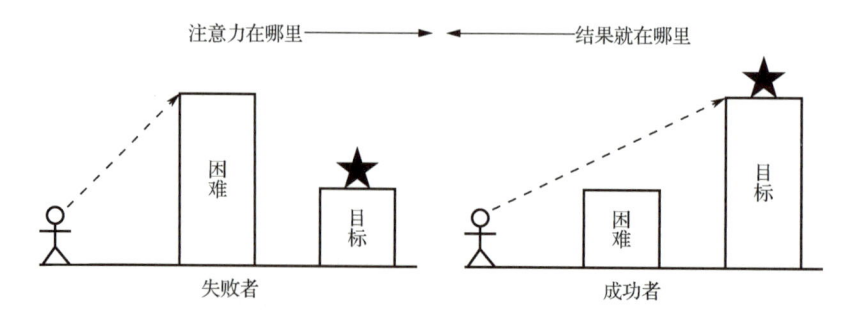

图2-5　注意力对结果的影响

市场营销沙盘操作基础　模块二

【玩一玩】

大猩猩的错觉

人们一直认为身边事物的变化不会逃过我们的眼睛，但事实是我们经常未能注意到那些变化，直到发现时还在疑惑为什么我们会对翻天覆地的变化视而不见。即使那些精明的企业家也是如此，尽管他们每天都在研究着市场与竞争对手的动向，可是直到一个里程碑式的企业矗立在所有人面前时，整个行业经常还在惊叹——他是什么时候，从哪里冒出来的？

步骤一：扫描二维码，观看视频"大猩猩错觉"。
步骤二：确立目标，穿白衣服的人一共传了几次球？
各经营小组进行组内讨论，可以得出什么结论？

步骤三：带着以下几个问题，重新观看视频。
①穿白衣服的人一共传了几次球？②看到大猩猩出没了吗？③背景颜色发生变化了吗？④是否看到一名队员离开（穿什么颜色的衣服）？
各经营小组进行组内讨论，从中得到什么启示？

美国著名的成功学大师安东尼·罗宾斯曾经提出过一个成功的万能公式：
成功＝明确目标＋规划设计＋马上行动＋检查修正＋坚持到底

从这个公式可以看出，要想取得成功，首先要明确目标，有目标才能知道自己要走的路，才能集中力量努力朝目标迈进。在市场营销沙盘模拟经营的虚拟创业旅程中，知道自己要走哪条路，如何走，走到哪里，企业经营就会由被动转为主动，由被人操纵转为自我负责，由空想转为力行，由退缩转为进取，由悲观转为乐观。

然后要制定企业的经营规划，把握企业经营的大方向。一年之计在于春，没有春天的播种（新年度规划），就没有秋天的收获（年度利润的获得、所有者权益的增加）。之后根据规划方向和目标，再制订详细的计划。无论是在生活中还是在工作中，处处都需要计划。有计划，可以让事情做得更好；无计划，则容易迷失方向。企业经营更是如此，如果在经营过程中随意处置、无序操作，将造成经营困难，甚至导致企业破产。

新年度规划涉及企业在新的一年如何开展各项工作的问题，主要解决企业资源该如何投放和应变之道，它是一个动态变化的过程而不是静态的计划。通过制定新年度规划，可以使经营者在经营过程中胸有成竹，知道自己在什么时候该干什么，有效预防经营过程中决策的随意性和盲目性，减少经营失误，突破障碍、开发潜能和自我实现。年度规划对经营者的影响如图2-6所示。

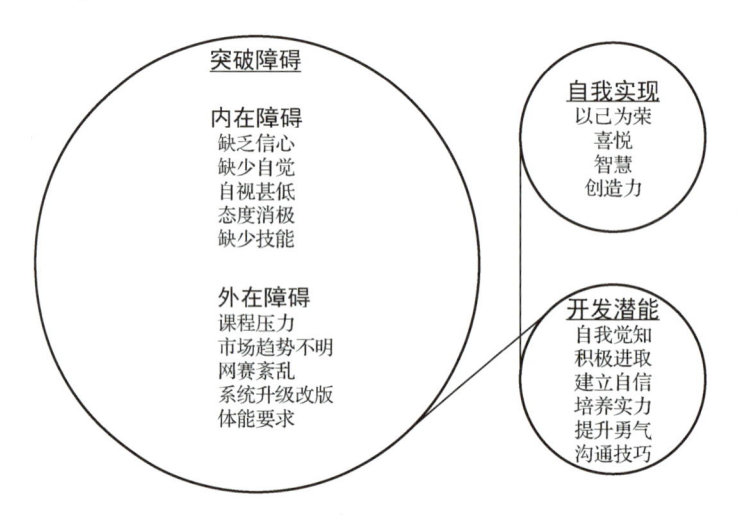

突破障碍

内在障碍
缺乏信心
缺少自觉
自视甚低
态度消极
缺少技能

外在障碍
课程压力
市场趋势不明
网赛紊乱
系统升级改版
体能要求

自我实现
以己为荣
喜悦
智慧
创造力

开发潜能
自我觉知
积极进取
建立自信
培养实力
提升勇气
沟通技巧

图2-6 年度规划对经营者的影响

同时，在制定新年度规划时，经营者就各项投资达成共识，可以使各项经营活动有条不紊地进行，有效振奋团队的合作精神，鼓舞士气，提高团队的战斗力和向心力，使团队成员之间更加团结、协调、和谐。一个完整的企业经营年度规划包括以下内容。

1. 企业经营环境分析

科学合理的规划，需要企业结合目前和未来的市场需求、竞争对手可能的策略及本企业的实际情况进行制定。

① 企业内部条件认知。从分析本企业经营者的性格特征、习惯的经营思路入手，正确把握企业自身的经营特点、优势和劣势。

② 企业外部环境分析。在进行规划时，企业首先应当对市场进行准确的预测，包括预测各个市场产品（型号和功能）的需求状况和价格水平，预测竞争对手的目标市场、营销渠道和消费人群、产能情况等信息，以及各个竞争对手在新一年的资金状况（资金的充裕或不足将极大地影响企业的投资和生产）。

2. 年度经营目标

各经营者提出年度规划的初步设想及分析经营环境，就此进行论证，最后，在权衡各方利弊得失后，制定本年度经营目标。

3. 经营策略、计划

在市场营销沙盘中，经营者通过购买调研报告，掌握每个季度的市场需求波动率，可以衡量市场整体环境的好坏。经营者根据经营目标确立销售渠道和消费人群、经营产品类目、型号和数量、营销方案、推广策略、财务预算、资金计划等。在制定具体经营策略或经营计划时，企业主要应当明确以下几个问题。

① 企业的销售策略是什么。企业可能会考虑哪个类目产品价格高就进入哪个市场，也可能认为哪个市场需求大就选择哪个产品类目，还可能这两个因素都考虑。企业应当根据销售策略明确营销渠道和消费人群。

② 企业的目标是什么。企业应当根据销售策略和各个产品类目的需求状况、价格水平、竞争对手的情况等明确目标市场和消费人群。

③ 什么时候获取目标销售渠道订单。在明确了企业的目标市场后，还要解决什么时候获取目标销售渠道订单的问题。企业应当结合资金状况和营销推广策略确定什么时候获取目标销售渠道订单。

4. 实施步骤

根据经营目标和计划，落实各种策略、计划的具体步骤。

二、虚拟企业日常运营

每年市场营销沙盘的模拟经营活动操作汇总如表 2-28 所示。

表2-28　每年市场营销沙盘的模拟经营活动操作汇总

序号	经营项目	操作要点	财务处理
年初	新年度规划会议	企业总裁召集团队召开年度规划会议	
1	市场预测与分析	购买调研报告、分析产品市场需求数据	计入销售费用
2	市场开拓	根据年初制定的营销策略进行市场的开拓	计入销售费用
3	ISO认证	ISO9000、ISO14000认证	计入销售费用
4	开发客户	直销客户开发	计入销售费用
5	参与投标	选择需要投标的订单进行报名，并支付购买标书费用	计入管理费用
6	投放招商广告	针对不同市场制定不同产品的批发招商广告的投放策略	计入销售费用
7	选择批发订单	招商广告投放完成后，由裁判统一控制选单	
8	产品研发	需要根据市场预测和调研报告制订自身的产品研发计划并实施	计入管理费用
9	产品下线入库	生产线上的到期在制品执行此任务后下线入库	
10	租赁/购买厂房	租赁	计入管理费用
		购买	计入货币资金

续表

序号	经营项目	操作要点		财务处理
11	购买/转产/变卖生产线	购买		计入货币资金
		转产		计入管理费用
		变卖		计入营业外收入
12	原料采购	原料采购有采购提前期，所以必须先下达采购计划（货到付款）		计入货币资金
13	投入生产	选择空闲的生产线生产产品，并支付加工费		计入货币资金
14	交货给客户	执行直销订单和批发订单的交货操作，如违约则需要支付违约金（直销违约金是订单原价的25%）		计入营业外支出
15	签约零售商	与零售商签约进店需要缴纳进场费		计入销售费用
16	货物配送	将产品配送给各个零售商进行销售，并支付配送费		计入销售费用
17	价格制定	需要针对各个零售商销售的产品制定销售价格，并上架销售		
18	促销策略	将根据自身的营销策略制定相应的促销策略，包括满就送、多买折扣、买第几件折扣		
19	媒体广告投标	需要根据自身的营销策略，对不同产品进行媒体广告投标		计入销售费用
20	应收账款/应付账款	及时进行应收账款和应付账款的结算	零售商提成	计入销售费用
			采购原料	计入货币资金
			应收账款	
21	短贷/还本付息	可根据企业经营状况进行融资，并支付利息		计入财务费用
22	管理费缴纳	每个季度必须缴纳一定的行政管理费和签约零售商的管理费		计入管理费用
23	应交税费缴纳	每年第1季度缴纳上一年度企业所得税		计入所得税费用
24	进入下一季度			
年末6项工作	长贷/还本付息	每年年底需要支付利息，贷款到期后，还本付息	长期贷款	计入长期借款
			利息	计入财务费用
	租赁费/维修费支付	厂房租赁费：每年第4季度需支付下一年厂房租赁费		计入管理费用
		生产线维修费：每年第4季度需支付本年生产线维修费，当年新安装的生产线不需要支付维修费		计入管理费用
	支付库存费	支付产品和原料库存费		计入管理费用
	折旧	随着使用年限的增加，生产线会贬值，可以通过折旧这个项目在税前利润中扣除		计入营业成本
	关账	每年经营结束后，年末进行关账操作		
	进入下一年			

（一）经营记录

新的一年开始之际，企业管理团队要制定（调整）企业战略，并做出经营规划、营销规划方案等，这是每个企业的大事。企业总裁需要带领团队成员共同完成此项工作，并在如表 2-29 所示的经营活动记录表的对应位置打"√"。

表2-29 经营活动记录表

序号	请按照顺序执行下列各项操作。每执行完一项操作，企业总裁要在相应的方格内打"√"				
	时间节点	第1季度	第2季度	第3季度	第4季度
年初	新年度规划会议				
1	市场预测与分析				
2	市场开拓				
3	ISO认证				
4	开发客户				
5	参与投标				
6	投放招商广告				
7	选择批发订单				
8	产品研发				
9	产品下线入库				
10	租赁/购买厂房				
11	购买/转产/变卖生产线				
12	原料采购				
13	投入生产				
14	交货给客户				
15	签约零售商				
16	货物配送				
17	价格制定				
18	促销策略				
19	媒体广告投标				
20	应收账款/应付账款				
21	短贷/还本付息				
22	管理费缴纳				
23	应交税费缴纳				
24	进入下一季度				
年末6项工作	长贷/还本付息				
	租赁费/维修费支付				
	支付库存费				
	折旧				
	关账				
	进入下一年				

(二)市场部业务操作

1. 市场预测与分析

市场营销沙盘系统设计的企业运营时间为 3 年,每年经营者按任务清单顺序执行操作,主要工作包括市场调研与分析,确定进入哪个目标市场;选择直销、批发或零售渠道;是租赁还是购买厂房进行生产;购买什么样的生产线;是否需要进行融资,如何平衡资金;决定何时扩大自己的生产能力,如何制定产品价格;采用什么促销策略;采用什么媒体广告策略;每年编制报表一次,每年内可以进行纳税、长期贷款、支付利息、折旧、市场开拓、关账等任务。

市场营销沙盘系统为经营者提供本年度不同市场的环境分析及介绍,通过"购买报告"任务,购买调研报告,了解产品流行功能及周期,直销、批发、零售各渠道的市场需求情况等信息。

(1)市场预测。

如图 2-7 所示,单击窗口左侧"任务列表"|"企业背景"|"市场部"下的"市场预测"项,打开"市场预测"页面,查看不同市场、不同产品、不同渠道的市场预测柱状图,以便了解不同产品在不同市场、不同渠道未来 3 年的市场需求情况及期望价格。

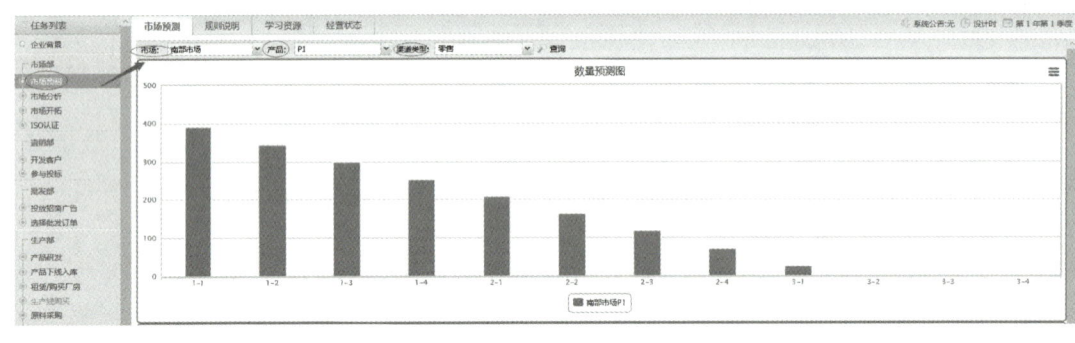

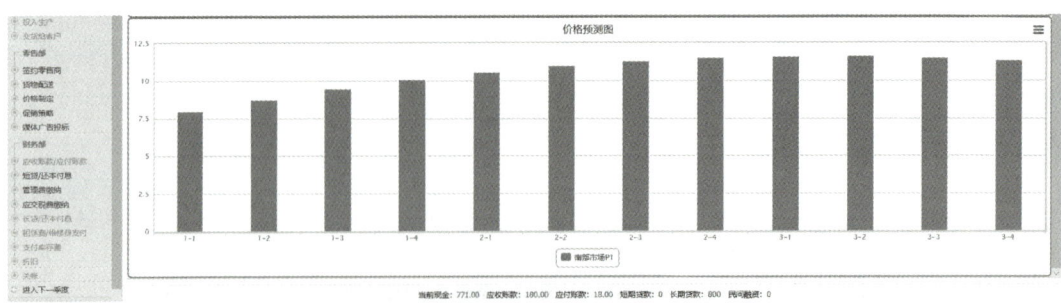

图2-7 不同产品的市场需求情况及期望价格预测

(2)市场分析。

操作步骤如下所述。

步骤一：单击窗口左侧“任务列表”|“企业背景”|“市场部”下的“市场分析”项，打开“市场分析”页面，如图 2-8 所示。

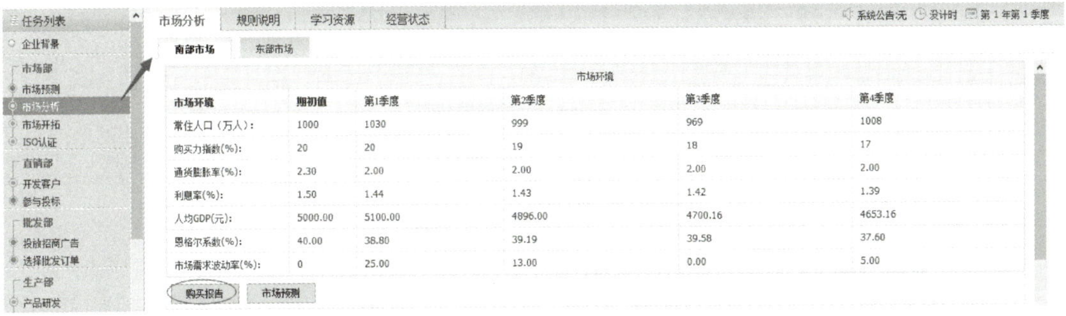

市场环境	期初值	第1季度	第2季度	第3季度	第4季度
常住人口（万人）:	1000	1030	999	969	1008
购买力指数(%):	20	20	19	18	17
通货膨胀率(%):	2.30	2.00	2.00	2.00	2.00
利息率(%):	1.50	1.44	1.43	1.42	1.39
人均GDP(元):	5000.00	5100.00	4896.00	4700.16	4653.16
恩格尔系数(%):	40.00	38.80	39.19	39.58	37.60
市场需求波动率(%):	0	25.00	13.00	0.00	5.00

图2-8　市场分析

步骤二：单击所需市场的选项卡，这里以“南部市场”为例，单击“南部市场”选项卡。

步骤三：单击下方的“购买报告”按钮。

步骤四：购买成功后，系统弹出“市场调研成功！”提示框，经营者可查看该市场的调研报告，如图 2-9 所示。

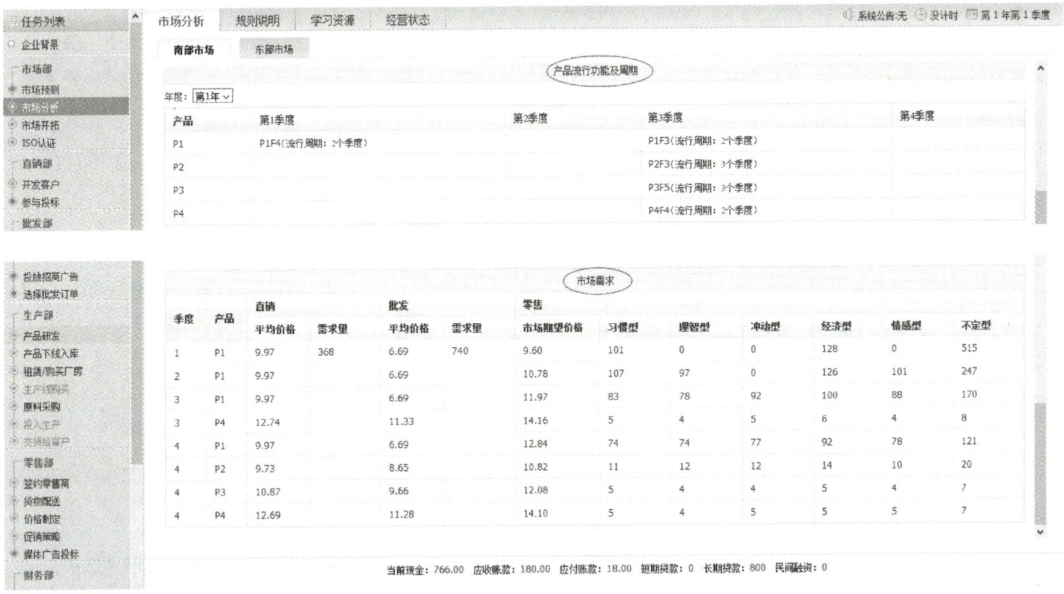

产品	第1季度	第2季度	第3季度	第4季度
P1	P1F4（流行周期：2个季度）		P1F3（流行周期：2个季度）	
P2			P2F3（流行周期：3个季度）	
P3			P3F5（流行周期：3个季度）	
P4			P4F4（流行周期：2个季度）	

季度	产品	直销		批发		零售						
		平均价格	需求量	平均价格	需求量	市场期望价格	习惯型	理智型	冲动型	经济型	情感型	不定型
1	P1	9.97	368	6.69	740	9.60	101	0	0	128	0	515
2	P1	9.97		6.69		10.78	107	97	0	126	101	247
3	P1	9.97		6.69		11.97	83	78	92	100	88	170
3	P4	12.74		11.33		14.16	5	4	5	6	4	8
4	P1	9.97		6.69		12.84	74	74	77	92	78	121
4	P2	9.73		8.65		10.82	11	12	12	14	10	20
4	P3	10.87		9.66		12.08	5	4	4	5	4	7
4	P4	12.69		11.28		14.10	5	4	5	5	5	7

图2-9　调研报告

注意：第 1 年第 1 季度的调研报告是必须购买的，如果没有购买，在执行后续操作过程中系统会弹出如图 2-10 所示的提示框。经营者必须单击“确定”按钮，返回并完成上一步购买操作后才能继续经营。

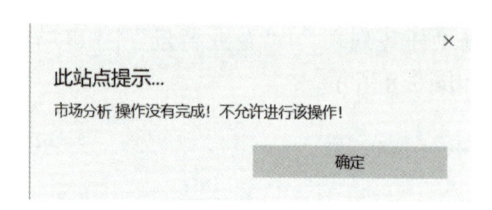

图2-10　未购买调研报告提示

2. 市场开拓

每年第1季度进行"市场开拓"相应操作。

操作步骤如下所述。

步骤一：单击窗口左侧"任务列表"|"企业背景"|"市场部"下的"市场开拓"项，打开"市场开拓"页面，如图2-11所示。

图2-11　市场开拓

步骤二：选中要开拓市场前的复选框，如图2-12所示。

图2-12　选中要开拓的市场

注意：请一次性选中所有需要开拓的市场再进行开拓，未选中的市场将不能进行再次开拓。

步骤三：单击下方的"市场开拓"按钮，市场开拓工作完成。此时，页面右侧"开拓状态"对应位置的标记将变为绿色，如图2-13所示。

图2-13 市场开拓完成

注意：经营者如果不想进行市场开拓，则在执行步骤三时单击"跳过"按钮即可，如图2-14所示，系统将弹出"处理成功！"提示框，之后才可以进行后续操作。

图2-14 放弃市场开拓

3. ISO 认证

每年第1季度进行"ISO 认证"相应操作。

操作步骤如下所述。

步骤一：单击窗口左侧"任务列表"|"企业背景"|"市场部"下的"ISO 认证"项，打开"ISO 认证"页面，如图2-15所示。

步骤二：选中所需认证前的复选框后，单击下方的"ISO认证"按钮，如图2-16所示。

注意：请一次性选中所有需要认证的项目再进行认证，未选中的认证将不能进行再次认证。

步骤三：系统将打开认证完成页面，对应认证状态将变为绿色，如图2-17所示。

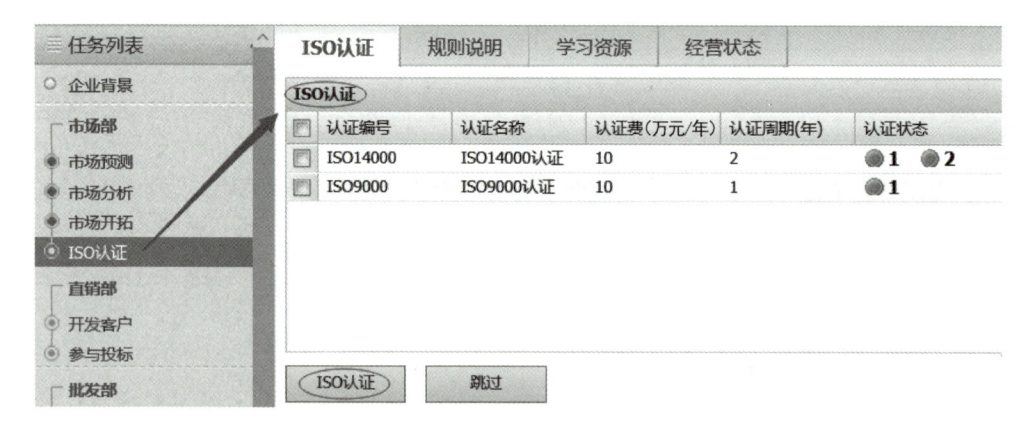

图2-15　ISO认证

图2-16　选中所需的认证

图2-17　认证完成

注意：经营者如果不想进行ISO认证，则在执行步骤三时单击"跳过"按钮即可，如图2-18所示，系统将弹出"处理成功！"提示框，之后才可以进行后续操作。

市场营销沙盘操作基础 **模块二**

图2-18　放弃ISO认证

（三）直销部业务操作

1. 开发客户

每年第1季度进行"开发客户"相应操作。

操作步骤如下所述。

步骤一：单击窗口左侧"任务列表"|"企业背景"|"直销部"下的"开发客户"项，打开"开发客户"页面，如图2-19所示。

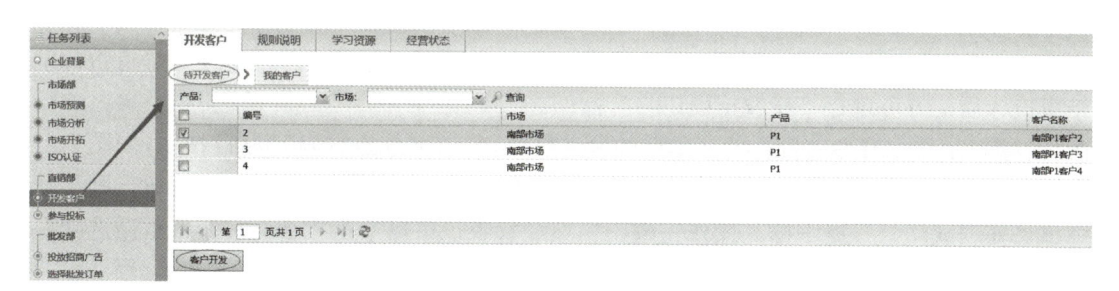

图2-19　开发客户

步骤二：选中要开发客户前的复选框。

步骤三：单击下方的"客户开发"按钮，系统将弹出"您确定要开发吗？"提示框，单击"是"按钮，系统提示"客户开发成功！"，操作完成，如图2-20所示。经营者也可以单击"否"按钮，以重新选择待开发客户或不开发。

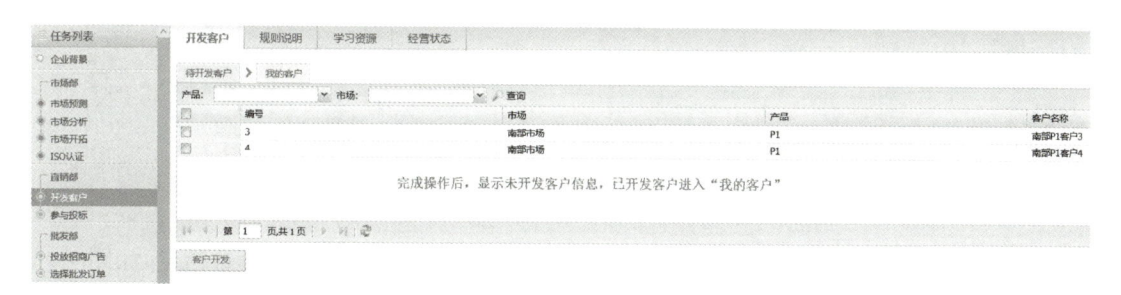

图2-20　客户开发完成

57

注意：如有忘记开发的客户，可在步骤三结束前，再次进行开发。直销报名后将不能再进行开发客户操作。

步骤四：单击"我的客户"选项卡，查看已开发客户，如图2-21所示。

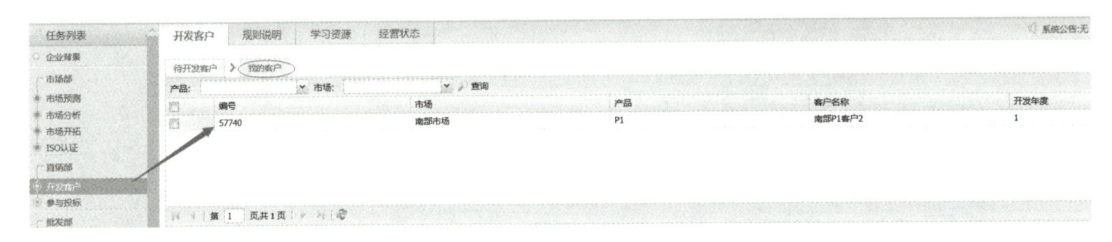

图2-21　查看已开发客户

注意：在第1年第1季度的直销投标过程中，所有客户都不需要开发。

2. 参与投标

客户开发完成以后，就可以看到市场上直销客户的订单，并可以参与投标，具体流程如下：投标报名→资格预审→购买标书→投标→中标公示。

操作步骤如下所述。

步骤一：单击窗口左侧"任务列表"|"企业背景"|"直销部"下的"参与投标"项，打开"参与投标"页面。判断是否需要进行投标，若需要则进行；若不需要则等待教师端结束投标后，方可进行"投放招商广告"操作。

步骤二：选中要参与投标的订单前的复选框后，单击下方的"投标报名"按钮，如图2-22所示。之后系统将提示"您确定要投标报名选中的订单吗？"，单击"是"按钮，则系统弹出"处理成功！"提示框，操作完成。当然经营者也可以单击"否"按钮后重新选择要参与投标的订单。

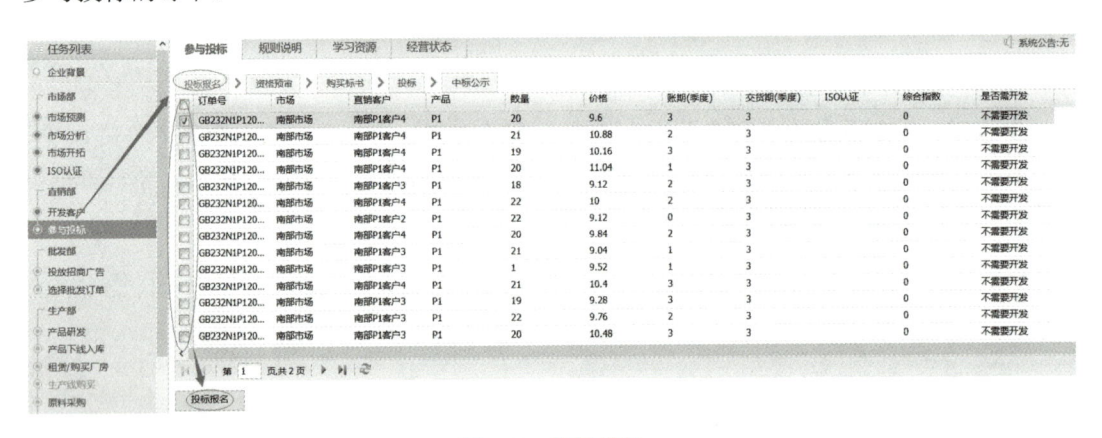

图2-22　投标报名

步骤三：单击"资格预审"选项卡，查看投标报名选中的订单的资格预审信息，如图2-23所示。

步骤四：单击"购买标书"选项卡，选择投标报名的订单，单击下方的"购买标书"按钮，如图 2-24 所示。系统弹出"您确定要购买选中订单的标书吗？"提示框，单击"是"按钮，则系统将弹出"购买标书成功！"提示框，操作完成。此时经营者可以查看已购买标书的客户，如图 2-25 所示。经营者也可以单击"否"按钮后重新选择投标报名的订单。

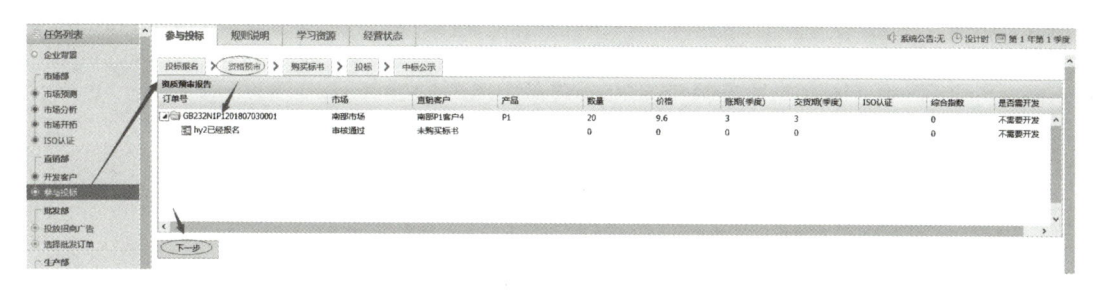

图2-23 资格预审

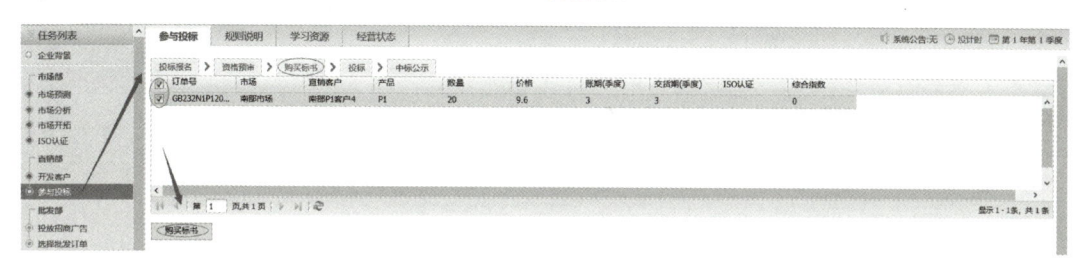

图2-24 购买标书

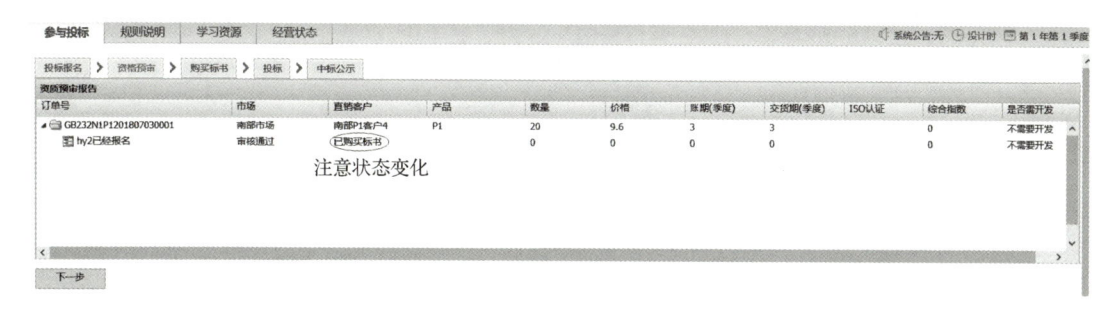

图2-25 查看已购买标书的客户

步骤五：单击"投标"选项卡，经营者可在此页面设计投标方案。选中投标订单前的复选框，修改投标价格后单击中间的"投标"按钮，如图 2-26 所示。之后系统将弹出"您确定要投标选中的订单吗？"提示框，单击"是"按钮后，系统弹出"处理成功！"提示框。

步骤六：单击下方的"结束投标"按钮，如图 2-27 所示，系统将弹出"您确定要结束本次投标吗？"提示框，单击"是"按钮后，系统弹出"处理成功！"提示框，并显示中标结果，如图 2-28 所示。如果经营者没有直销订单计划，则可以直接进入本环节，单击"结束投标"按钮，跳过直销环节的操作。

步骤七：单击"中标公示"选项卡，查看中标公示信息，如图 2-29 所示。

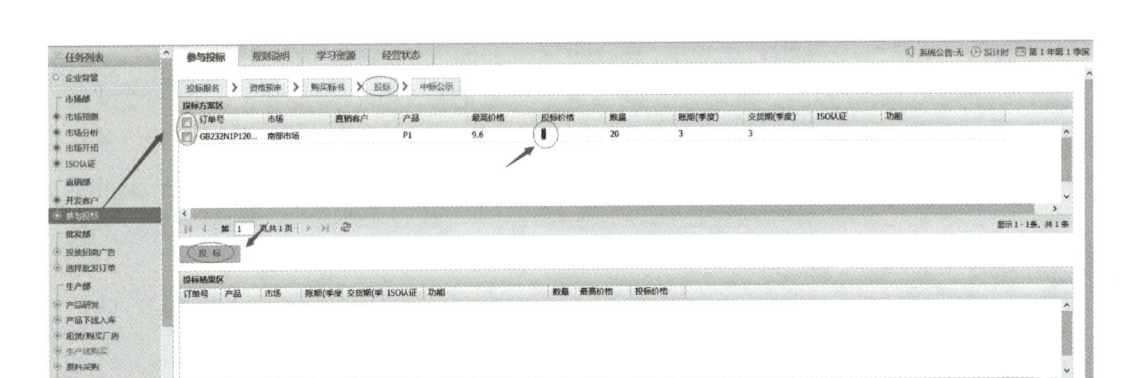

图2-26 投标

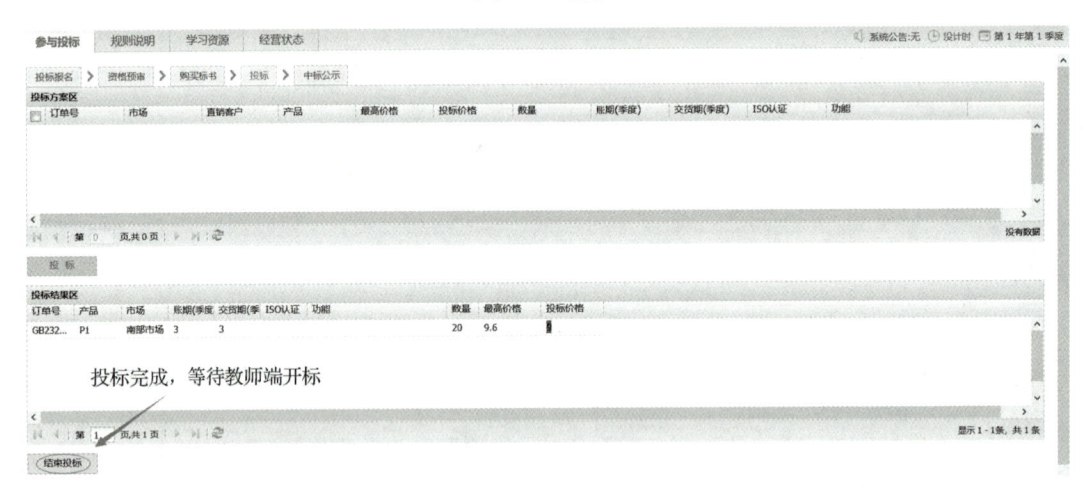

图2-27 结束投标

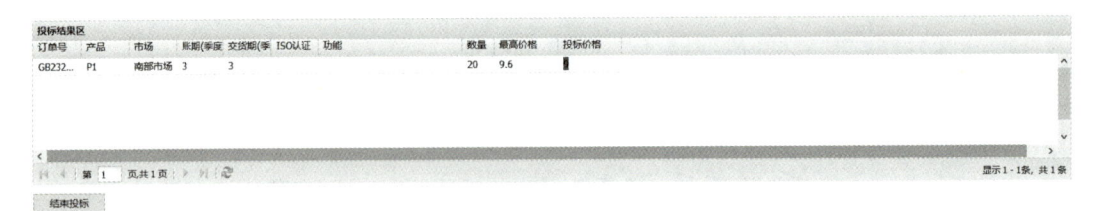

图2-28 显示中标结果

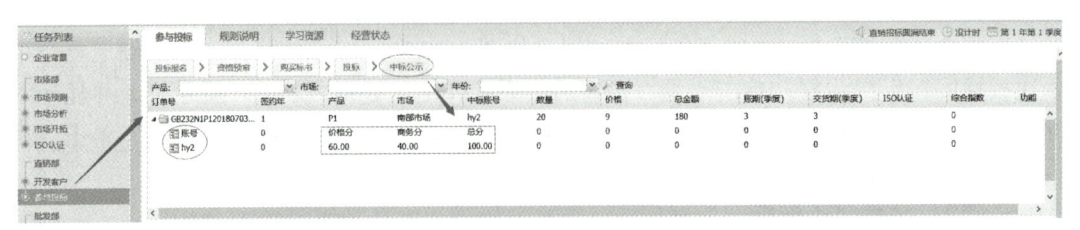

图2-29 中标公示

（四）批发部业务操作

1. 投放招商广告

经营者需根据企业的营销策略，针对不同市场制定不同产品的批发招商广告的投放策略。操作步骤如下所述。

步骤一：单击窗口左侧"任务列表"|"企业背景"|"批发部"下的"投放招商广告"项，打开"投放招商广告"页面，如图2-30所示。

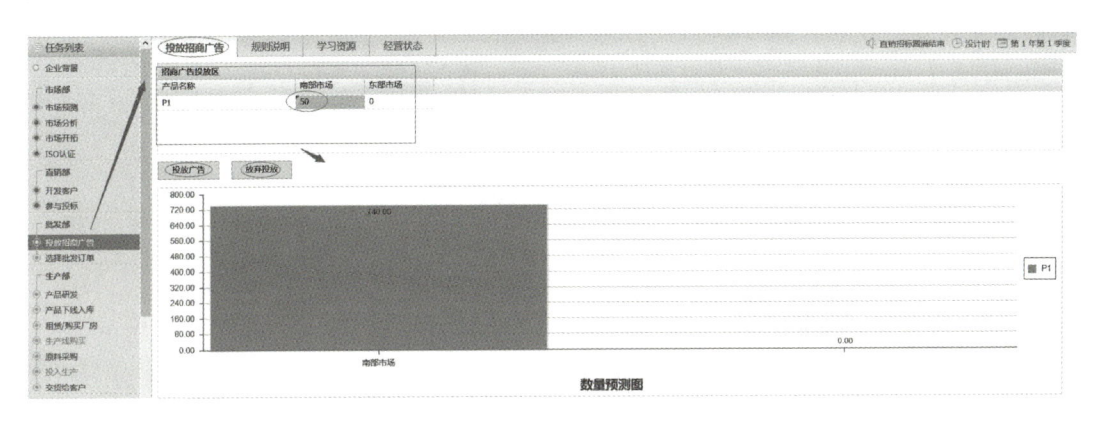

图2-30 投放招商广告

步骤二：选择需要投放招商广告的市场，输入投放广告金额并确认无误后，单击"投放广告"按钮，系统将弹出"您确定要提交信息吗？提交后将不能修改！"提示框，单击"是"按钮，则系统弹出"广告投放成功！"提示框，操作完成。

如果经营者没有批发订单计划，可单击图2-30中的"放弃投放"按钮，系统将弹出"您确定要放弃投放广告吗？如果放弃本年无法参加选单！"提示框，单击"是"按钮，则系统弹出"处理成功！"提示框，至此操作完成。

2. 选择批发订单

经营者投放招商广告完成，教师端开始批发订单后，方可在此操作进行批发订单的选择。

操作步骤如下所述。

步骤一：单击窗口左侧"任务列表"|"企业背景"|"批发部"下的"选择批发订单"项，打开"选择批发订单"页面，如图2-31所示。

步骤二：教师端开始批发订单。

步骤三：订单选择采用的是循环选单模式，如果指示区显示有自己企业的账号，则单击指示区自己企业的账号，在订单选择区会出现可以选择的订单。选中想要批发的订单前的复选框，然后单击下方的"选择订单"按钮，选择成功后订单信息会出现在签约区，如图2-32所示。如果不想选择，则可以单击"放弃选择"按钮。

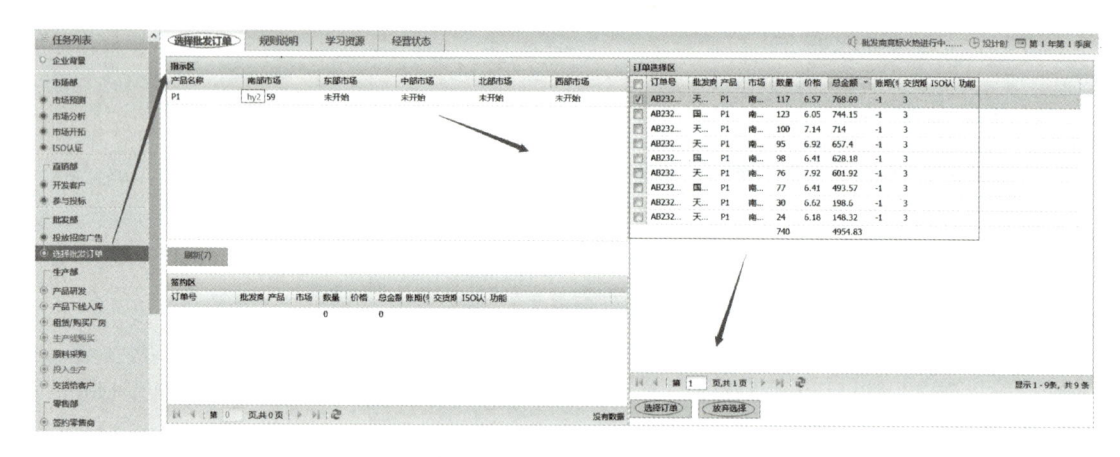

图2-31　选择批发订单

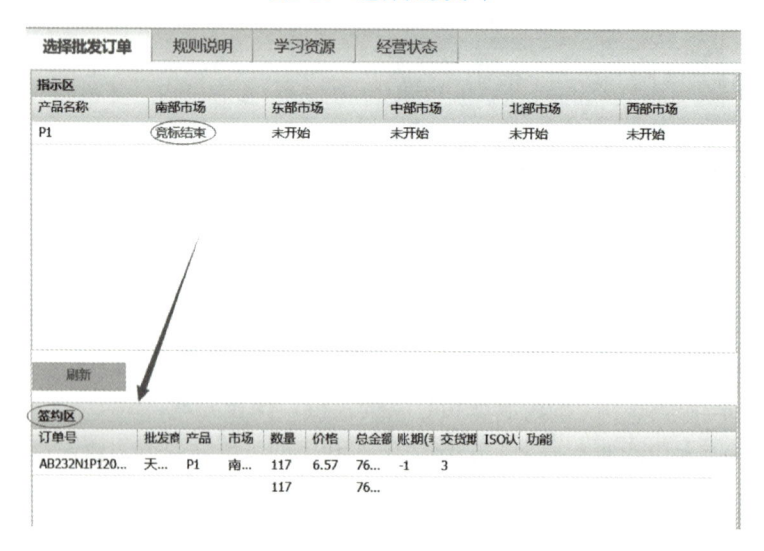

图2-32　竞标结束

（五）生产部业务操作

1. 产品研发

操作步骤如下所述。

单击窗口左侧"任务列表"|"企业背景"|"生产部"下的"产品研发"项，打开"产品研发"页面，选中需要研发的产品前的复选框后，单击"研发投资"按钮，如图2-33所示，系统将弹出"您确定要研发投资吗？"提示框，单击"是"按钮，则系统将弹出"产品研发成功！"提示框，操作完成。完成后，系统将把研发状态的对应位置标记为绿色，如图 2-34 所示。

注意：

（1）经营者如果不想进行产品研发，可直接忽略该部分操作，然后继续进行后续操作。

（2）产品研发时，请一次性选中所有需要研发的产品，未选中的产品，不能进行再次研发。

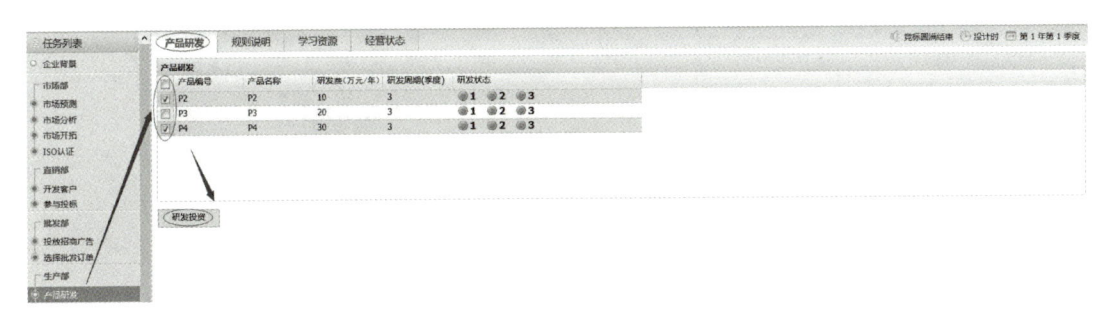

图2-33 产品研发

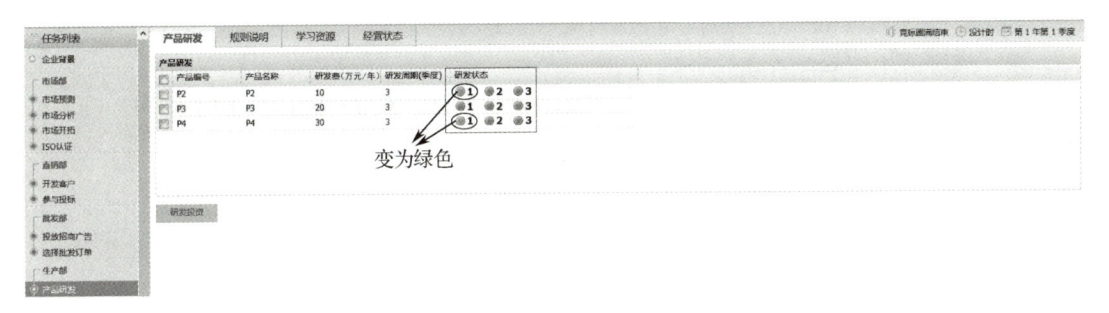

图2-34 一期产品研发完成

2. 产品下线入库

操作步骤如下所述。

单击窗口左侧"任务列表"|"企业背景"|"生产部"下的"产品下线入库"项，打开"产品下线入库"页面（注意各条生产线生产状态的变化），如图2-35所示，系统弹出"您确定要入库吗？"提示框，单击"是"按钮，则系统弹出"产品下线入库成功！"提示框，操作完成。产品下线后，系统将把在制产品生产状态的对应位置标记为绿色，如图2-36所示。

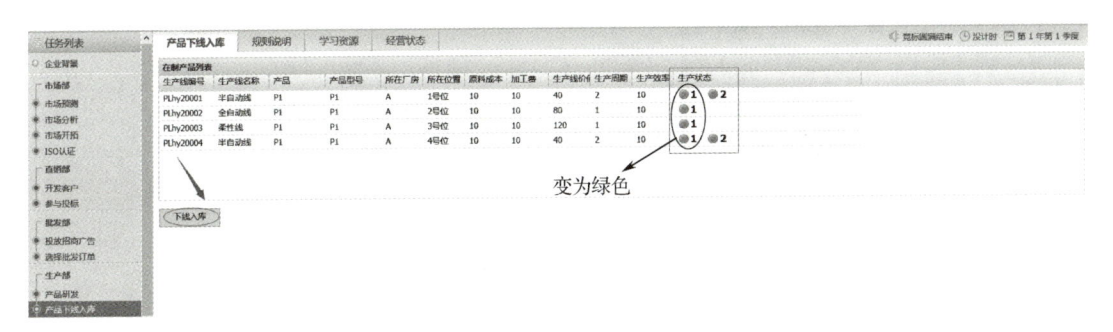

图2-35 产品下线入库

图2-36 在制产品生产状态更新

3. 租赁/购买厂房

操作步骤如下所述。

单击窗口左侧"任务列表"|"企业背景"|"生产部"下的"租赁/购买厂房"项,打开如图2-37所示页面,根据需要按以下操作步骤购买或者租赁厂房。

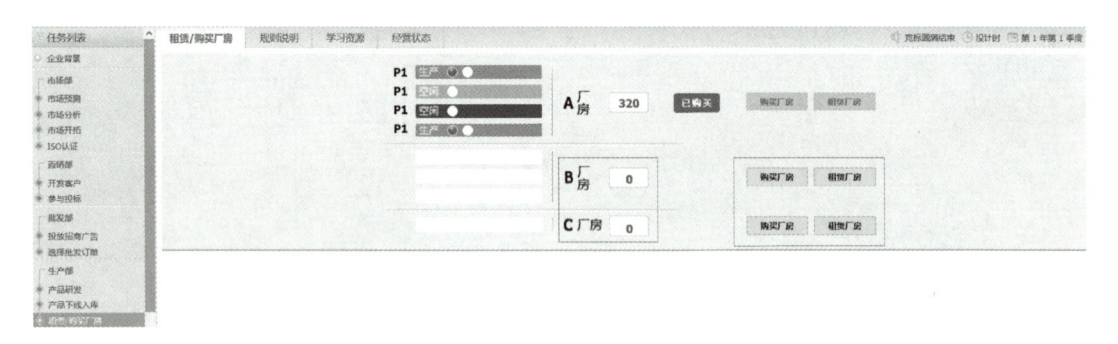

图2-37 租赁/购买厂房

(1)租赁厂房:单击"C厂房"右侧的"租赁厂房"按钮,系统弹出"您确定要租赁吗?"提示框,单击"是"按钮,则系统弹出"厂房租赁成功!"提示框,C厂房状态显示为"已租赁",至此租赁操作完成,如图2-38所示。

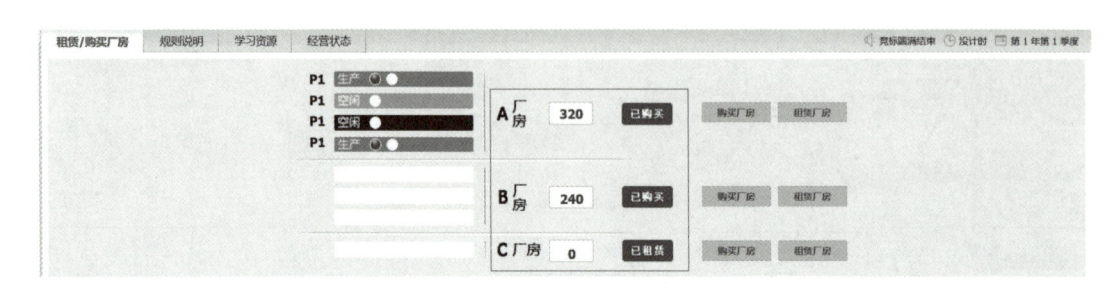

图2-38 租赁厂房

(2)购买厂房:单击"B厂房"右侧的"购买厂房"按钮,系统弹出"您确定要购买吗?"

提示框，单击"是"按钮，则系统弹出"厂房购买成功！"提示框，B 厂房状态显示为"已购买"，至此购买操作完成，如图 2-39 所示。

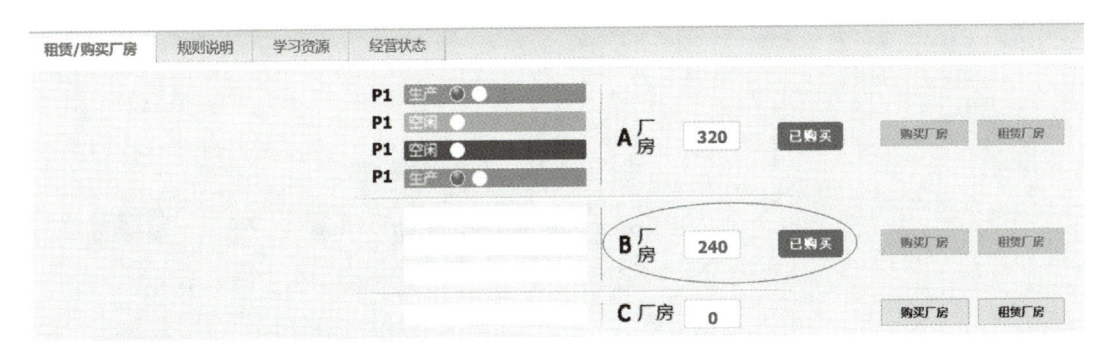

图2-39 购买厂房

注意：经营者如果不想租赁/购买厂房，则可直接忽略该部分操作，继续进行其他后续操作。

4. 生产线购买

操作步骤如下所述。

步骤一：单击窗口左侧"任务列表"|"企业背景"|"生产部"下的"生产线购买"项，打开"生产线购买"页面。

步骤二：在页面中，选择要购买的生产线类型、要生产的产品、厂房可安装位置，然后单击"购买安装"按钮，如图 2-40 所示，系统弹出"购买生产线成功！"提示框，至此一条生产线的购买操作完成。之后经营者可以根据企业的营销策略决定是否继续购买其他生产线，如图 2-41 所示。

图2-40 生产线购买

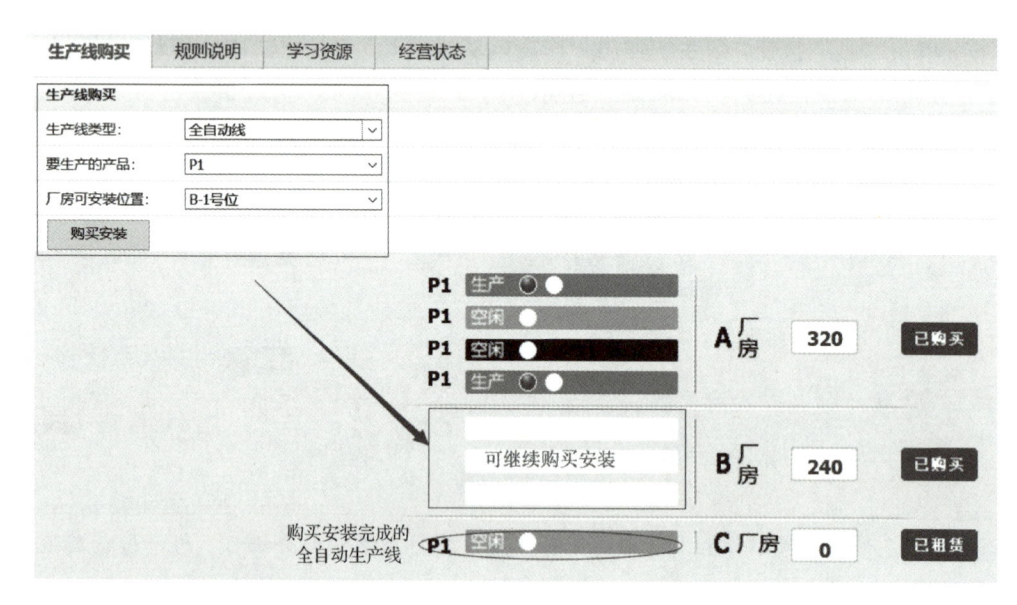

图2-41 生产线购买完成

5. 原料采购

操作步骤如下所述。

步骤一：单击窗口左侧"任务列表"|"企业背景"|"生产部"下的"原料采购"项，打开"原料采购"页面。

步骤二：如果有原料在途则单击"原料入库"按钮进行入库操作；如果有新的原料采购计划则单击"下采购计划"按钮，如图2-42所示。

图2-42 原料采购

单击"下采购计划"按钮后将出现如图2-43所示对话框，在对应原料处输入采购数量，确认无误后单击"提交订单"按钮。系统提示"您确定要提交采购信息吗？"，单击"是"按钮，系统提示"采购原料成功！"，操作完成，系统将显示在途原料到货进度信息，如图2-44所示。

图2-43　下采购计划

图2-44　在途原料到货进度信息

6. 投入生产

操作步骤如下所述。

步骤一：单击窗口左侧"任务列表"|"企业背景"|"生产部"下的"投入生产"项，在打开的页面中选中空闲生产线前的复选框，然后单击下方的"投入生产"按钮或"跳过"按钮。

步骤二：在"产品型号"下拉列表中选择产品型号，如图2-45所示。

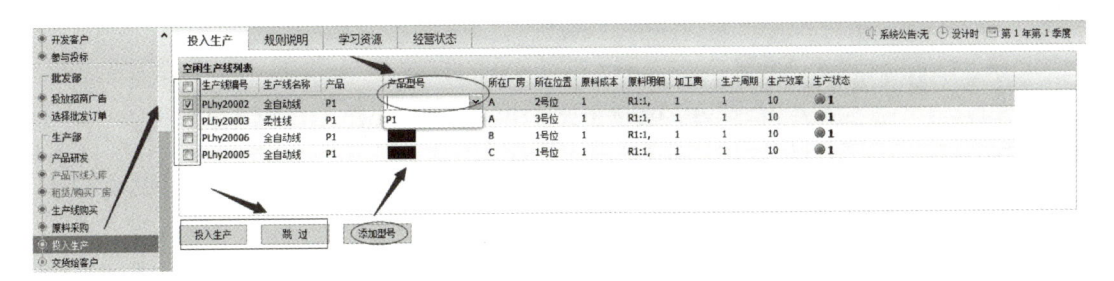

图2-45　投入生产

步骤三：若没有合适的型号，可单击下方的"添加型号"按钮，在弹出的"添加产品型号"对话框中添加附带不同功能的产品型号，如图2-46所示。

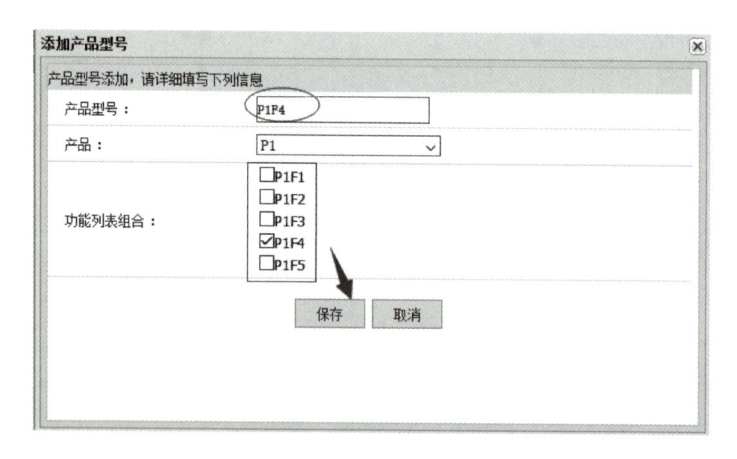

图2-46　添加产品型号

注意：带有相同功能的产品，其产品型号名称只能保存一个，否则系统将会提示"该功能的型号已经存在，请别重复添加！"。

7. 交货给客户

操作步骤如下所述。

步骤一：单击窗口左侧"任务列表"|"企业背景"|"生产部"下的"交货给客户"项，打开相应页面。

步骤二：如果之前在直销订单投标中中标或者批发部已成功选择订单，则会在此页面出现交货客户区，选中相应订单对应的产品前的复选框后单击"交货"按钮即可；如没有订单或库存产品不足以交货，则单击"结束交货"按钮，如图2-47所示。

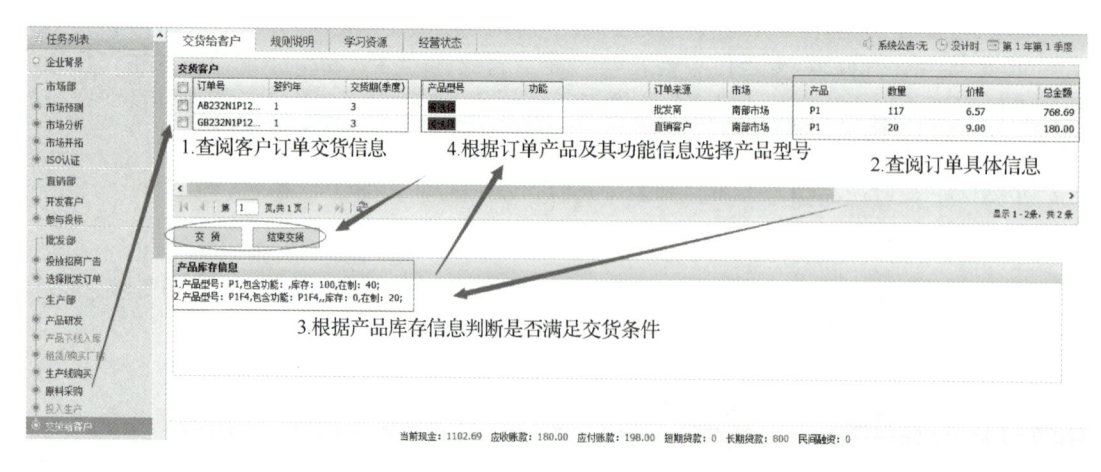

图2-47　交货给客户

（六）零售部业务操作

1. 签约零售商

如果企业没有接收到直销或批发订单，经营者可以直接进行"签约零售商"操作；如果企业有直销或批发订单，经营者在"交货给客户"操作中必须单击"结束交货"按钮才能进行"签约零售商"操作，否则系统将提示"交货给客户操作没有完成！不允许进行该操作。"。

操作步骤如下所述。

步骤一：单击窗口左侧"任务列表"|"企业背景"|"零售部"下的"签约零售商"项，打开"签约零售商"页面。

步骤二：选中要签约的零售商前的复选框，单击"签约"按钮。签约成功的零售商将显示在页面下方的已经合作的零售商区。如果不需要签约零售商，则单击"跳过"按钮，如图2-48所示。

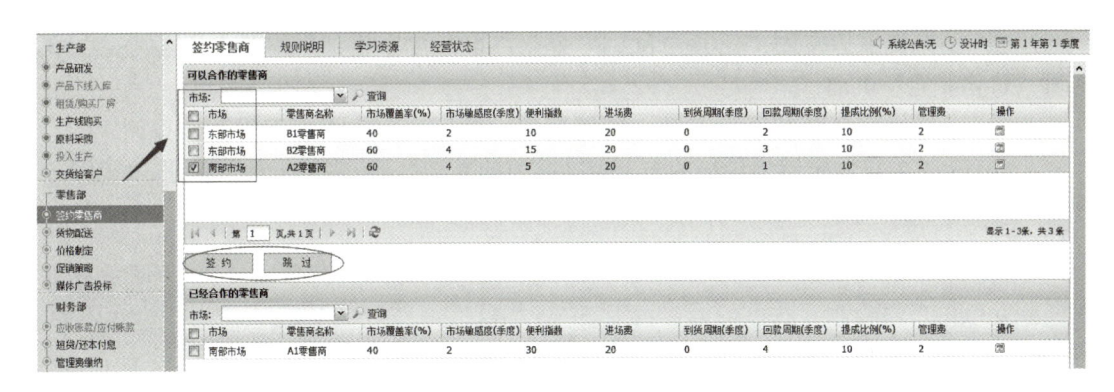

图2-48　签约零售商

2. 货物配送

操作步骤如下所述。

步骤一：单击窗口左侧"任务列表"|"企业背景"|"零售部"下的"货物配送"项，打开"货物配送"页面。

步骤二：单击"配货"按钮，在弹出的对话框中选择配货的零售商、产品型号、发货数量等，再单击"发货"按钮，如图2-49所示。

注意：不同的零售商之间也可以进行产品的调拨，可以在"特殊任务"中进行"库存调拨"操作。

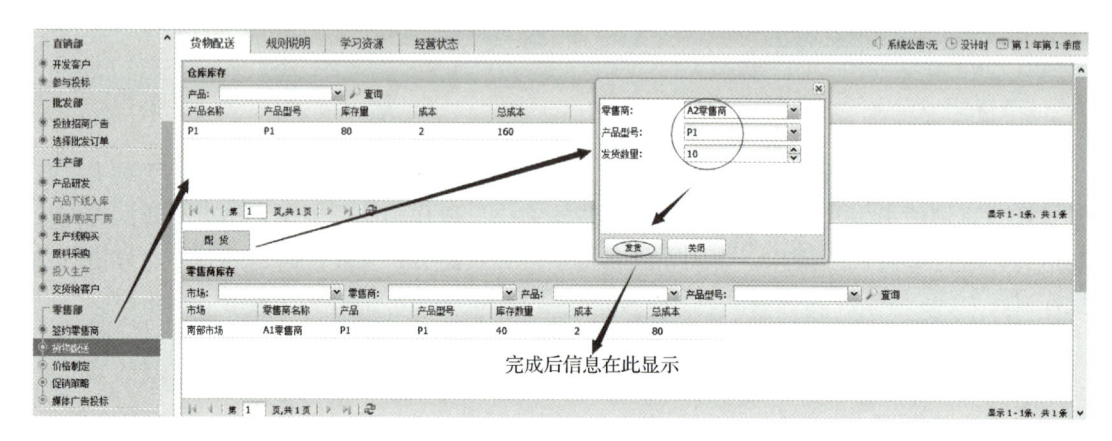

图2-49 货物配送

3. 价格制定

操作步骤如下所述。

步骤一：单击窗口左侧"任务列表"|"企业背景"|"零售部"下的"价格制定"项，打开"价格制定"页面。

步骤二：选择零售商的某种产品，制定销售价格后，单击"保存设置"按钮。

步骤三：选中已制定销售价格的未上架产品前的复选框，单击"上架"按钮，如图2-50所示。

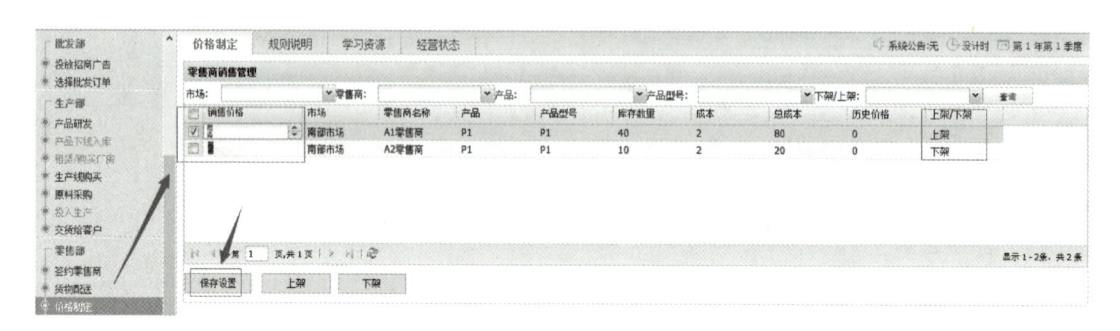

图2-50 价格制定

4. 促销策略

操作步骤如下所述。

步骤一：单击窗口左侧"任务列表"|"企业背景"|"零售部"下的"促销策略"项，打开"促销策略"页面。

步骤二：单击相应的促销策略选项卡后单击"添加"按钮，在弹出的对话框中填写对应的促销名称、促销范围、产品范围、优惠方式等，最后单击"保存"按钮，如图2-51所示。

（1）满就送，即设置金额满多少送多少，如图2-51所示。企业总裁或营销总监也可以选择放弃满就送促销。

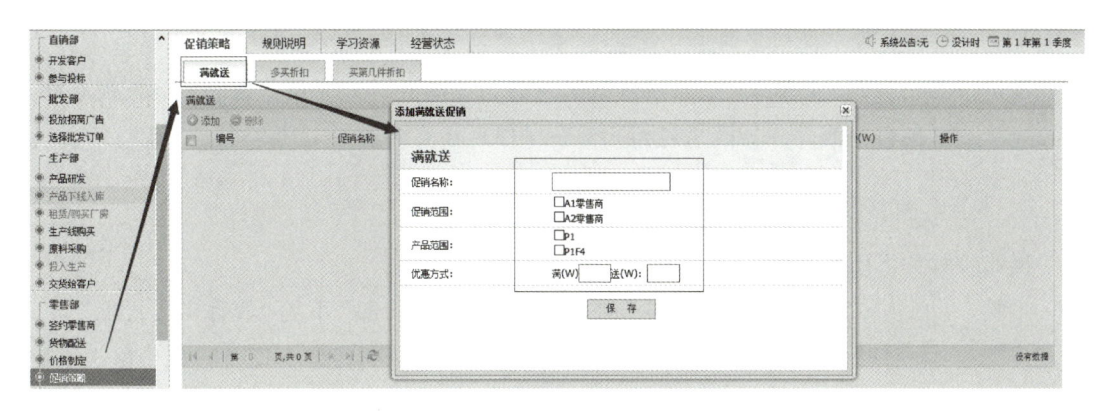

图2-51 促销策略——满就送

（2）多买折扣，即设置购买最少件数，满足此件数要求则享受折扣，如图 2-52 所示。企业总裁或营销总监也可以选择放弃多买折扣促销。

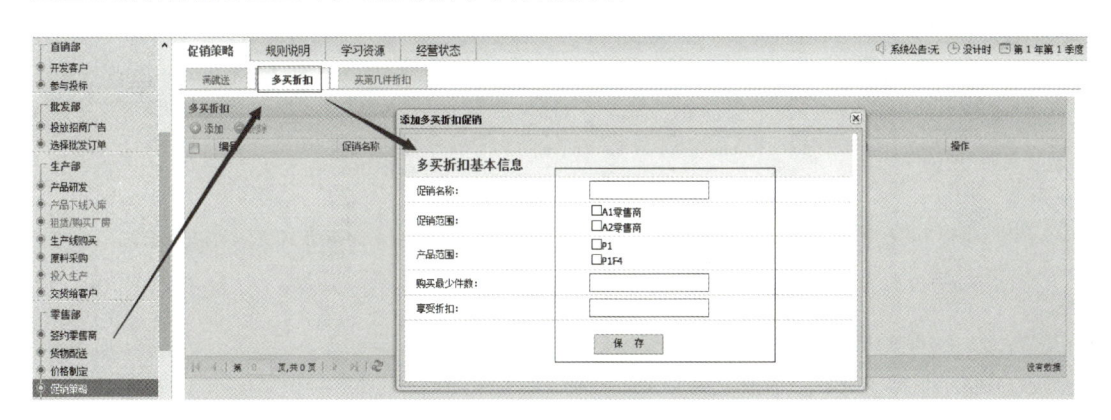

图2-52 促销策略——多买折扣

（3）买第几件折扣，即设置达到设定件数的那一件才享受折扣，如图 2-53 所示。企业总裁或营销总监也可以选择放弃买第几件折扣促销。

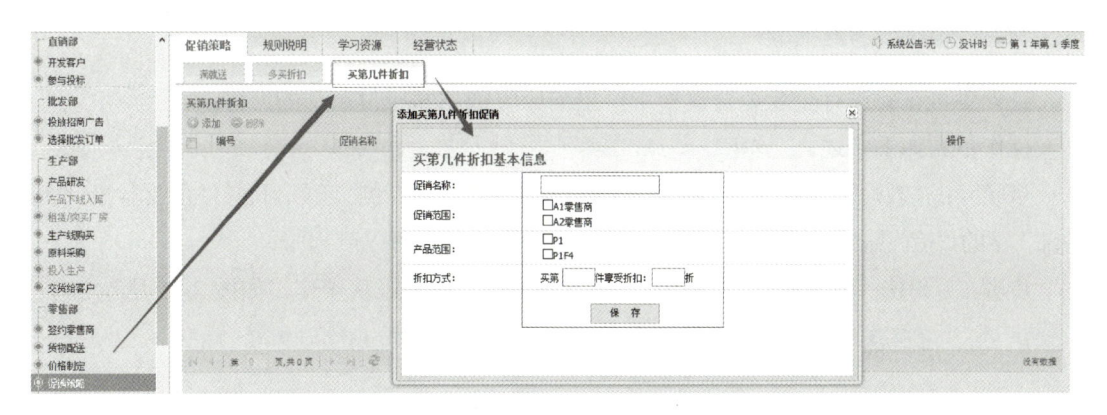

图2-53 促销策略——买第几件折扣

注意：在制定某个促销策略时，需要选择该促销策略针对的促销范围（零售商）和产品范围（产品），如果不选择，则系统默认为该促销策略对所有促销范围和产品范围生效。一旦对某个范围内的某种产品做了促销，则该范围内成交的该产品均享受促销优惠。

5. 媒体广告投标

操作步骤如下所述。

步骤一：单击窗口左侧"任务列表"|"企业背景"|"零售部"下的"媒体广告投标"项。

步骤二：在打开的页面中，选择产品的媒体类别和媒体时段，再在"投标价格"下修改价格（可以手动输入数字或单击上下箭头调整数值）。

步骤三：全部添加完成后，单击"递交投标"按钮。

步骤四：如果不需要媒体广告投标，则可以直接单击"跳过"按钮，如图2-54所示。

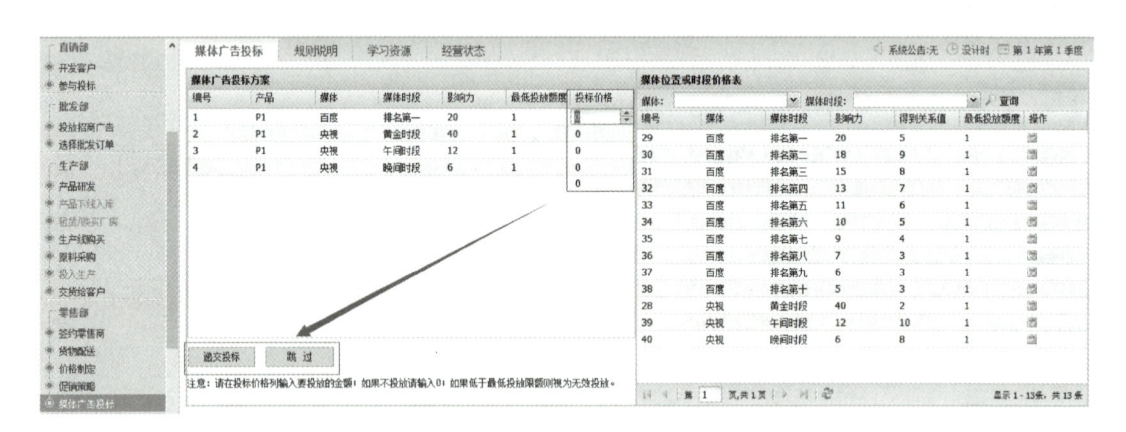

图2-54 媒体广告投标

（七）财务部业务操作

1. 应收账款/应付账款

经营者可在此进行企业经营过程中产生的应收账款和应付账款的结算。

操作步骤如下所述。

步骤一：在教师端结束"媒体广告投标"操作后，单击窗口左侧"任务列表"|"企业背景"|"财务部"下的"应收账款/应付账款"项，打开"应收账款/应付账款"页面。

步骤二：单击"接受/支付"按钮，执行应收账款/应付账款操作，如图2-55所示。

注意："应收账款/应付账款"操作也可以在此操作前的其他时刻进行。

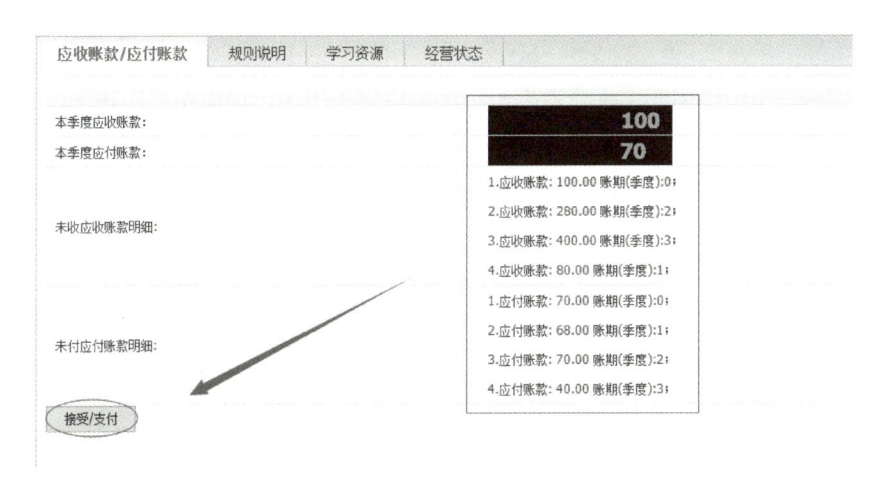

图2-55 应收账款/应付账款

2. 短贷/还本付息

经营者可在此进行利息缴纳与新的短期贷款融资。

操作步骤如下所述。

步骤一：单击窗口左侧"任务列表"|"企业背景"|"财务部"下的"短贷/还本付息"项，打开"短贷/还本付息"页面。

步骤二：如有到期的贷款，则单击中间的"还本付息"按钮；如需要新的贷款，则在相应的贷款方式（短期贷款或民间融资）后填写贷款金额，然后单击下方的"新贷款"按钮，如图2-56所示。

图2-56 短贷/还本付息

3. 管理费缴纳

经营者可在此进行企业经营过程中产生的管理费的缴纳。

操作步骤如下所述。

步骤一：单击窗口左侧"任务列表"|"企业背景"|"财务部"下的"管理费缴纳"项，打开"管理费缴纳"页面。

步骤二：单击"支付"按钮，支付每季度的行政管理费和签约零售商的管理费，如图2-57所示。

图2-57　管理费缴纳

4. 应交税费缴纳

经营者可在此进行上一年企业所得税的缴纳。

操作步骤如下所述。

步骤一：单击窗口左侧"任务列表"|"企业背景"|"财务部"下的"应交税费缴纳"项，打开"应交税费缴纳"页面。

步骤二：单击"交税"按钮，缴纳上一年的企业所得税，如图2-58所示。

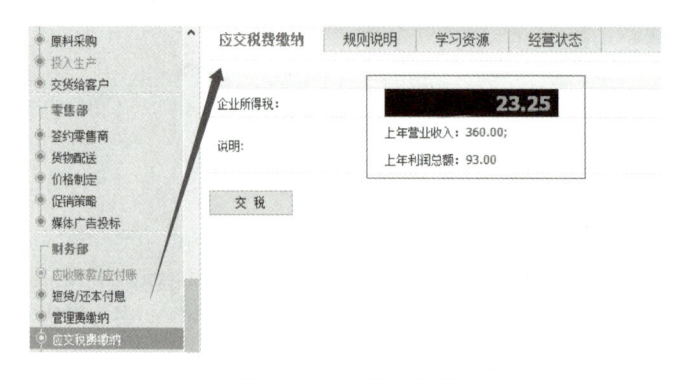

图2-58　应交税费缴纳

5. 长贷／还本付息

经营者在每年的第4季度可执行长期贷款的相关操作。

操作步骤如下所述。

步骤一：单击窗口左侧"任务列表"|"企业背景"|"财务部"下的"长贷/还本付息"项，打开"长贷/还本付息"页面。

步骤二：如有到期贷款，则单击中间的"还本付息"按钮；如果需要新的长期贷款，则填写贷款金额后单击下方的"新贷款"按钮，如图2-59所示。

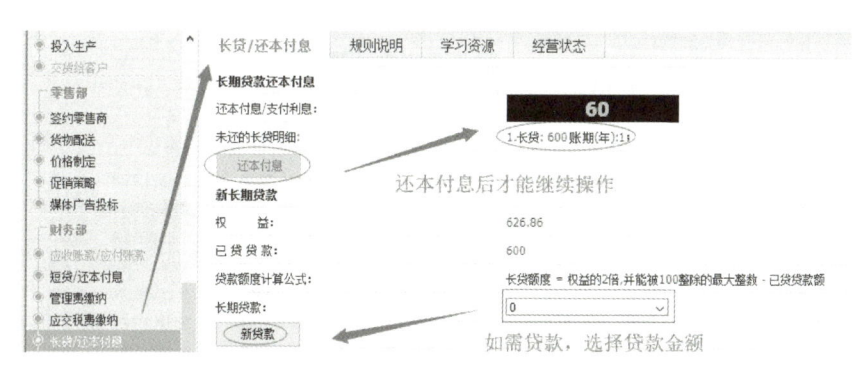

图2-59　长贷/还本付息

6. 租赁费/维修费支付

经营者在每年的第4季度需要执行本操作。

操作步骤如下所述。

步骤一：单击窗口左侧"任务列表"|"企业背景"|"财务部"下的"租赁费/维修费支付"项，打开"租赁费/维修费支付"页面。

步骤二：单击"缴费"按钮，支付下一年的厂房租赁费及本年的生产线维修费，如图2-60所示。

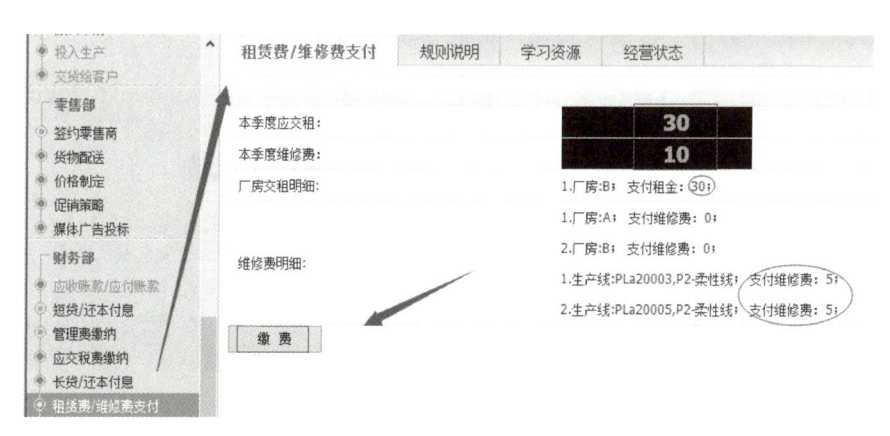

图2-60　租赁费/维修费支付

7. 支付库存费

经营者在每年的第4季度需要支付库存费。

操作步骤如下所述。

步骤一：单击窗口左侧"任务列表"|"企业背景"|"财务部"下的"支付库存费"项，打开"支付库存费"页面。

步骤二：单击下方的"支付库存费"按钮，如图2-61所示。

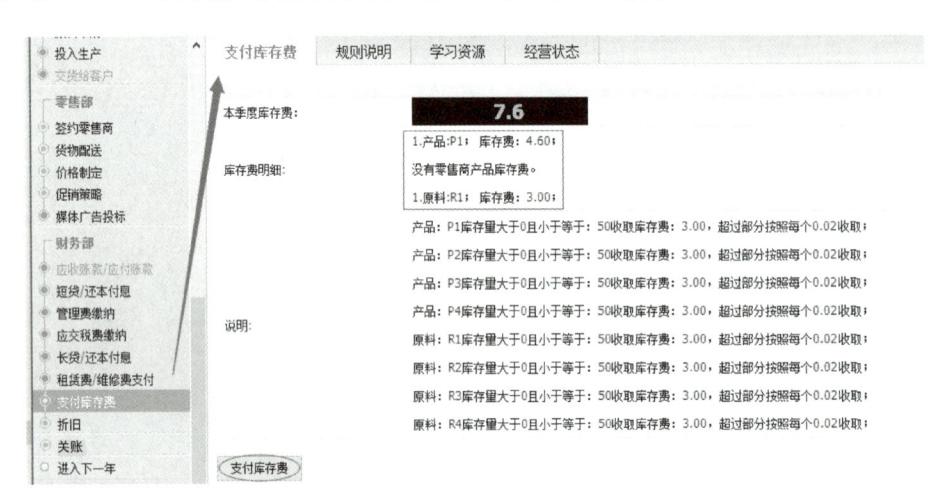

图2-61　支付库存费

8. 折旧

经营者在每年的第4季度需要进行折旧操作。

操作步骤如下所述。

步骤一：单击窗口左侧"任务列表"|"企业背景"|"财务部"下的"折旧"项，打开"折旧"页面。

步骤二：单击下方的"折旧"按钮，如图2-62所示。

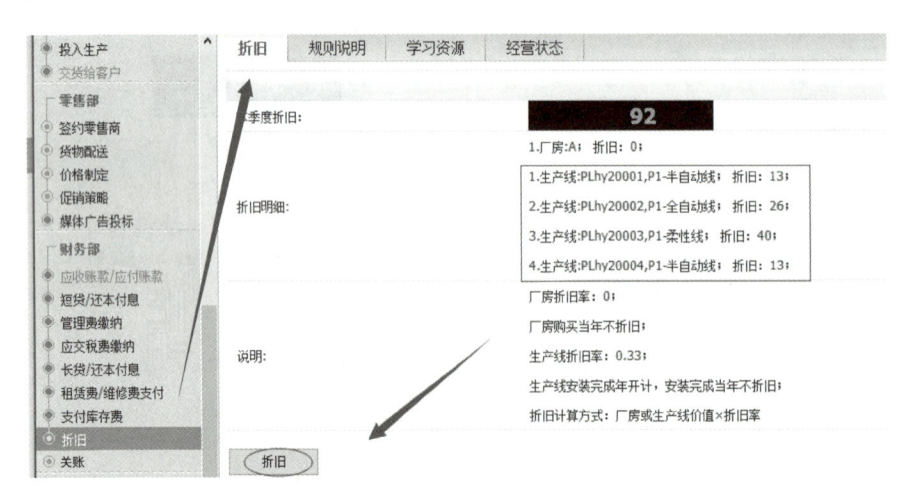

图2-62　折旧

9. 进入下一季度

经营者执行本操作可以进入下一季度的经营。

操作步骤如下所述。

单击窗口左侧"任务列表"|"企业背景"|"财务部"下的"进入下一季度"项。

10. 关账

操作步骤如下所述。

单击窗口左侧"任务列表"|"企业背景"|"财务部"下的"关账"项，打开"关账"页面，提示"关账成功！"，再单击"确定"按钮，显示当年经营得分情况，至此操作完成，如图2-63所示。

图2-63　关账后显示的当年经营得分情况

11. 进入下一年

经营者执行本操作可以进入下一年度的经营。

操作步骤如下所述。

单击窗口左侧"任务列表"|"企业背景"|"财务部"下的"进入下一年"项。

任务三　运用特殊任务工具

学习目标

1. 理解各项特殊任务工具的功能
2. 学会操作特殊任务工具

一、产品型号管理

经营者可对自己生产的产品型号进行管理。

操作步骤如下所述。

步骤一：单击窗口左侧"特殊任务"下的"产品型号管理"项，打开"产品型号管理"页面。

步骤二：单击"添加"按钮，在弹出的"添加产品型号"对话框中添加包含相应功能的产品型号，如图2-64所示。

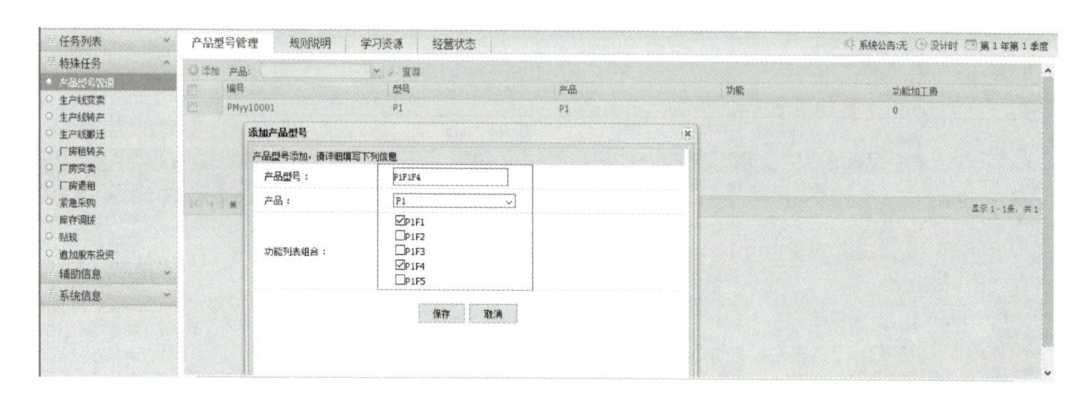

图2-64 产品型号管理

步骤三：单击"保存"按钮，完成操作。

二、生产线变卖

经营者可以选择需要变卖的生产线，进行变卖操作。生产线变卖收入属于额外收入，但是变卖前要计提折旧，剩余固定资产要进行固定资产清理。

操作步骤如下所述。

步骤一：单击窗口左侧"特殊任务"下的"生产线变卖"项，打开"生产线变卖"页面。

步骤二：选中要变卖的生产线前的复选框，单击"变卖生产线"按钮，如图2-65所示。

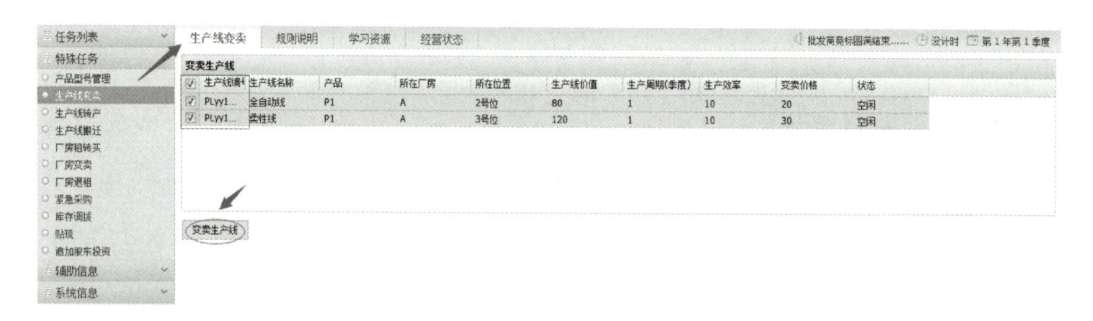

图2-65 生产线变卖

注意：只有处于"空闲"状态的生产线才可以进行"生产线变卖"操作。

三、生产线转产

经营者可以根据企业营销策略与产能设置对空闲的生产线进行转产。半自动和柔性生产线可以直接转产，没有转产费用和转产周期；全自动生产线进行转产需要支付相应的转产费用，并需要一定的转产周期。

操作步骤如下所述。

步骤一：单击窗口左侧"特殊任务"下的"生产线转产"项，打开"生产线转产"页面。

步骤二：选择需要转产的生产线及转产产品，单击"生产线转产"按钮，如图2-66所示。

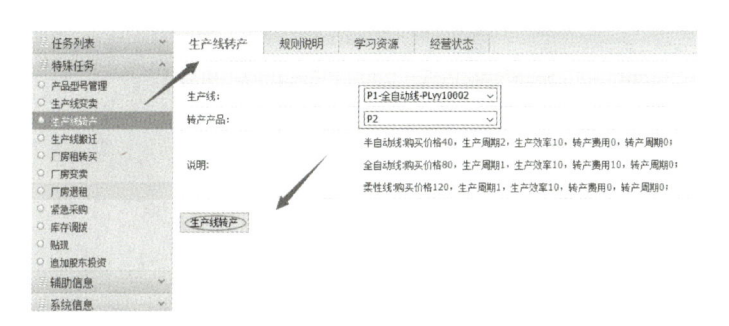

图2-66　生产线转产

四、生产线搬迁

如果厂房有空闲位置，经营者可根据企业产能布局将空闲的生产线搬迁到该空闲位置，并支付相应的搬迁费用。

操作步骤如下所述。

步骤一：单击窗口左侧"特殊任务"下的"生产线搬迁"项，打开"生产线搬迁"页面。

步骤二：选择需要搬迁的生产线及搬迁至的位置，单击"生产线搬迁"按钮，如图2-67所示。

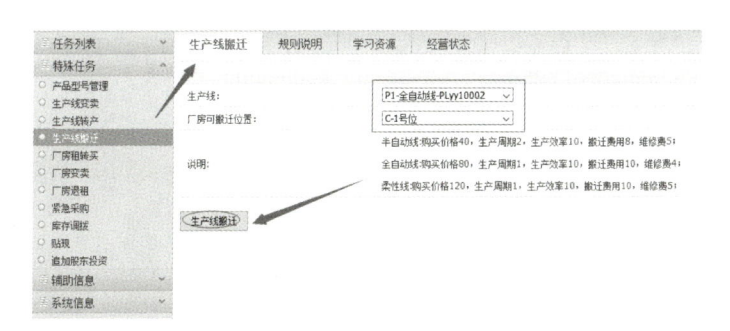

图2-67　生产线搬迁

注意：只有教师端允许"生产线搬迁"后，此操作才可以进行。

五、厂房租转买

经营者可执行厂房的租转买（租赁转购买）操作，如图2-68所示。企业总裁或运营总监根据企业经营计划，可以对已经租赁的厂房执行租转买操作。

操作步骤如下所述。

步骤一：单击窗口左侧"特殊任务"下的"厂房租转买"项，打开"厂房租转买"页面。

步骤二：选中需要租转买的厂房前的复选框，单击"租赁转购买"按钮，如图2-68所示。

图2-68　厂房租转买

注意：只有教师端允许"厂房租转买"后，此操作才可以进行。

六、厂房变卖

经营者可对空闲的厂房执行厂房变卖操作，变卖后将产生4个季度的应收账款。

操作步骤如下所述。

步骤一：单击窗口左侧"特殊任务"下的"厂房变卖"项，打开"厂房变卖"页面。

步骤二：选中需要变卖的厂房前的复选框，单击"变卖厂房"按钮，如图2-69所示。

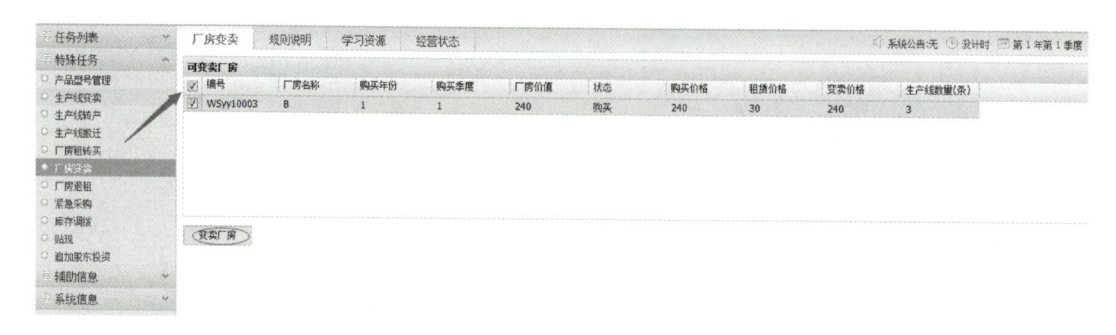

图2-69　厂房变卖

七、厂房退租

经营者可执行已租赁的空闲厂房的退租操作。空闲的厂房可以直接退租；如果厂房中有生产线可以进行租转买，但是本年度租金不退还。

操作步骤如下所述。

步骤一：单击窗口左侧"特殊任务"下的"厂房退租"项，打开"厂房退租"页面。

步骤二：选中需要退租的厂房前的复选框，单击"退租厂房"按钮，如图2-70所示。

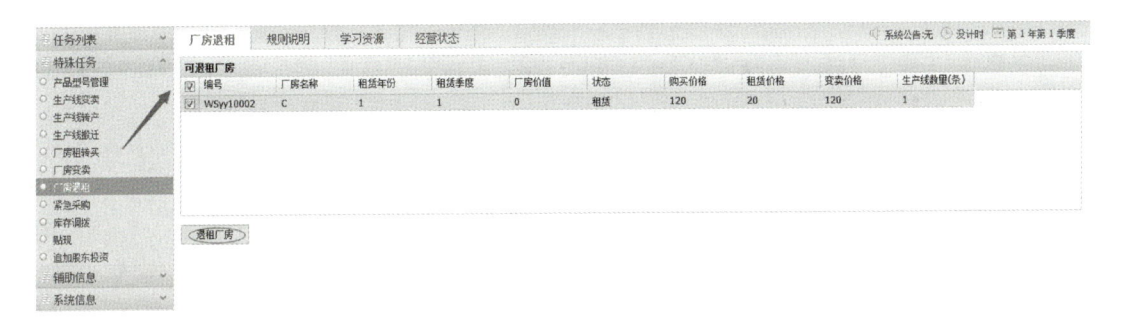

图2-70　厂房退租

八、紧急采购

经营者可执行原料的紧急采购操作。紧急采购价格为采购价格的2倍。

操作步骤如下所述。

步骤一：单击窗口左侧"特殊任务"下的"紧急采购"项，打开"紧急采购"页面。

步骤二：选中需要采购的原料前的复选框，输入紧急采购数量后，单击"采购"按钮，如图2-71所示。

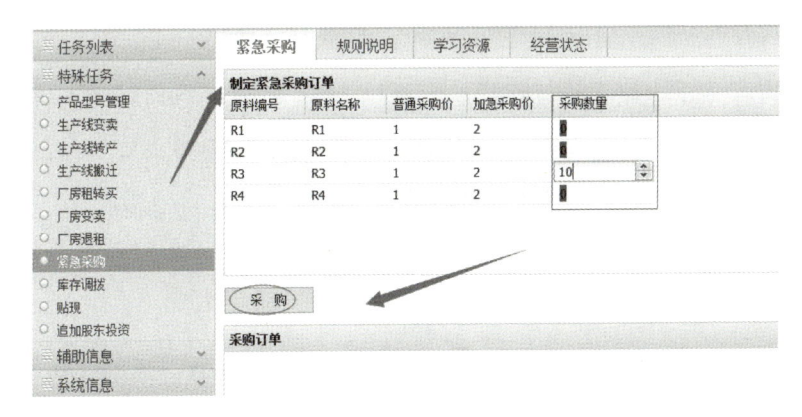

图2-71　紧急采购

注意：只有教师端允许"紧急采购"后，此操作才可以进行。

九、库存调拨

经营者可执行零售商之间的库存调拨操作。库存调拨需要周期和费用。

操作步骤如下所述。

步骤一：单击窗口左侧"特殊任务"下的"库存调拨"项，打开"库存调拨"页面。

步骤二：单击"调拨"按钮，在弹出的对话框中选择出库零售商、接收零售商、产品型号、发货数量后，单击"发货"按钮，如图2-72所示。

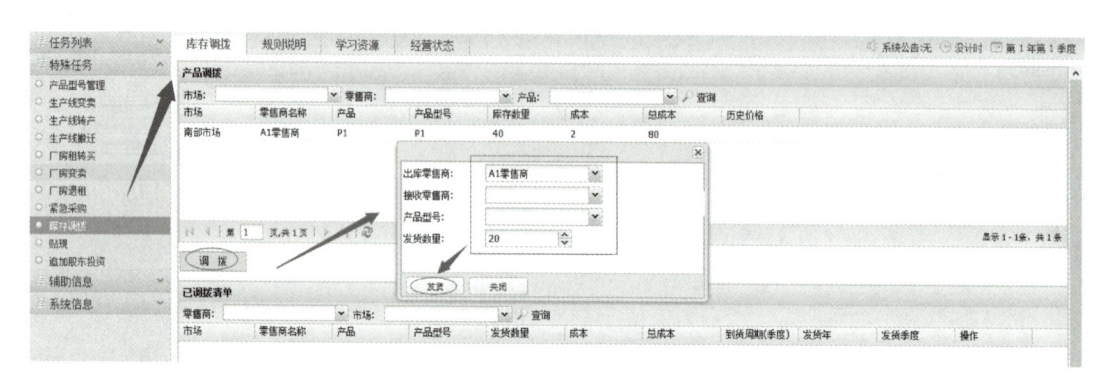

图2-72　库存调拨

十、贴现

经营者可根据自己企业的资金状况，选择应收账款的贴现操作，贴现费等于贴现额度乘贴现费率。

操作步骤如下所述。

步骤一：单击窗口左侧"特殊任务"下的"贴现"项，打开"贴现"页面。

步骤二：选择贴现额，单击"贴现"按钮，如图2-73所示。

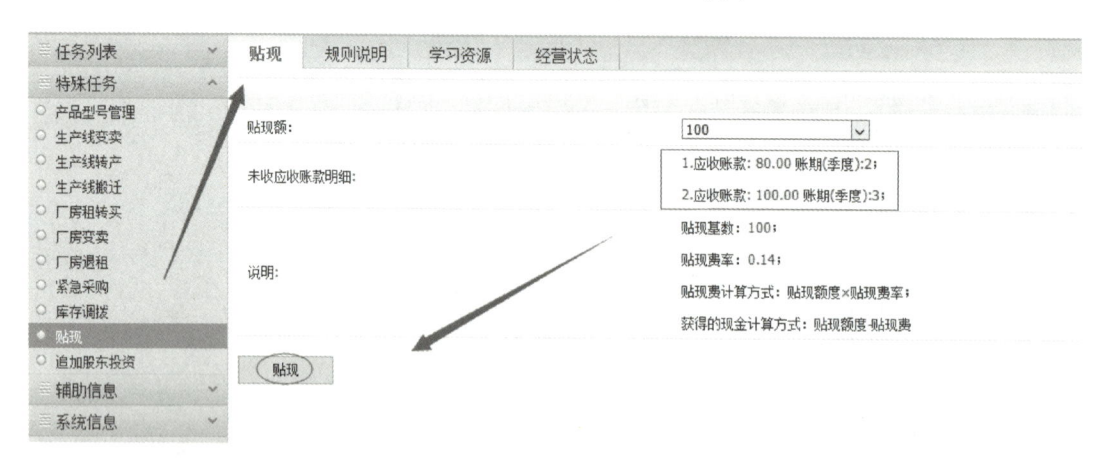

图2-73　贴现

十一、追加股东投资

在正式比赛中是不允许此项操作的。但在平时上课或训练中，教师可以在教师端允许此项操作，经营者可以在此填写需要追加的额度，完成对企业的追加股东投资操作，如图2-74所示。

图2-74　追加股东投资

任务四　分析企业经营数据

学习目标

1. 熟悉分析工具的具体操作
2. 理解各项工具的功能
3. 学会利用分析工具分析数据

一、市场预测图

在市场营销企业模拟经营过程中，市场预测是各企业能够得到的关于产品市场需求预测的唯一可以参考的有价值的信息。对市场预测的分析与企业的营销方案策划息息相关。

建议主要分析以下内容：每种产品的价格趋势、需求趋势、生命周期、利润最高点、适合的销售方式等。

经营者单击窗口左侧"辅助信息"下的"市场预测图"项，在打开的"市场预测图"页面选择需要查询的产品，就可以得到相关数据，以下以南部市场P1产品的零售数据为例进行介绍。

如图 2-75 和图 2-76 所示为第 1～3 年南部市场 P1 产品的零售数量和零售价格预测图，图中的横坐标代表经营时间（年、季度），纵坐标上标注的数字（柱形的高度）分别代表产品总数量和平均价格。市场预测图不仅可以帮助经营者获得需要的数据，还可以清晰地表达产品在特定市场的生命周期及趋势。以南部市场 P1 产品的零售生命周期为例，随着时间的推移，该产品在南部市场总数量逐年、逐季度递减，直到第 3 年第 2 季度退出市场。

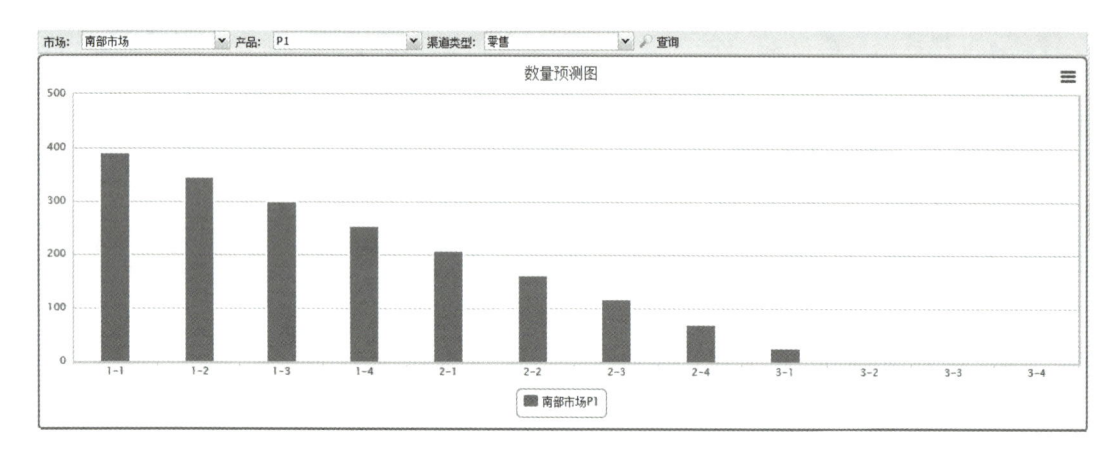

图2-75　南部市场P1产品的零售数量预测图

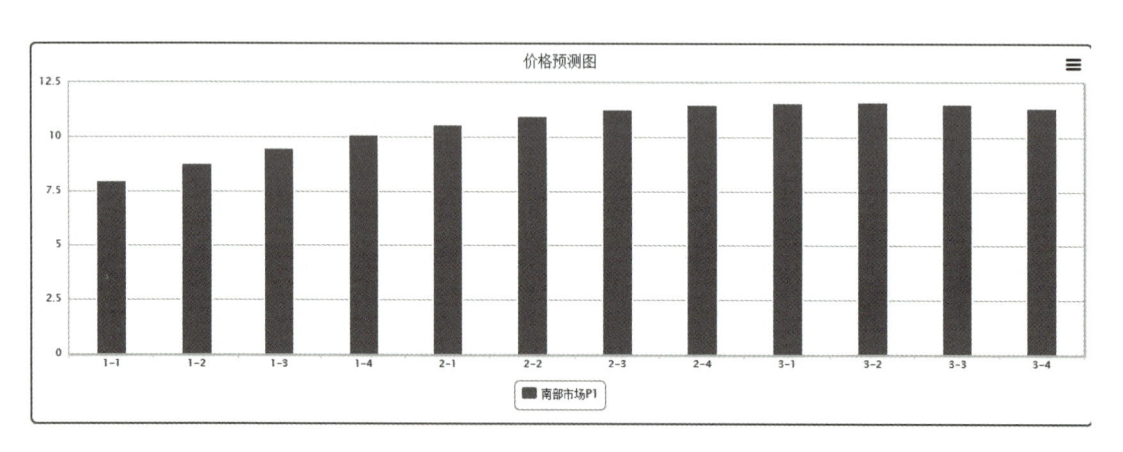

图2-76　南部市场P1产品的零售价格预测图

【练一练】

根据 P1 产品在南部市场的零售生命周期示例，填写第 1～3 年经营期内 P1、P2、P3、P4 产品在各市场的零售生命周期（如表 2-30 所示，每个市场用不同颜色表示）。

表2-30　第1～3年P1、P2、P3、P4产品在各市场的零售生命周期

产品生命周期		1-1	1-2	1-3	1-4	2-1	2-2	2-3	2-4	3-1	3-2	3-3	3-4
南部市场	P1												
	P2												
	P3												
	P4												
东部市场	P1												
	P2												
	P3												
	P4												
中部市场	P1												
	P2												
	P3												
	P4												
北部市场	P1												
	P2												
	P3												
	P4												
西部市场	P1												
	P2												
	P3												
	P4												

二、现金流量表

现金流量表是财务报表的3个基本报表之一，表述在一个固定期间内企业现金（可以查询每年的现金动态）的增减变动情形。一个正常经营的企业，在创造利润的同时，还应创造现金收益。通过对现金流入来源进行分析，可以对企业创造现金的能力做出评价，也可以对企业未来获取现金的能力做出预测。现金流量表所揭示的现金流量信息，可以从现金角度对企业偿债能力和支付能力做出可靠、稳健的评价。

现金流量表可以概括反映经营活动和筹资活动对企业现金流入、流出的影响，有助于经营者准确把握企业资金的流向，为下一步制定经营策略提供依据。

市场营销沙盘系统中，企业的现金流量表经营分析工具主要包含现金流量统计和现金流量明细两部分。其中，现金流量统计主要是对经营期企业的现金流进行汇总统计，双击表中的某个会计科目后，现金流量明细表中将会根据使用的时间进行具体展示，如图2-77

所示。

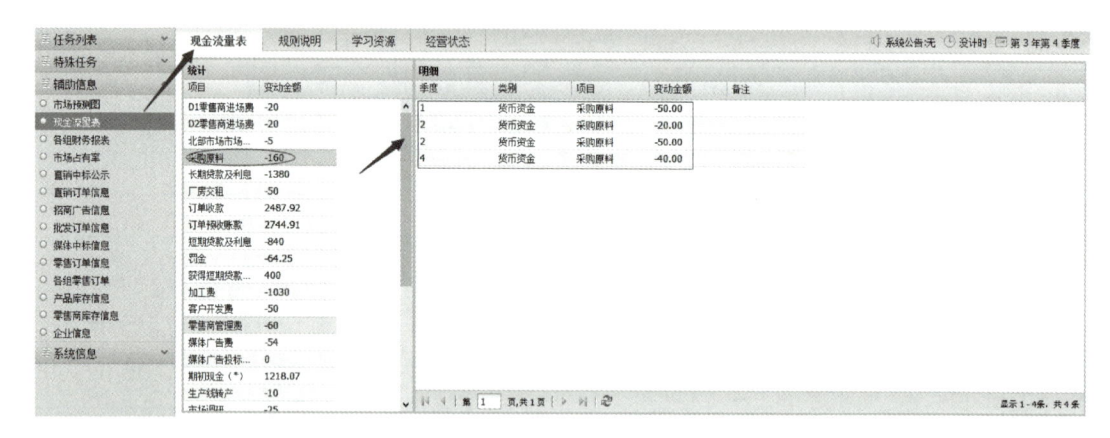

图2-77 现金流量表

三、各组财务报表

企业的财务状况由企业对外提供的主要财务报表——利润表和资产负债表来表述。经营者需要通过分析财务报表来诊断企业的财务状况和经营成果,从而进行企业的下一步经营决策。

每年度经营结束后,经营者可以单击窗口左侧"辅助信息"下的"各组财务报表"项,在打开的"各组财务报表"页面查看竞争对手的经营结果,分析其经营思路,如图2-78所示。

图2-78 各组财务报表

四、市场占有率

通常,企业的销售绩效并不能完全反映出相对于竞争对手企业自身的经营状况。如果企业销售额增加，可能是由于企业所处的整个经济环境的发展，也可能是因为其市场营销工作较之其竞争对手有所改善。市场占有率则是剔除了一般的环境影响来考查企业本身的经营工作状况，可有效反映出较其竞争对手企业自身的真实绩效。

市场占有率是指在一定的时期内，企业所经营的产品在其市场的销售量或销售额占同类产品销售量或销售额的比重。在市场营销沙盘中，企业经营者可以按照经营时间（季度或年）查询所经营产品在各类销售渠道的市场占有率，如图2-79和图2-80所示。

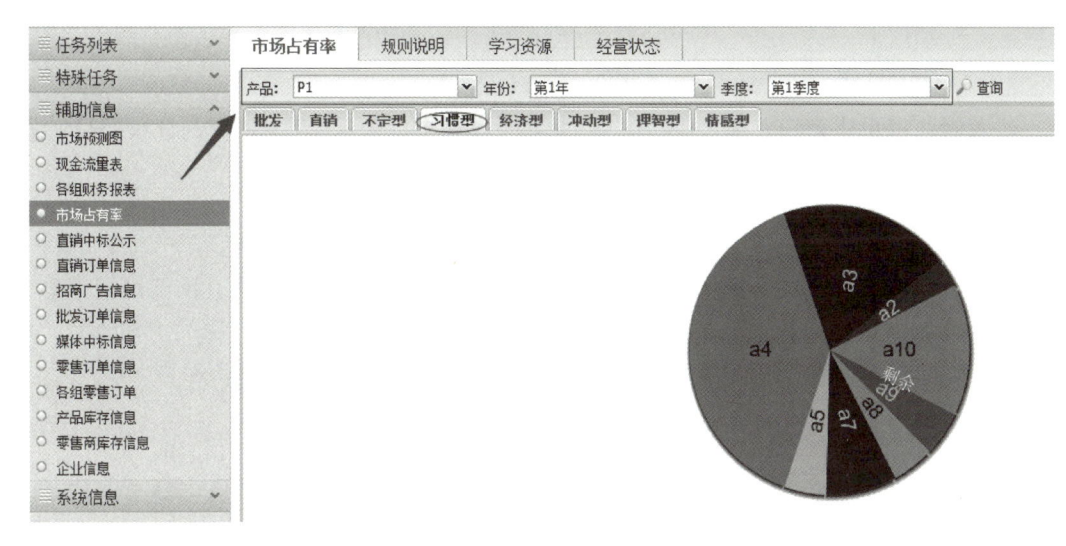

图2-79　市场占有率（P1产品第1年第1季度习惯型消费人群）

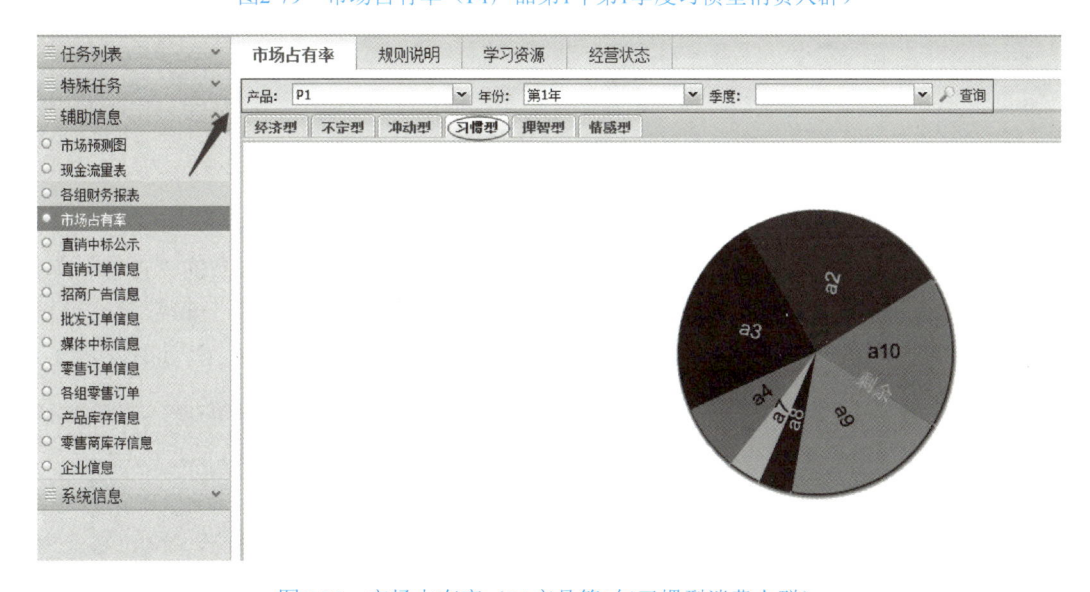

图2-80　市场占有率（P1产品第1年习惯型消费人群）

了解了企业市场占有率之后，尚需正确解释市场占有率变动的原因。在市场营销沙盘中，市场占有率指标按销售数量统计，反映了企业在市场中销售产品的能力。分析可以在两个方向上展开，一是横向分析，二是纵向分析。横向分析是对同一期间各企业市场占有率的数据进行对比，以此确定某企业在本季度（年）的市场地位；纵向分析是对同一企业不同时期（年）的市场占有率数据进行对比，由此可以看到企业历年来市场占有率的变化，这也从一个侧面反映了企业成长的历程。

五、订单

（一）直销订单

经营者可以单击窗口左侧"辅助信息"下的"直销中标公示"项和"直销订单信息"项，在打开的页面中查询企业的直销订单相关信息。

1. 直销中标公示

经营者单击窗口左侧"辅助信息"下的"直销中标公示"项，在打开的"直销中标公示"页面查询每年年初各企业的各个产品在各个市场的直销中标情况，包括中标账号、数量、价格、总金额、账期（季度）、交货期（季度）、ISO 认证等，如图 2-81 所示。

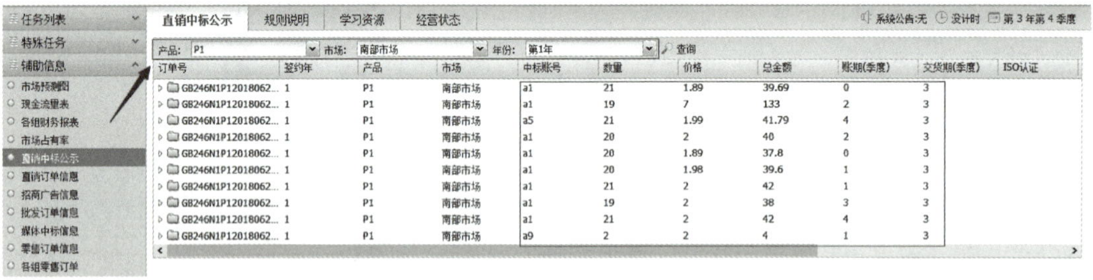

图2-81　直销中标公示

2. 直销订单信息

经营者单击窗口左侧"辅助信息"下的"直销订单信息"项，在打开的"直销订单信息"页面查询每年年初本企业的各个产品在各个市场的直销订单信息，包括数量、价格、总金额、账期（季度）、交货期（季度）、ISO 认证、功能、订单状态等，如图 2-82 所示。

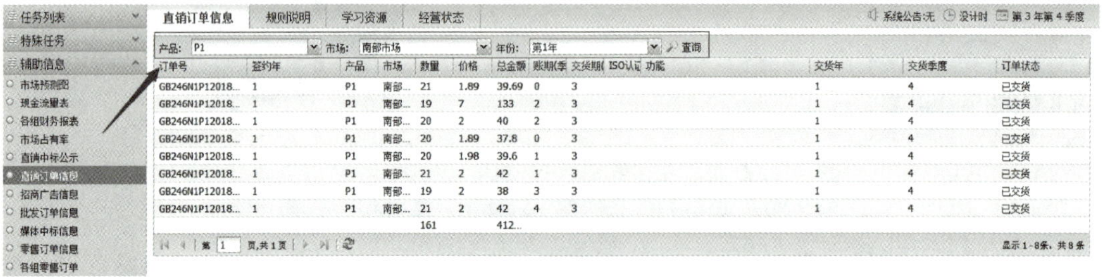

图2-82　直销订单信息

（二）批发订单

经营者可以通过单击窗口左侧"辅助信息"下的"招商广告信息"项和"批发订单信息"项，在打开的页面中查询企业的批发订单相关信息。

1. 招商广告信息

经营者单击窗口左侧"辅助信息"下的"招商广告信息"项，在打开的"招商广告信息"页面查询每年年初本企业的招商广告在各个产品、各个市场的费用明细，如图2-83所示。

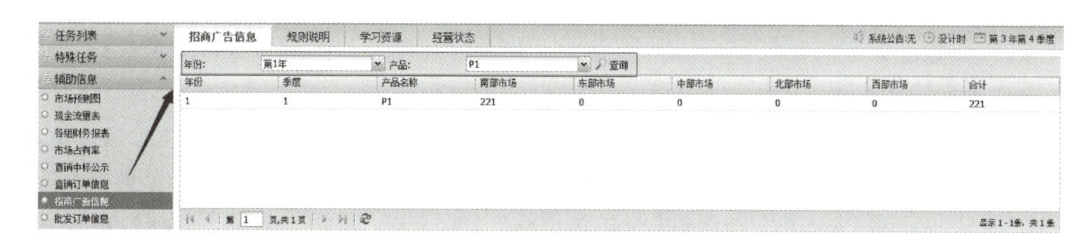

图2-83 招商广告信息

2. 批发订单信息

经营者单击窗口左侧"辅助信息"下的"批发订单信息"项，在打开的"批发订单信息"页面查询每年年初本企业的各个产品在各个市场的批发订单信息，包括数量、价格、总金额、账期（季度）、交货期（季度）、ISO认证、功能、订单状态等，如图2-84所示。

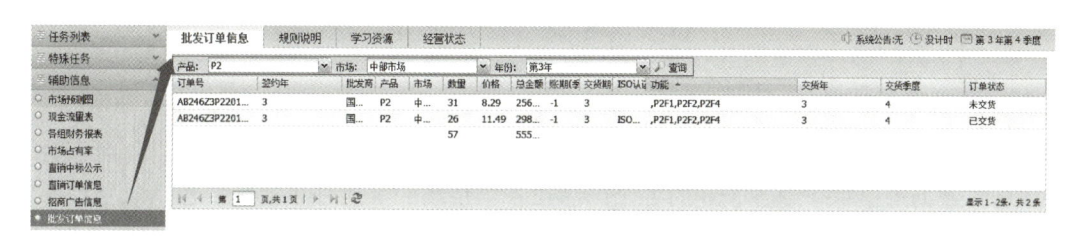

图2-84 批发订单信息

（三）零售订单

经营者可以单击窗口左侧"辅助信息"下的"媒体中标信息"项、"零售订单信息"项和"各组零售订单"项，在打开的页面中查询企业的零售订单相关信息。

1. 媒体中标信息

经营者单击窗口左侧"辅助信息"下的"媒体中标信息"项，在打开的"媒体中标信息"页面查询每年每季度各企业的媒体中标信息，包括中标组、投标年、投标季度、媒体名称、产品名、时段名称、中标费用、影响力、关系值，如图2-85所示。

图2-85 媒体中标信息

2. 零售订单信息

经营者单击窗口左侧"辅助信息"下的"零售订单信息"项,在打开的"零售订单信息"页面查询每年每季度本企业的各个产品在各个市场的零售订单信息,包括零售商名称、产品、产品型号、消费人群、销售数量、销售价格、实收金额、折扣金额等,如图2-86所示。

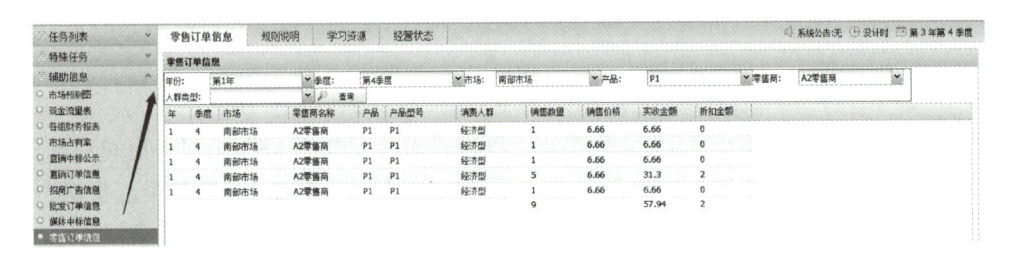

图2-86 本企业零售订单信息

3. 各组零售订单

经营者单击窗口左侧"辅助信息"下的"各组零售订单"项,在打开的"各组零售订单"页面查询每年每季度各企业的各个产品在各个市场的零售订单情况,包括账号、零售商名称、产品、产品型号、消费人群、销售数量、销售价格、实付金额、返回金额等,如图2-87所示。

图2-87 各组零售订单信息

六、产品库存信息

经营者单击窗口左侧“辅助信息”下的“产品库存信息”项，在打开的“产品库存信息”页面查询本企业各个产品的库存情况，包括产品名称、产品型号、库存量等，如图 2-88 所示。

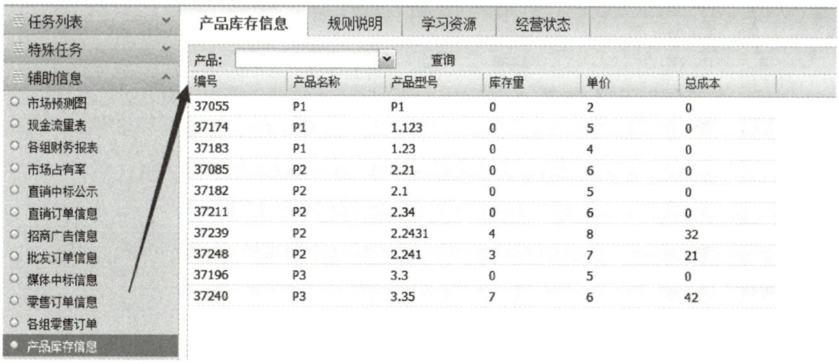

编号	产品名称	产品型号	库存量	单价	总成本
37055	P1	P1	0	2	0
37174	P1	1.123	0	5	0
37183	P1	1.23	0	4	0
37085	P2	2.21	0	6	0
37182	P2	2.1	0	5	0
37211	P2	2.34	0	6	0
37239	P2	2.2431	4	8	32
37248	P2	2.241	3	7	21
37196	P3	3.3	0	5	0
37240	P3	3.35	7	6	42

图2-88　产品库存信息

七、零售商库存信息

经营者单击窗口左侧“辅助信息”下的“零售商库存信息”项，在打开的“零售商库存信息”页面查询本企业积压在各个零售商处的产品库存情况，包括安全库存、市场、零售商名称、产品、产品型号、库存数量、成本、总成本和历史价格，如图 2-89 所示。

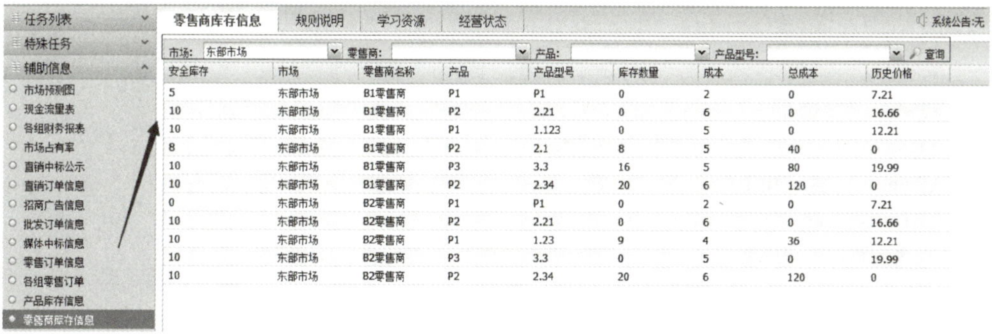

安全库存	市场	零售商名称	产品	产品型号	库存数量	成本	总成本	历史价格
5	东部市场	B1零售商	P1	P1	0	2	0	7.21
10	东部市场	B1零售商	P2	2.21	0	6	0	16.66
10	东部市场	B1零售商	P1	1.123	0	5	0	12.21
8	东部市场	B1零售商	P2	2.1	8	5	40	0
10	东部市场	B1零售商	P3	3.3	16	5	80	19.99
10	东部市场	B1零售商	P2	2.34	20	6	120	0
0	东部市场	B2零售商	P1	P1	0	2	0	7.21
10	东部市场	B2零售商	P2	2.21	0	6	0	16.66
10	东部市场	B2零售商	P1	1.23	9	4	36	12.21
10	东部市场	B2零售商	P3	3.3	0	5	0	19.99
10	东部市场	B2零售商	P2	2.34	20	6	120	0

图2-89　零售商库存信息

八、企业信息

经营者单击窗口左侧“辅助信息”下的“企业信息”项，在打开的“企业信息”页面查询企业总媒体影响力、上季度营业收入、ISO14000、ISO9000 等企业信息，以及各小组企业综合指数等，如图 2-90 所示。该分析工具为经营者准确把握零售市场中情感型消费人群和理智型消费人群的需求提供了决策依据。

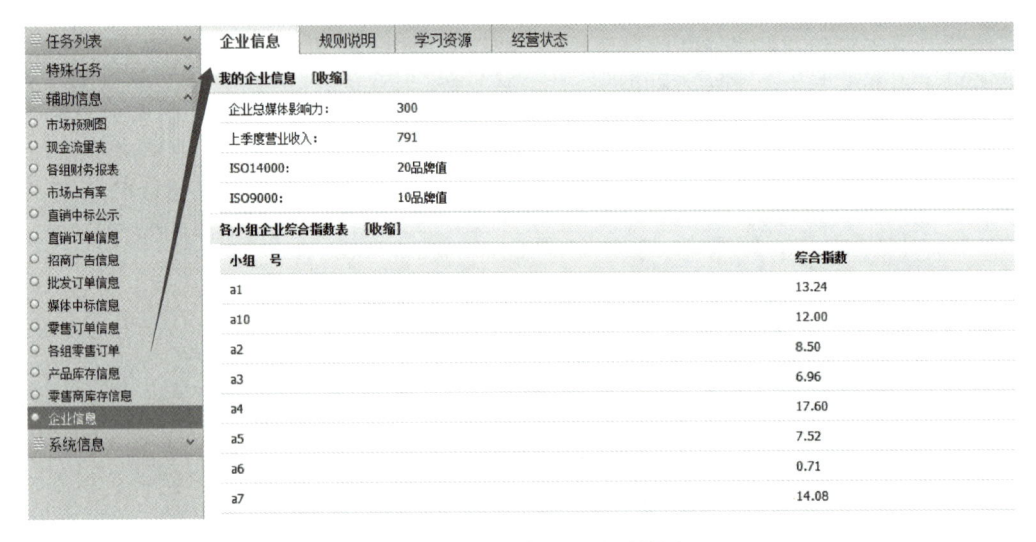

图2-90　企业信息部分页面截图

市场营销沙盘操作基础　模块二

【思考与探究】

模块内容：	学号：	姓名：	班级：	年　月　日
1. 通过本模块的学习，你掌握了哪些规则？				
2. 在经营过程中你的企业有无资金缺口？如有，你是如何解决的？				
3. 谈谈你对融资手段的认知。在经营开始阶段，你是如何分配短期贷款和民间融资额度的？				
4. 直销投标与招商广告有什么操作技巧和注意事项？				
5. 如何掌控 6 类零售渠道消费人群，获得零售订单？				
6. 有哪些特殊任务分析工具可以帮助经营者了解竞争对手，把握企业运营现状？				
7. 你需要进一步了解或想得到解答的问题是什么？				
8. 为了更好地教与学，你有何建议？				

模块三　制定经营战略

企业为什么需要制定战略？
根本原因是资源有限。
战略没有好与坏，只有适合与不适合。
适合企业的战略就是好战略。
作为企业经营者，更应该成为领航企业的策略家！

任务一　经营环境分析

学习目标
1. 理解企业经营的本质，掌握企业的生存、发展和盈利法则
2. 掌握5个市场4种产品的生命周期
3. 能正确把握市场走势，制定市场分析报告

在理解了经营规则、明确了经营目标之后，企业还需要认识自身所处的经营环境，并正确评估企业在群体博弈中所处的地位。唯有如此，企业才能够制定并运用恰当的竞争策略，从而在激烈的市场竞争中处于主动地位，赢得时间、市场和利润，最终实现其经营目标。

一、经营环境分析的重要性

1. 有利于策略制定

在市场营销沙盘中，经营者通过分析市场的调研报告，掌握每个季度的市场需求及市场需求波动率，从而衡量市场整体环境的好坏。同时，调研报告还给出了每种产品不同消费人群的产品需求情况及期望价格，有利于经营者制定总体经营战略及各部门的经营策略。

2. 有利于风险防控

在企业经营过程中，经营者通过查看市场占有率、直销中标公示、媒体中标信息、各

组零售订单、企业信息等来了解各企业产品销售的价格策略、促销政策等，并由此判断竞争对手的经营意图、经营风格及人群竞争的激烈程度，据此分析市场竞争状况，为企业调整经营策略提供依据。

3. 有利于发现并把握市场机会

在企业经营过程中，经营者要善于发现并抓住市场机会。例如，经营者需要随时关注竞争对手的价格策略、历史优惠额度、媒体中标信息，根据历史销售数据对本企业的销售策略进行适当调整，以增加交易机会。

二、经营环境分析的内容

企业经营初期，各经营团队的经营策略既是明确的，又是待定的。之所以说经营策略是明确的，是因为各经营团队在开展经营活动之前，经营者一般会大致制定几套基本的经营方案及经营的基本思路，以避免经营过程中乱了阵脚；之所以说经营策略是待定的，是由于经营尚未开始，经营者对市场信息及竞争对手的信息尚未知晓，对经营环境缺乏了解，因此具体的经营策略很难提前确定，并且在企业经营过程中，随着竞争环境的不断变化，经营者需要根据变化适时适当地调整企业经营策略。

在市场营销沙盘的经营过程中，按照经营过程的推进，经营团队可从以下3个方面进行经营环境的分析。

（一）经营初期的环境分析

1. 预估竞争对手实力

合理预估竞争对手的实力，一方面有利于经营者调整好自身的经营心态，做到经营过程中遇事不慌乱；另一方面有利于经营者对前期经营策略做出合理决策。例如，若预估竞争对手实力不强，则企业在扩张速度上可以更积极；而如果预估竞争对手实力很强，可能要面临激烈竞争，则企业在扩张速度上应偏向保守。当然，即便竞争对手实力不强，为降低不可预见的风险，企业在经营初期选择保守经营也会更加稳妥。

2. 分析市场预测图

市场营销沙盘系统给出了不同产品在不同市场、不同渠道、不同时间（季度或年度）的销售数量、销售价格预测，经营者可选择不同的组合进行查看和分析。如图3-1～图3-6所示为所有产品在各个市场、各个渠道、各年的数量预测图和价格预测图。

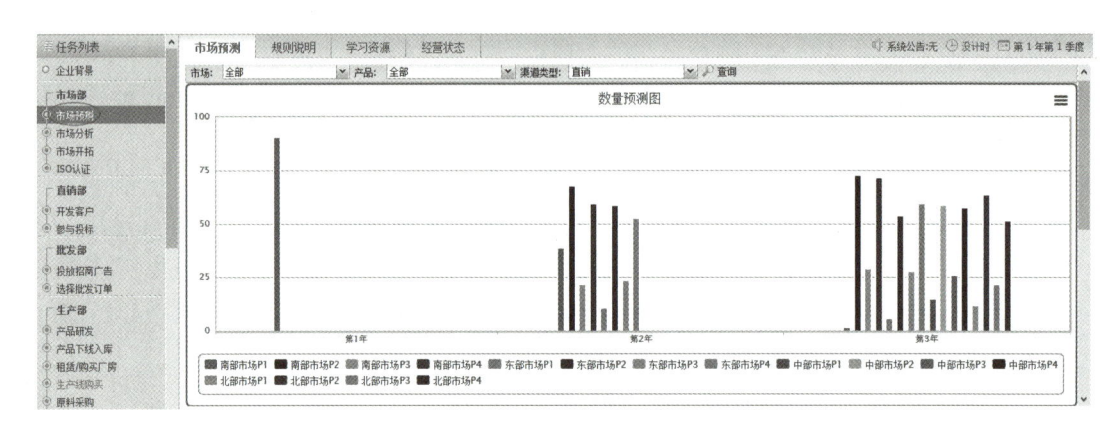

图3-1 直销数量预测图

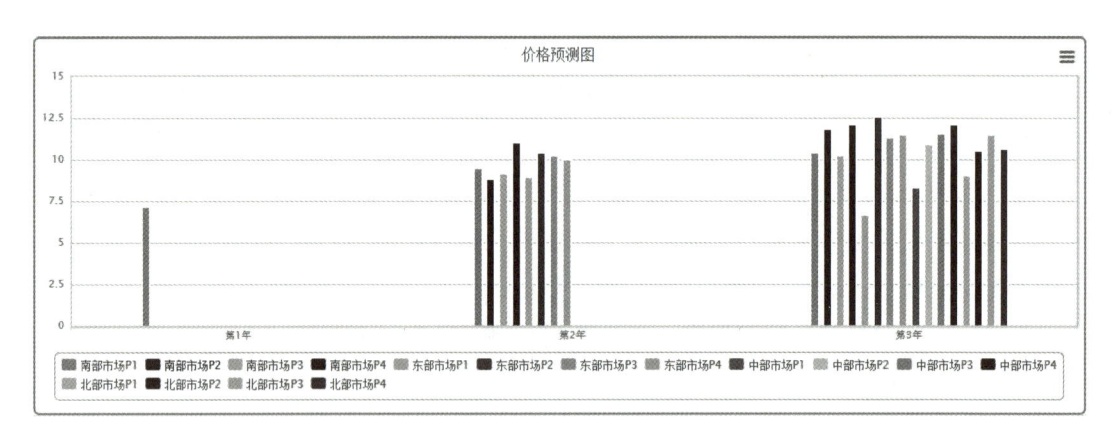

图3-2 直销价格预测图

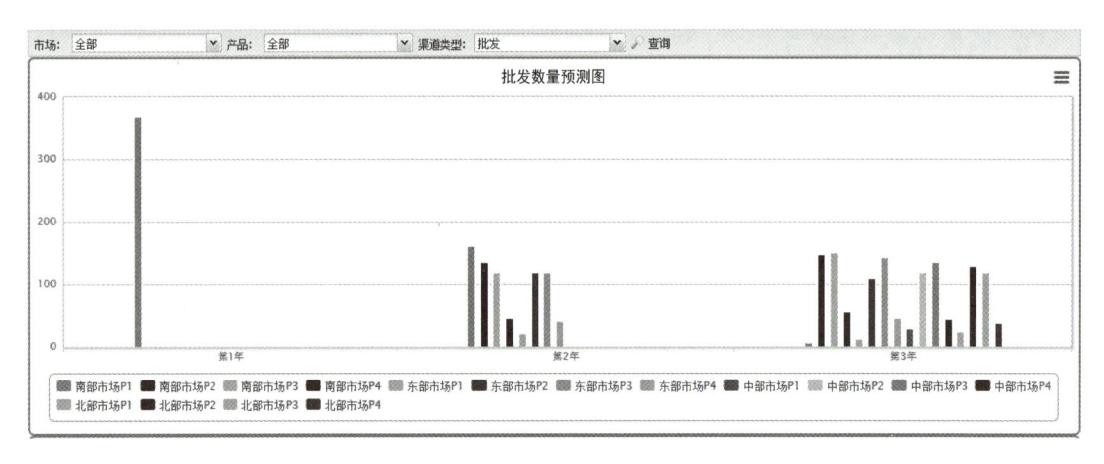

图3-3 批发数量预测图

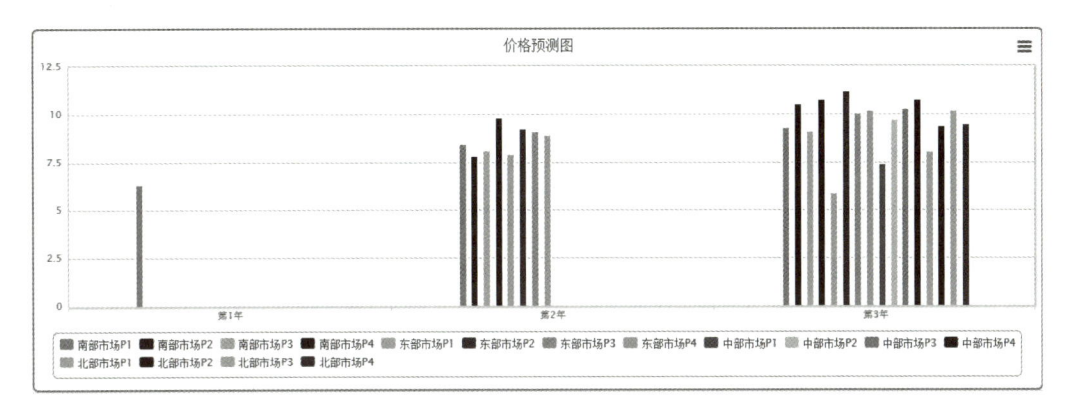

图3-4　批发价格预测图

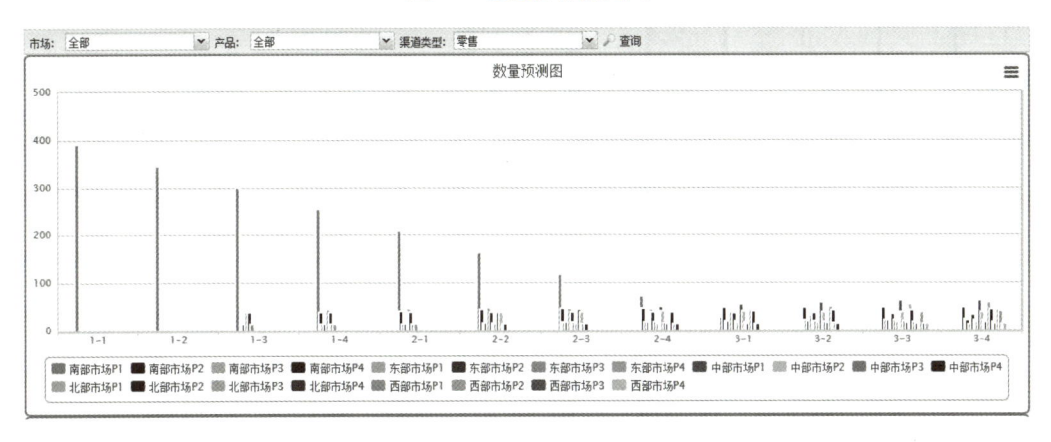

图3-5　零售数量预测图

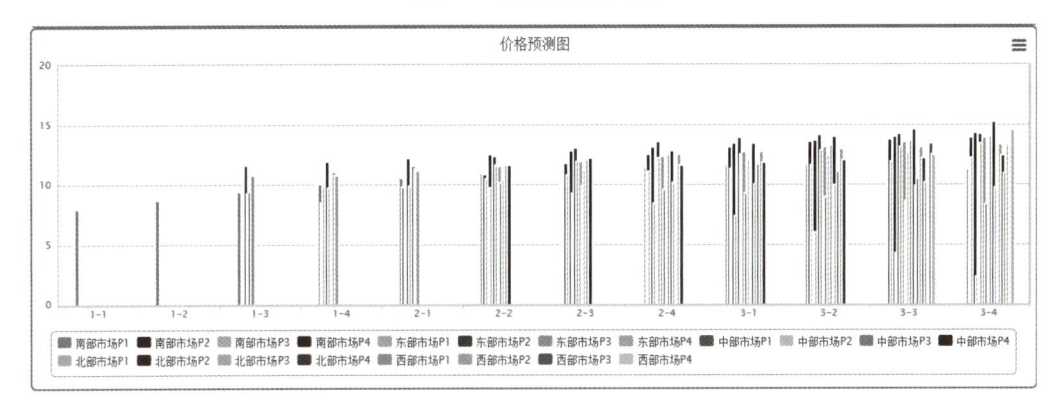

图3-6　零售价格预测图

3. 分析市场需求波动率

市场需求波动率将影响零售市场的实际需求量，尤其是当零售市场的基本需求量较大时，市场需求波动率对市场需求量的影响效果比较明显。需要经营者注意，市场需求波动率只是影响零售渠道的需求量，不影响直销和批发渠道的需求量。经营者按照市场需求波动率算出实际需求，然后进行零售产品分配。

4. 分析各类消费人群的产品需求情况及期望价格

分析各类消费人群的产品需求情况，有助于经营者选择目标市场，制定合适的营销策略。如图 3-7～图 3-14 所示为零售渠道相关数据预测图。

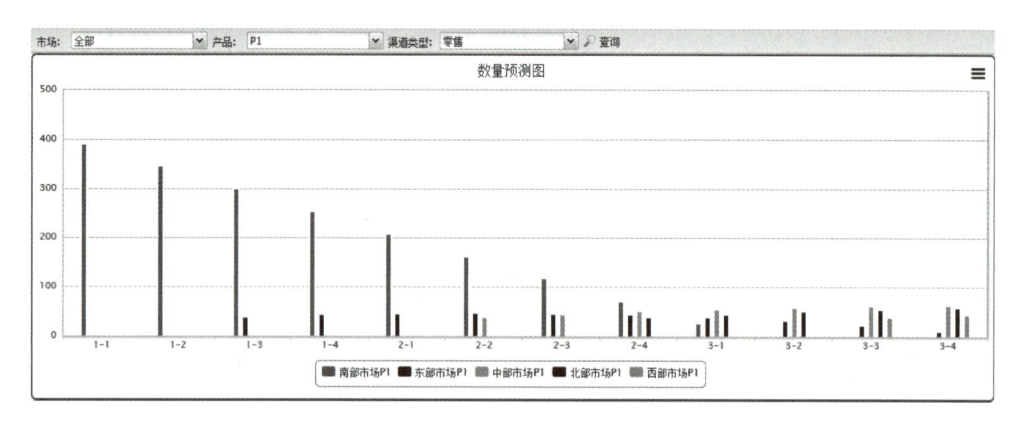

图3-7　P1产品零售数量预测图

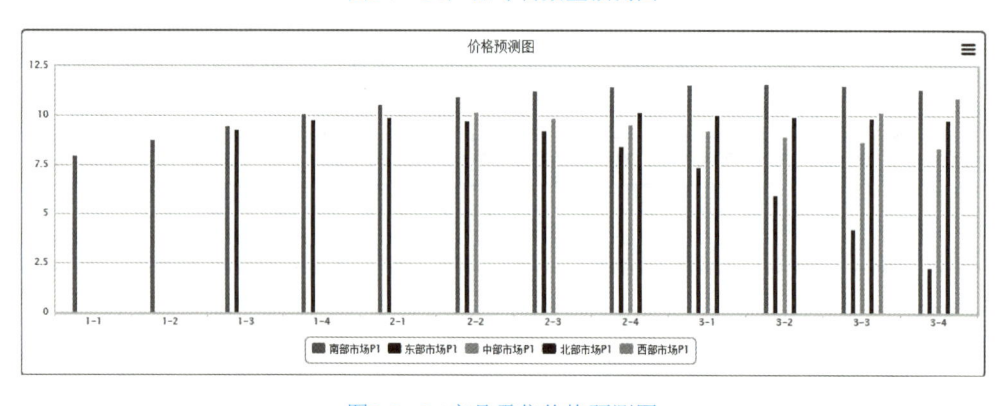

图3-8　P1产品零售价格预测图

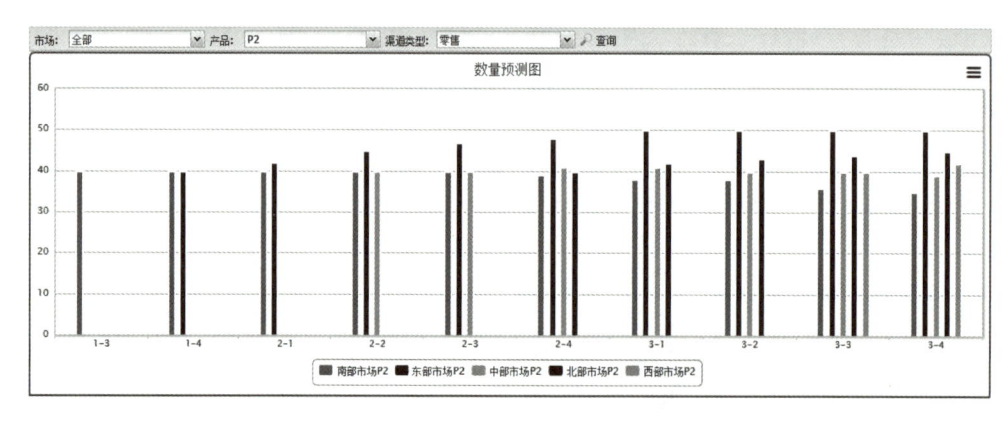

图3-9　P2产品零售数量预测图

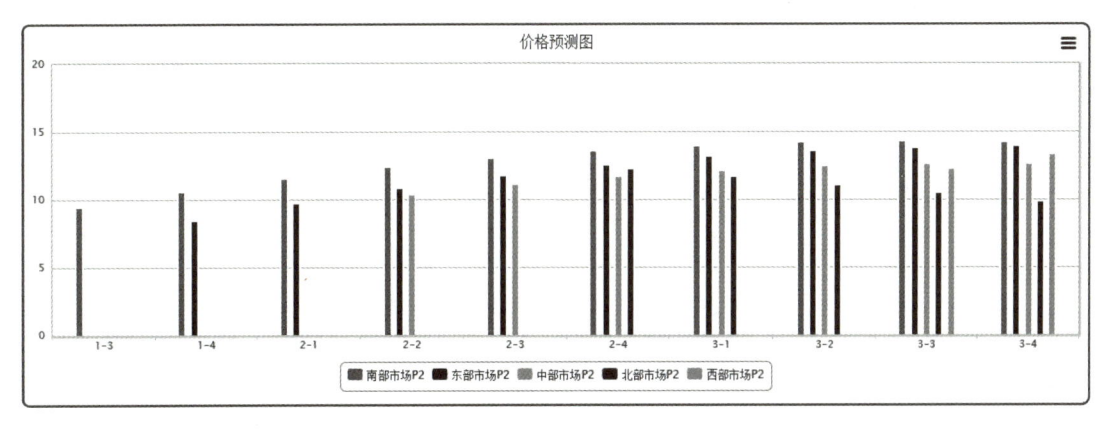

图3-10　P2产品零售价格预测图

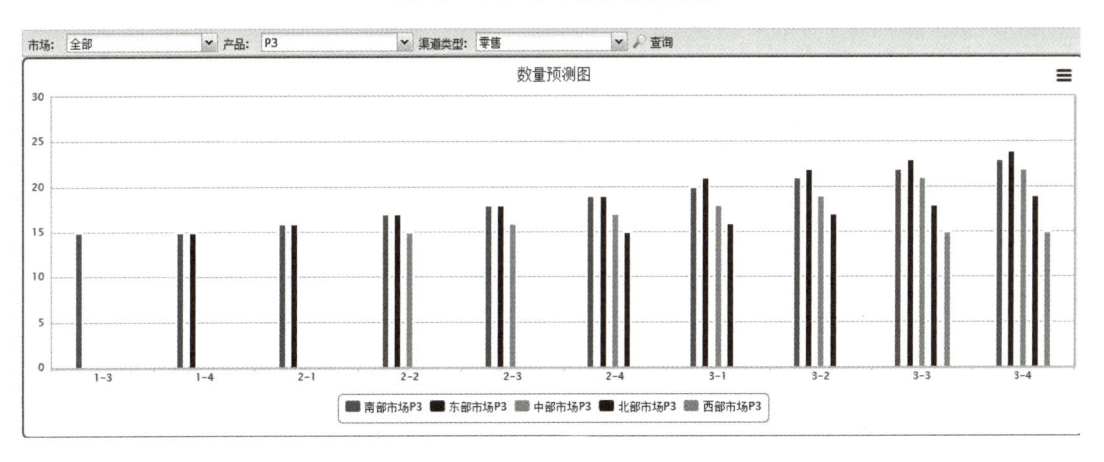

图3-11　P3产品零售数量预测图

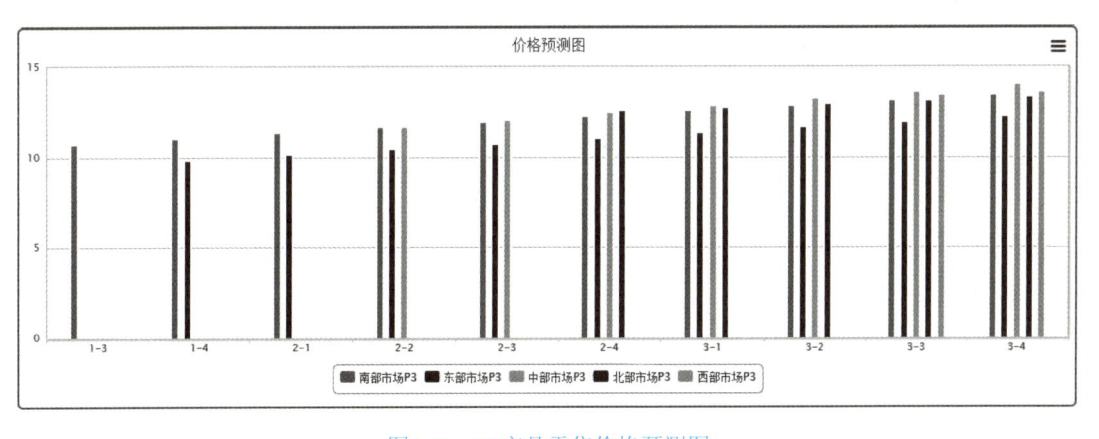

图3-12　P3产品零售价格预测图

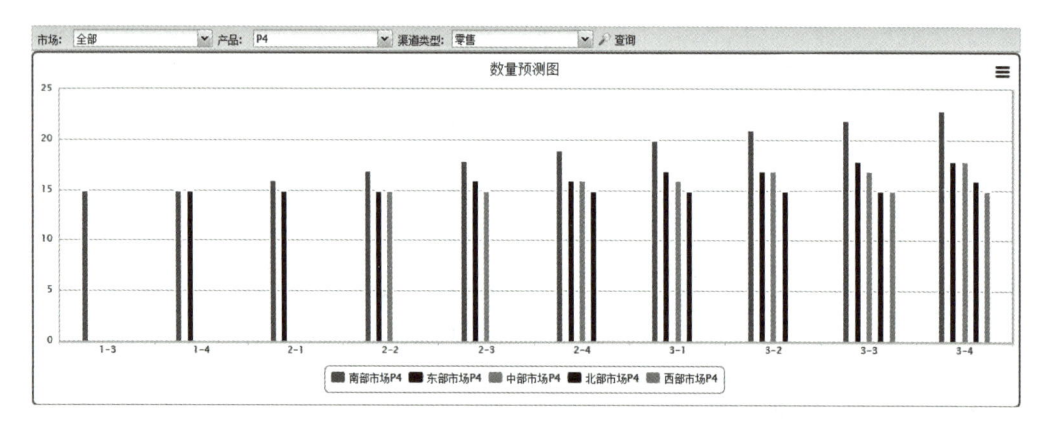

图3-13 P4产品零售数量预测图

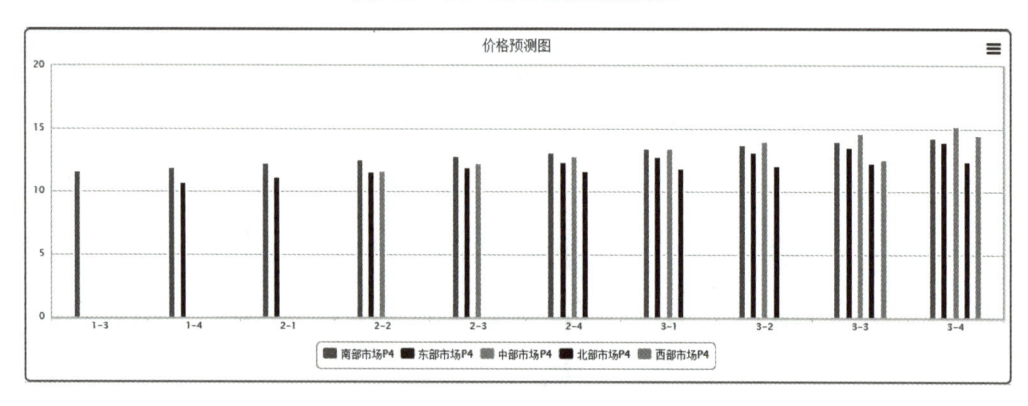

图3-14 P4产品零售价格预测图

5. 分析产品流行功能及周期

产品流行功能及周期将决定产品的销售期限长短。在市场营销沙盘中，一共有5个零售市场，分别为南部市场、东部市场、中部市场、北部市场和西部市场；每个市场均有两个零售商，各零售商的市场覆盖率和市场敏感度不同。产品自身的流行功能及流行周期结合各零售商对市场的敏感度决定了零售商对产品的销售周期。

【练一练】

假如P1产品第1季度流行功能为F1，流行周期为2个季度，这意味着什么呢？

【练一练】

根据表2-16和表3-1绘制各产品在每个零售商处的销售周期表，并将数值填入表3-2中。

表3-1 产品流行功能及周期

产品	第1年				第2年				第3年			
	第1季度	第2季度	第3季度	第4季度	第1季度	第2季度	第3季度	第4季度	第1季度	第2季度	第3季度	第4季度
P1	P1F4（流行周期：2个季度）		P1F3（流行周期：2个季度）		P1F2（流行周期：1个季度）	P1F5（流行周期：2个季度）		P1F1（流行周期：1个季度）				
P2			P2F1（流行周期：1个季度）	P2F5（流行周期：3个季度）			P2F3（流行周期：3个季度）		P2F2（流行周期：2个季度）		P2F4（流行周期：2个季度）	
P3			P3F4（流行周期：2个季度）		P3F1（流行周期：1个季度）	P3F5（流行周期：3个季度）		P3F2（流行周期：2个季度）		P3F3（流行周期：3个季度）		
P4			P4F4（流行周期：2个季度）		P4F1（流行周期：3个季度）			P4F5（流行周期：4个季度）			P4F2（流行周期：3个季度）	

表3-2 产品在各个零售商处的流行功能

零售商	产品	第1年				第2年				第3年			
		1	2	3	4	1	2	3	4	1	2	3	4
A1	P1												
	P2												
	P3												
	P4												
A2	P1												
	P2												
	P3												
	P4												
B1	P1												
	P2												
	P3												
	P4												
B2	P1												
	P2												
	P3												
	P4												

续表

零售商	产品	第1年				第2年				第3年			
		1	2	3	4	1	2	3	4	1	2	3	4
C1	P1												
	P2												
	P3												
	P4												
C2	P1												
	P2												
	P3												
	P4												
D1	P1												
	P2												
	P3												
	P4												
D2	P1												
	P2												
	P3												
	P4												
E1	P1												
	P2												
	P3												
	P4												
E2	P1												
	P2												
	P3												
	P4												

注：

（1）1、2、3、4代表一年中的4个季度。

（2）"无功能"代表产品是初级产品，不带有任何功能。

（3）（ ）里面的数字代表某产品的功能，如"（4）"代表某产品的功能F4，"（43251）"代表某产品随着经营时间的推移，功能需要增加，分别为功能F4、F3、F2、F5、F1，此时，若要成交客户订单，经营者所生产的产品需要带有5个功能。

（4）用阴影表示某市场在某时刻没有产品需求。

（二）经营过程中的环境分析

这一阶段的环境分析将贯穿于企业的整个经营期，包括从第1年经营开始至第3年经营结束，尤其是第1年和第2年的经营期中，各种经营策略变化较大，市场竞争环境不确定性较大，因此更需要经营者关注竞争对手的经营策略，以便寻求企业发展机会。

1. 关注各组的经营状态

具体来看，经营者要关注竞争对手的销售渠道选择策略、零售价格策略、媒体策略、产品组合策略等。各策略相互作用、相互影响，经营者需要综合分析、整体把握。

（1）关注各组的销售渠道选择策略。

在市场营销沙盘经营过程中，经营者可以通过直销、批发和零售得到订单。

① 在直销环节，经营者要想了解拿单小组的具体信息，可以参与直销投标，因为投标结束时可以在投标公示处看到各组的中标情况及中标价格。

注意：经营者在通过该操作得到竞争对手信息的同时也需要一些成本费用；如果经营者的经验足够丰富，也可以不参与直销投标，等直销结束后，通过"市场占有率"页面查看直销订单的归属，并根据市场需求总量、各组市场份额的百分比计算出各组获得的订单数量并大致估出中标价格。

② 在批发环节，系统会根据每个产品在每个市场投入广告费用的多少，按照由高到低的顺序允许各组开始选单。经营者要想了解拿单小组的具体信息，可以参与招商广告投放，并在选单环节记下各组的选单顺序及订单信息。

注意：经营者在通过以上操作得到竞争对手信息的同时需要一些成本费用；如果经营者的经验足够丰富，也可以等批发结束后，通过"市场占有率"页面查看批发订单的归属，并根据市场需求总量、各组市场份额的百分比计算出各组获得的订单数量并大致估出订单总金额。

一般来说，企业为巩固其综合指数领先的地位（特别是第1年第1季度），往往会花费较大的投入去抢夺批发订单。

③ 在零售环节，由于6类消费人群的成交规则不同，但彼此之间又相互联系，经营者需要准确判断各组直销和批发订单的交单时间，通过"各组零售订单"页面了解定价水平、促销策略；通过"媒体中标信息"页面了解媒体投放市场选择与费用排名；通过"企业信息"页面了解各组的企业综合指数、历史优惠额度等信息，从而推测各组主打的零售策略。

（2）关注各组的零售价格策略。

在每个季度媒体广告投标结束后，经营者可以通过"各组零售订单"页面查看各组的零售情况，从各组产品定价（销售价格）、优惠额度（折扣金额，反推促销策略）及各类消费人群订单归属推断各组的价格策略、促销策略及销售意图。在市场营销沙盘经营实战中，经营者给产品定价时需要针对不同的零售人群拟定定价目标和确定产品价格。若企业通过大力促销，抢夺不定型消费人群订单，往往意味着该企业为情感型消费人群的交易做铺垫；若企业通过低价销售，抢夺经济型及不定型消费人群订单，往往意味着该企业采取相对保守的经营策略。

（3）关注各组的媒体策略。

每个季度媒体广告投标结束后，经营者即可通过"媒体中标信息"页面查看媒体中标情况，特别是中标小组媒体的投放金额，从而大致了解各组的媒体投放风格。同时，经营者还可结合各组的销售渠道选择策略、零售价格策略及媒体策略，制定本企业的媒体策略。一般来说，若大力抢夺媒体广告，提高企业综合指数，往往意味着该企业主要针对习惯型和理智型消费人群，产品定价相对较高。当然也有企业在经营初期（第1年第1季度）抢夺一定比例的媒体广告是为了保障一定的综合指数，以确保在该时段拿到情感型人群订单优先成交权。如果企业在经营过程中通过低价销售，以经济型和不定型消费订单为主，那么该企业一般不会投放高价的媒体广告。

（4）关注各组的产品组合策略。

经营者可通过两种方法来了解各组的产品组合策略。

一是通过查看各组零售订单，直观地查看各组零售的产品有哪些类型，从而判断其产品组合。

注意：此方法简单直观，但并不一定准确，因为有些小组可能研发并生产了新产品，但并未上架销售或者未达成交易。

二是通过年末财务报表进行分析判断。分析利润表中的管理费，以此推断所研究的小组花费的研发费用，进而推测其产品的研发情况。但这种分析方法需要耗费更多的时间，并且需等年末各小组"关账"后才能看到对方的财务报表，有滞后性，用处也并不明显。因此建议经营者选择部分竞争对手进行分析判断即可。

2. 寻求各销售渠道的市场机会

（1）直销订单选择策略。

作为产品的一种销售渠道，直销虽然扮演着重要的销售角色，但企业可以根据自身情况选择是否参加直销投标。放弃投标本身也是一种策略（当经营者预期无法以较高价格中标而获取利润，或者当企业有更好的销售渠道可以选择时，可以放弃直销，如第1年第1季度部分企业经营者会选择放弃）。

在第1年经营初期，各组企业综合指数基本上无差异（除非有的小组放弃ISO9000认证，导致企业综合指数偏低），且直销投标不用开发客户。因此，在不开发客户的情况下，经营者可以先参与直销报名，在购买标书之前，通过资格预审查看各个订单被投标的情况。当存在有些直销订单没有企业投标的情况时，经营者再购买标书参与投标。采用此策略实际上是利用信息不对称（可能有些竞争对手不知道参与直销报名后，可以通过资格预审查看投标情况，从而存在信息不对称）参与竞争，如果经营者都知道该技巧，则竞争对手也会采取类似策略。此外，企业采用该策略时，应尽量将购买标书的时间压后，但要在直销倒计时结束前完成，以避免过早购买标书后其他小组有足够的时间再购买标书参与投标。

在第2年经营期中，直销订单数量并不大，且一般会存在几个企业抢夺直销订单的局面，再加上4.0版本的系统设定为企业投标订单要支付订单原价一定比例的投标保证金，虽然结束投标后会返还，但是企业综合指数较低的小组一般可以选择放弃本年度直销订单。反之，如果企业综合指数处于领先地位，由于企业综合指数领先越多则直销的优势越大，因此经营者可以在参与直销投标时先预估一下主要竞争对手的直销价格，以及期望的该直销订单的最低投标价格，据此根据直销订单综合得分公式计算出本组的直销订单投标价格。如果某组企业综合指数处于中上游（不是第一），则经营者需要分析直销的竞争情况：对于高价订单，经营者可以较大幅度地降低价格参与投标以提高中标概率；对于低价订单，经营者可以小幅度地降低价格甚至原价参与投标；对于中等价位的订单，经营者可以给予适当的降价幅度。

在第3年经营期中，由于直销订单较多，企业综合指数高的小组考虑到投标保证金与企业资金的关系或者为避免因中标太多而导致大量违约，往往只选择一部分直销订单参与投标。较理智的经营者往往会选择价格较高的订单参与投标，因此导致中低价位的订单会被指数第一的小组忽视，这就为企业综合指数较低的小组带来了机会。由于企业投标订单要支付订单原价一定比例的投标保证金，所以不论企业处于哪种情况，都要认真、仔细地研究直销订单和竞争对手状况，根据自身情况选择直销订单投标策略。

（2）批发订单选择策略。

在3种销售渠道中，企业通过批发渠道销售产品的平均价格是最低的。但是企业只要获得了批发订单，就可以收到相应的预付货款，这给缺乏运营资金的企业带来了发展机遇，可以利用预先收到的货款来保障企业的正常运营。当然企业在选择批发订单的时候需要考虑自身的生产能力，不要因为产能不足而在年末大量违约批发订单。当企业违约时，违约订单的本金及违约金将一并被收回，如果企业无法支付，则会面临破产。

在第1年经营初期，批发交易的作用主要在于提升企业综合指数。当企业获得批发订单后，选择在某季度交货，交货后的下一季度，企业综合指数将有较大的提升，这主要是由于第1年各组的总交易额均不大，而企业交付批发订单所形成的交易额在总交易额中占有很大的比重，从而提高了企业综合指数。在第1年经营期中，如果经营者预计竞争对手会大力参与批发竞标，且不愿自己承担投了批发广告而拿不到理想订单的风险，可能就会选择放弃批发。

在第2、第3年经营期中，若企业拿到足够的直销订单，则往往会选择放弃批发广告投放；或者若经营者认为批发价格过低，即便获得订单也难以弥补成本，则也会考虑直接放弃批发广告投放。当然经营者可以根据调研报告给出的批发平均价格，以及不同产品在不同市场上的批发价格存在的较大差异，有针对性地选择某些细分市场，特别是选择一些价格较高的市场作为重点市场，参与批发竞单。

另外，在第3年经营期中，由于市场信息量较大，经营时间有限，一些企业往往会忽略或无暇顾及对部分批发订单的分析，因此，经营者应该在经营过程中有针对性地关注一些批发订单，以寻求这样被其他企业放弃的交易机会。

当企业面临资金短缺的情况时，经营者可能不得已依赖批发订单来解决流动资金不足的问题，使企业暂时渡过难关，求得生存和发展。如果企业在第2年有贷款（一般是不可避免的），且第2年年末所有者权益较低，则第3年年初将面临资金不足的问题。尤其是当企业有大量欠款需要偿还，且由于所有者权益太低没有贷款额度时，解决经营中的资金难题就只能依赖批发订单。

(3) 零售订单选择策略。

各产品在零售市场上均有6类消费人群，企业在经营过程中应适当关注各类消费人群的市场机会。通常在经营的第1年，需要关注的市场信息量并不大，各企业都会有比较充足的时间关注各类消费人群的交易情况，并与竞争对手展开博弈竞争。但在经营的中后期，即第2年、第3年经营期，由于市场信息量较大，经营时间有限，一些企业最后可能放弃部分直销订单，因此，经营者应该在经营过程中有针对性地关注一些零售订单，以寻求这样被其他企业放弃的交易机会。

例如，通过"各组零售订单"页面可以查看不同产品在各类消费人群中的交易情况。通过查看经济型消费人群的交易价格，对企业产品进行适当的价格调整，为下一季度达成交易提供条件；通过"企业信息"页面查看不同产品、不同市场的优惠额度，寻求不定型消费订单的交易机会，一旦达成目标，即可针对情感型消费人群进行产品销售；通过"企业信息"页面查看企业综合指数排名，寻求理智型消费订单的交易机会等。

（三）每年经营结束后的环境分析

每年经营结束后，各企业应将重点放在对各组财务报表、市场占有率的分析研究上。经营者通过对财务报表数据进行分析，并对各组经营绩效、发展潜力、竞争态势等进行预测，为下一年经营策略的制定提供参考。

1. 财务报表分析

经营者可以从财务报表中分析出各组的经营状态，如各组的盈亏情况、产品库存情况、现金情况、贷款情况、厂房及生产线布局情况等。掌握这些信息有利于经营者了解各组的竞争地位及发展潜力。

2. 竞争态势分析

由于市场容量有限，一般来说，破产的企业越多，后续的竞争程度越不激烈。影响竞争程度的因素还包括各企业的产品库存、生产线规模、综合指数、历史优惠额度和市场占有率等。因此，每年经营结束后，经营者需要分析竞争局面，了解剩余企业的数量、现有企业的所有者权益、产品库存量、产能、市场占有率、资金状况等因素，对下一年的竞争态势进行预测。

3. 企业综合指数分析

企业上一季度销售额和企业媒体影响力对企业综合指数的影响占主导地位。随着经营的推进，媒体影响力的基数越来越大，因而单次媒体中标对提升企业综合指数的影响将越来越小。

经营者需要时刻关注各企业的综合指数,原因有以下两个。

① 企业综合指数的高低会直接影响理智型消费人群的交易。

② 企业综合指数的高低会影响直销中标的概率。经营者想通过提升企业综合指数提高直销中标概率的话,一方面应尽可能投放媒体广告并中标,但此操作往往需要付出较大的代价;另一方面应将直销、批发订单尽可能在第4季度交货,以及降低第4季度的零售价格以提升本企业的销售量(压制竞争对手的销售)。这样双管齐下将合力提升下一年初的企业综合指数。

4. 企业发展潜力分析

判断企业的发展潜力,需要综合考虑企业的整体经营状况,其中以下3个指标比较重要。

① 企业综合指数。特别要注意第3年第1季度综合指数很高的企业。综合指数高有利于企业以较高的价格参与直销竞标,若企业大部分产品通过直销渠道销售,则可以节省第3年的销售费用,如媒体广告费、货物配送费、零售商提成等。

② 企业所有者权益。企业所有者权益高,说明企业前期经营业绩较好,且企业的融资能力较强。

③ 企业的产品库存量及生产能力。产品库存量及生产能力说明了企业可供销售的产品数量。产品数量多,且能够将产品销售出去的企业,一般具备较强的成长力。

综上所述,如果企业在第2年年末拥有较高的所有者权益,财务状况良好且库存量较大,则说明企业具备良好的发展潜力。如企业库存量大、综合指数高,即使第2年所有者权益较低,若能在第3年经营期以直销订单为主,以批发和零售为辅,则企业往往也能取得非常好的经营业绩。

三、产品生命周期

市场是企业的运转核心,对市场的精确、敏感把握是决定虚拟企业经营所用策略的根本。只有掌握市场的特点,才能让计划更有针对性,并在此基础上去分析竞争对手的思路,最后决定企业用哪一种战略,如目标市场、人群和产品的选择,销售什么产品,主攻哪一类市场人群,开局是什么,最终目标是什么等。

企业的营销总监肩负的责任巨大,因为市场分析预测的准确性关系到企业日后的经营效益。一个决策的失误轻则将带给企业一定的损失,重则有可能导致企业破产。

产品进入市场后,就如同人的生命一样,由诞生、成长到成熟,最终走向衰亡,这就是产品的生命周期现象。市场营销沙盘产品在不同市场的零售生命周期如表3-3所示,由于模拟经营一般只开展3年,这里的生命周期也只列举了前3年。

表3-3 市场营销沙盘产品在不同市场的零售生命周期

产品生命周期		1-1	1-2	1-3	1-4	2-1	2-2	2-3	2-4	3-1	3-2	3-3	3-4
南部市场	P1	■	■	■	■	■	■	■	■	■			
	P2		■	■	■	■	■	■	■	■	■	■	■
	P3			■	■	■	■	■	■	■	■	■	■
	P4				■	■	■	■	■	■	■	■	■
东部市场	P1				■	■	■	■	■	■	■	■	■
	P2				■	■	■	■	■	■	■	■	■
	P3				■	■	■	■	■	■	■	■	■
	P4				■	■	■	■	■	■	■	■	■
中部市场	P1					■	■	■	■	■	■	■	■
	P2					■	■	■	■	■	■	■	■
	P3					■	■	■	■	■	■	■	■
	P4					■	■	■	■	■	■	■	■
北部市场	P1					■	■	■	■	■	■	■	■
	P2					■	■	■	■	■	■	■	■
	P3					■	■	■	■	■	■	■	■
	P4					■	■	■	■	■	■	■	■
西部市场	P1										■	■	■
	P2										■	■	■
	P3										■	■	■
	P4										■	■	■

四、产品需求分析

知己知彼，方能百战不殆。市场需求预测是企业市场营销活动中不可缺少的环节，其结果的准确性将对企业经营决策的成败起到至关重要的作用。因此，经营者带领一家企业从事市场营销活动需要熟悉自身的业务能力，了解竞争对手，了解市场信息，特别是实施竞争之前，要细心研究各市场的产品需求状况，为企业的营销决策提供科学的依据。市场需求预测中，4种产品的需求量在各个市场的分布情况如表3-4所示。

制定经营战略　模块三

表3-4　市场需求预测中，4种产品的需求量在各个市场的分布情况

单位：件

产品	市场	第1年						第2年						第3年					
		直销	批发	零售				直销	批发	零售				直销	批发	零售			
				1	2	3	4			1	2	3	4			1	2	3	4
P1	南部	184	370	392	346	301	255	80	162	210	164	119	73	4	8	28	0	0	0
	东部	0	0	0	0	40	45	23	23	48	49	48	46	13	13	40	33	24	13
	中部	0	0	0	0	0	0	0	0	40	46	52	30	30	57	60	64	65
	北部	0	0	0	0	0	0	0	0	0	0	0	40	26	26	46	52	56	60
	西部	0	0	0	0	0	0	0	0	0	0	0	0	0	0	0	0	40	46
P2	南部	0	0	0	0	0	40	137	137	42	45	47	48	149	149	50	50	50	50
	东部	0	0	0	0	40	40	119	119	40	40	40	39	110	110	38	38	36	35
	中部	0	0	0	0	0	0	0	0	40	40	40	41	120	120	41	40	40	39
	北部	0	0	0	0	0	0	0	0	0	0	0	40	130	130	42	43	44	45
	西部	0	0	0	0	0	0	0	0	0	0	0	0	0	0	0	0	40	42
P3	南部	0	0	0	0	0	15	47	120	16	17	18	19	59	152	21	22	23	24
	东部	0	0	0	0	15	15	47	120	16	17	18	19	57	144	20	21	22	23
	中部	0	0	0	0	0	0	0	0	15	16	17	53	136	18	19	21	22	
	北部	0	0	0	0	0	0	0	0	0	0	0	15	47	120	16	17	18	19
	西部	0	0	0	0	0	0	0	0	0	0	0	0	0	0	0	15	15	
P4	南部	0	0	0	0	15	15	120	47	16	17	18	19	144	57	20	21	22	23
	东部	0	0	0	0	0	15	107	42	15	15	16	16	119	47	17	17	18	18
	中部	0	0	0	0	0	0	0	0	15	15	16	115	45	16	17	17	18	
	北部	0	0	0	0	0	0	0	0	0	0	0	15	105	40	15	15	15	16
	西部	0	0	0	0	0	0	0	0	0	0	0	0	0	0	0	0	15	15

通过调研报告，经营者可以直接获取行业内不同产品的市场需求信息、产品期望价格、产品流行功能及周期，以及市场需求波动率情况。以第1年为例，企业经营开始后，通过购买的南部市场（或其他市场）调研报告，可以得到各季度该市场的需求波动率情况及各产品（P1、P2、P3和P4）的流行功能及周期；直销、批发渠道的需求量、市场平均价格；零售渠道各类消费人群的具体需求情况及期望价格。需要注意的是，市场预测图提供的只是该产品在本次经营活动过程中的大致走势，与实际需求数量还是有一定差距的，实际经营时各经营者应该以调研报告提供的数据为准。如图3-15所示，第1年第1季度时，南部市场P1产品的零售数量预测图给出的数据是392件，调研报告提供的零售渠道各类消费人群的需求量总和是353件，结合市场需求波动率8%，实际需求数量可能为381件。此时经营者应该以调研报告的数据为企业经营的参考依据。

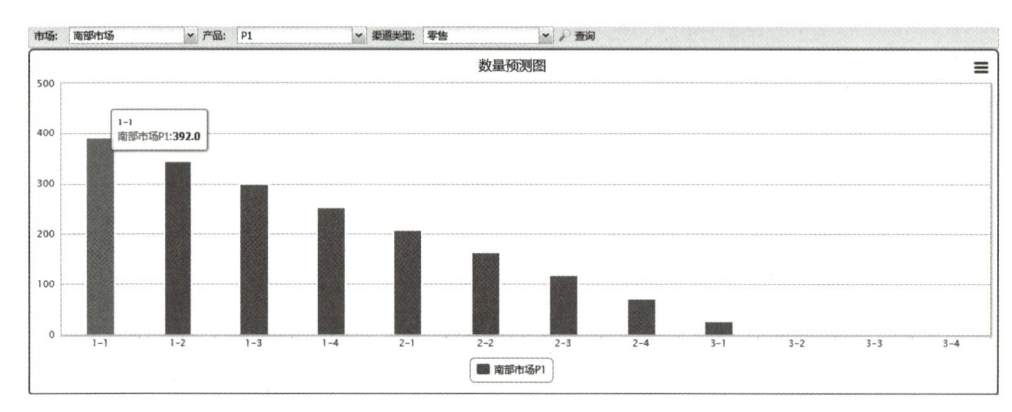

季度	产品	直销 平均价格	需求量	批发 平均价格	需求量	零售 市场期望价格	习惯型	理智型	冲动型	经济型	情感型	不定型
1	P1	9.68	184	6.40	370	8.96	45	0	0	66	0	242
2	P1	9.68		6.40		10.56	44	44	0	69	44	142
3	P1	9.68		6.40		11.02	47	39	39	52	39	86
3	P4	12.21		10.86		13.57	2	2	2	2	2	4
4	P1	9.68		6.40		13.04	38	35	35	46	32	60
4	P2	9.39		8.34		10.43	6	6	6	7	6	10
4	P3	10.60		9.42		11.78	2	2	2	2	2	3
4	P4	12.64		11.23		14.04	2	2	3	3	3	4

图3-15　数量预测图和调研报告数据比较

任务二　市场定位

学习目标

1. 了解市场定位的方式与原则
2. 掌握4种产品的特征,以及利用波士顿矩阵对企业进行产品定位
3. 掌握零售渠道6类消费人群的购买规律,以及企业目标人群的选定

根据现代营销理论,市场定位涉及3个层次的定位:产品定位、人群定位和企业定位。但是,对一位刚刚涉足网上交易的经营者来说,开始产品定位和人群定位为时尚早,需要急迫解决的是企业定位问题。这时,对企业进行市场定位的过程就是寻找企业差别化的过程,即寻找差别、识别差别和显示差别的过程。

所谓市场定位,就是企业根据目标市场上同类产品的竞争状况,针对客户对该类产品某些特征或属性的重视程度,结合自身情况,为本企业及所经营的产品塑造有针对性的、强有力的、与众不同的鲜明个性或形象,并将这种个性或形象生动有力地传递给目标客户,以求得客户认同,从而使得客户在众多企业中一眼就认出本企业。市场定位的实质是使本企业与其他企业严格区分开来，并且使客户能够明显感觉和认识到这种差别，从而使企业在客户心目中占据特殊的地位。

一、市场定位的方式与原则

1. 市场定位方式

企业市场定位实际上是一种竞争策略，显示了一种产品或一个企业与同类产品或同类企业之间的竞争关系。定位方式不同，竞争态势就不同。企业的市场定位方式如表3-5所示。

表3-5 企业的市场定位方式

定位方式	具体分析
避开竞争对手	是一种避开强有力的竞争对手的市场定位。其优点是能够迅速在市场上站稳脚跟，并能在目标客户群心中迅速树立起本企业的形象。由于这种定位方式市场风险较小、成功率较高，常常为大多数新手经营者所采用。 在市场营销沙盘经营过程中，新手经营者往往采取保守定价的促销策略，以控制自己的资金链，企业比较容易存活，但拿到第一名基本无望
与竞争对手"对着干"	也叫"迎头对位"，是一种与市场上最强的竞争对手"对着干"的定位方式。这种定位方式是一种危险战术，很容易导致失败，但一旦成功就会取得巨大的市场优势。 在经营开局阶段一般采用"高价媒体拿习惯"（理智型消费人群打法）和"期望价0折抢不定"（情感型消费人群打法）的策略，最终目的是提高企业综合指数。一般理智的风险比较大，若操作不当，企业综合指数后期容易被反超，但一旦成功就会取得市场和利润的回报，正所谓"富贵险中求"
二次定位	通常是指对销量不高、市场反应差的产品进行二次定位。这种定位旨在摆脱困境，重新获得增长与活力。 一般有经验的经营者为了避免第1年的激烈竞争，前期采用保守策略，后期再发力，这对经营者的捕捉市场能力、经营能力要求较高

2. 市场定位原则

在进行市场定位时，要遵循的原则如表3-6所示。

表3-6 市场定位原则

定位原则	具体分析
有度量的标准	定位选择的细分标准应该是可以衡量的，很难度量的标准是不可用的
市场要成规模	目标市场必须具备一定的市场规模，有足够的需求量。因为规模小的目标市场购买力相应也较弱，所能贡献的利润也较少，如果投资过大，投入精力过多，就会得不偿失
市场要求精准的范围	目标市场内的潜在目标客户必须具备几个基本相同的条件，如人群成交规则，这样才能明确划分出目标市场的范围
市场应保持长期稳定	定位后的目标市场应该在一定时期内保持相对稳定，这样有利于经营者制定一些中长期营销措施，以保证企业获得长期稳定的利润

二、产品分析与定位

（一）产品分析

在对市场进行定位后，经营者还要精确、敏感地把握各个类别的产品。只有了解了每类产品的特点,才能让计划更有针对性,才能在这个基础上去分析竞争对手的思路,最后决定企业采用哪种战略。

1. 产品类型特征

前已述及,市场营销沙盘中涉及的产品只有4种,分别用P1、P2、P3和P4表示。每种产品包含F1、F2、F3、F4、F5这5种不同的产品型号,即产品所附带的流行功能。经营初期企业仅能生产P1产品,若想生产其他产品则需要进行相应周期(一般为3个季度)的产品研发,研发完成后当季度即可安排新产品的生产。

2. 产品需求特征

不同的销售渠道在不同的时间节点对产品的数量需求有所不同。直销和批发需求量往往只发布在每年年初,而零售需求量发布则贯穿于整个经营周期,而且随着经营周期的推移,各产品的直销、批发和零售数量在各个需求市场的需求波动不一(如市场上P1产品的直销、批发需求量随着经营周期的推移大幅度缩减:以直销为例,第1年年初需求量为184件,第2年年初需求量为103件,第3年年初需求量降为73件;再以批发为例,第1年年初需求量为370件,第2年年初需求量为185件,第3年年初需求量降为77件)。但从全局来看,无论是直销、批发还是零售,市场所有渠道产品的需求量总和都是随着经营周期的推移呈现增长的态势。

在系统市场预测中,4种产品直销、批发、零售的需求量是固定的:直销需求量为2145件,批发需求量为2467件,零售需求量为5540件,合计10152件。

3. 市场需求波动率决定零售产品的实际需求量,零售价格决定实际销售数量

企业通过购买的调研报告可以查看各产品的零售产品需求量,而市场的实际需求量还受市场需求波动率的影响。企业的实际销售数量并不一定等于市场实际需求量,还受零售价格的影响。

理解市场需求波动率有利于经营者了解零售渠道对各产品的实际需求情况,理解销售数量变动率有利于经营者了解实际需求量的影响因素,以及零售价格对不同价格需求弹性系数产品的实际销售数量的影响,从而为经营者制定合理的价格决策提供依据。

4. 产品具有生命周期

所有产品都具有特定的流行趋势,一般来讲都会是一个凸形的模型,但由于市场营销沙盘系统只设置了4种产品,以及一般只经营3个年度,所以产品的生命周期的凸形模型呈现得不是很明显。经营者可以通过流行周期明确一种产品能够销售的期限,也就是产品的生命周期。消费者总是对新鲜的事物感兴趣,若将已经过了销售期的产品配货给零售商上架销售,或者在零售商之间进行货物调拨,不仅产品无法销售,还会浪费配货费用或产品调拨费用。

根据表3-2所示的产品在各个零售商处的流行功能情况,可绘制出P1产品的各功能流行周期,如图3-16所示。

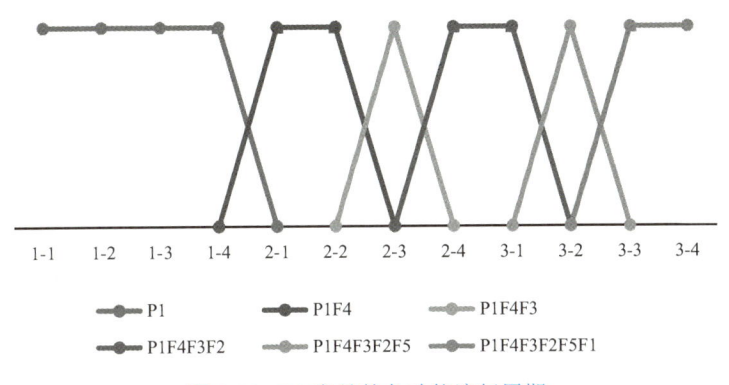

图 3-16　P1 产品的各功能流行周期

（二）产品定位

在模拟经营过程中，很多人将经营不善归结为销售订单太少、批发广告费用太高、媒体广告费用太高、贷款能力不够等，但这些往往是表面现象。产品定位极易被忽视，很多经营者在经营时业绩已经不佳，但仍然按照原来的思路操作，该进入的市场没有进入，该放弃的产品还在"鸡肋"式地经营，甚至到结束时，仍然没有明白"为什么我没有利润"。

市场营销沙盘的精髓在于使经营者深刻体验并理解企业运营中"采、供、销、人、财、物"之间的逻辑关系，从而引申到认识计划、决策、战略、流程和团队合作等方面的知识。如不能"透彻剖析"各产品的定位，度量每种产品对企业的"贡献"并随时修正经营策略，无疑将使企业经营陷于混乱。

波士顿矩阵分析是一种进行产品定位的好方法。该方法主要考查两个指标。一是相对市场占有率。在市场营销沙盘系统中，根据笔者的经验，某业务销售额在所有企业中居前30%，可以认为是高市场份额，反之为低市场份额。二是市场增长率。市场增长率＝（本年总销售额－上年总销售额）/ 上年总销售额×100%，若大于30%则属高增长率，否则定义为低增长率。根据以上两个指标，将一个平面分成4个象限，分别定义为问题型业务——种子业务、明星型业务——增长业务、金牛型业务——成熟业务，以及瘦狗型业务——萎缩业务，如图3-17所示。

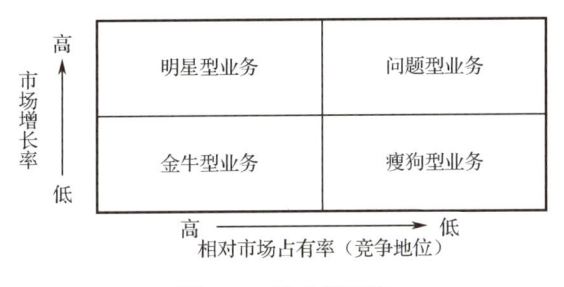

图 3-17　波士顿矩阵

1. 问题型业务——种子业务

问题型业务指的是高增长率、低市场份额的业务。在这个领域中常出现一些投机产品，带有较大的风险。这些产品可能利润很高，但占有的市场份额很低。发展问题型业务，意味着企业需要投入大量的现金。问题型业务非常贴切地描述了对待这类业务的态度，必须慎重回答"是否愿意继续或扩大投资，发展该业务"这个问题。只有符合企业长远发展目标、企业具有资源优势、有能够增强企业核心竞争力的业务才能得到企业肯定的回答。

2. 明星型业务——增长业务

明星型业务领域中的产品处于快速增长的市场且占有具有支配地位的市场份额，但是否会产生正向资金流，取决于生产成本、媒体广告费用等对资金的需求量及促销折扣对销售额的缩减幅度。明星型业务是由问题型业务发展起来的，可以视为高速增长市场中的领导者，将成为企业未来的金牛型业务。因为市场还在高速增长，企业必须继续投资，以保持与市场同步增长，并击退竞争对手。企业如果没有明星型业务，就失去了发展的希望。

3. 金牛型业务——成熟业务

处在金牛型业务领域中的产品会产生大量现金，但未来的增长前景有限。它是成熟市场中的领导者，是企业现金的来源。由于市场已经成熟，企业不必大量投资来扩大市场规模；同时作为市场中的领导者，该业务享有规模经济和高边际利润的优势，因而能给企业带来大量的现金流。企业往往用金牛型业务的收入来支付相关账款。

4. 瘦狗型业务——萎缩业务

瘦狗型业务不能产生大量现金，也不需要投入资金，未来没有发展的必要，通常是微利甚至亏损的。但可能由于情感的因素，很多企业经营者不愿放弃，也可能其他业务还没有开发出来，只能依靠现有的瘦狗型业务勉强度日。正确的做法是采用收缩战略，及时转移到更有利的领域。

三、零售目标人群定位

企业在年初接到直销订单和批发订单之后就需要组织产品生产以按时交付订单，并且企业生产的产品还可以通过零售渠道来销售以提高市场占有率，获取利润。零售渠道贯穿于整个经营周期，是企业创造收益的重要来源。

目标人群是指零售渠道销售对象群体，谁能留住顾客，谁就能得利，谁就能赢得更多的顾客，谁就是市场竞争中的王者。目标人群定位就是企业要留住的顾客群体，需要深入地去分析了解企业的顾客群体，了解他们的购物习惯（规则），知己知彼方能掌握全局。

随着经营进程的推进，企业经营的产品越来越多，可供销售的市场范围越来越广，经营者需要时刻关注市场信息，如系统关注各种产品的媒体中标情况、企业综合指数等，寻找习惯型、理智型订单的交易机会；通过系统关注各种产品在各个市场上的优惠额现状、各产品的价格水平等，寻找不定型、情感型、经济型等订单的交易机会；通过系统关注各种产品在各个市场上的价格水平、产品功能流行周期、零售商市场敏感度等，寻找冲动型订单的交易机会。

1. 情感型消费人群

由于某市场上情感型消费人群购买某商品的条件是企业在该市场该产品的历史优惠额度的大小，因此优惠额度最大的优先成交，而最容易提升企业历史优惠额度的销售途径是将产品销售给不定型消费人群。情感型消费人群以历史优惠额度来判断订单归属，主动权掌握在历史优惠额度最大者手中，且历史优惠额度是已知的，即情感型消费人群订单归属可以提前确定。

对某个市场某个产品历史优惠额度大的小组来说，下一季度该产品在该市场的情感型消费人群订单数量取决于产品的定价。如果企业想拥有该市场该产品的最大市场份额，只要制定合理的价格，如定价不高于市场期望价格就能获得 100% 的市场份额，也就是可以拥有最大的市场份额；如果企业追求自身利润最大化，往往产品的定价较高，但不宜超过期望价格的 2 倍，同时还需要考虑商品的价格需求弹性。企业为获取最大利润，往往意味着需要放弃一部分市场订单。

2. 习惯型消费人群

习惯型消费人群属于媒体主导型，即按照企业媒体中标所获得的影响力在各组媒体影响力之和中的比例来分配订单。如果企业放弃媒体广告投入或投放的媒体广告未能中标，或者虽然有中标，但其影响力不足以分配到一个订单，均属于无法销售习惯型订单的情况。

在企业媒体广告中标的情况下，企业的定价将会影响习惯型订单的销售量，因此企业若想获得习惯型订单，则必须中标，且媒体影响力大到能够分配到订单，在此过程中，价格对所能分配的订单数量有影响。要计算各种习惯型订单的销售数量，首先需要计算习惯型订单的实际需求数量，然后按照各种媒体影响力所占比例及企业定价，确定企业所能获得的习惯型订单分配数量。

3. 理智型消费人群

理智型消费人群属于综合指数主导型，由企业的综合指数高低来衡量订单归属。企业综合指数高低主要受媒体影响力和上一季度交易额的影响，虽然不能像情感型消费人群订单那样提前判断归属（在媒体投放未结束前不知道媒体中标情况），但预判的可能性也比较大，尤其是当企业综合指数差距较大的时候。

理智型消费人群与情感型消费人群有着同样特殊的地方，就是如果取得绝对的领先优势（理智型消费人群是企业综合指数领先，情感型消费人群是历史优惠额度领先），那么下一季度产品在市场上的人群订单数量将取决于产品的定价。如果企业想拥有该市场该产品的最大市场份额，只要制定合理的价格，如定价不高于市场期望价格就能获得 100% 的市场份额，也就是可以拥有最大的市场份额；如果企业追求自身利润最大化，往往产品的定价较高，但不宜超过期望价格的 2 倍，同时还需要考虑商品的价格需求弹性。企业为获取最大利润，往往意味着需要放弃一部分市场订单。

4. 冲动型消费人群

冲动型消费人群的交易以流行功能为主导，交易条件相对独立。一般来说，由于冲动型订单以流行功能为主导（还需要考虑零售商市场敏感度），而增加功能将导致产品的直接成本上升，因此经营者通常期望以高价来达成交易。但如果有多家企业抢夺冲动型订单，则企业很难实现高价销售，所以当将冲动型消费人群视为企业的销售对象群体时，企业需要时刻关注冲动型订单的历史交易价格，并捕捉市场机会。

5. 不定型消费人群

不定型消费人群属于促销活动主体。企业要想将产品销售给不定型消费人群，必须满足两个基本条件：一是产品的价格不能高于期望价格；二是必须有促销活动。

企业以不定型消费人群为销售对象，一般都是出于两个目的：一是为获得情感型消费人群订单做铺垫，但往往以亏本销售为代价；二是提升产品的销售量，但往往通过压低利润来销售。在此情况下，经营者可以考虑以下两种销售组合：一是不定型+情感型，前期通过不定型订单做足优惠额度，待时机成熟可成交情感型消费人群订单；二是不定型+经济型，同时兼顾两类消费人群。

6. 经济型消费人群

经济型消费人群属于价格主导型，如果某企业某种产品的定价低，则经济型消费人群会优先购买该企业的产品。企业以经济型消费人群为销售对象群体时，不同的经济时期可以制定不同的销售目标，如以清库存为目标，以销售获利为目标。这里需要特别强调的是，以经济型消费人群为销售对象群体时，企业可以兼顾不定型消费人群。因为当企业以经济型消费人群为销售对象时，其定价通常低于期望价格，满足了不定型消费人群交易的第一个条件。而不定型消费人群交易的第二个条件是企业必须有促销活动，而实际上当低于期望价格销售产品时，只要给予一个象征性的小促销，即可同时满足不定型消费人群的两个交易条件。对企业而言，促销产生的优惠额度几乎可以忽略不计，但销售数量却可能会大幅增加。

综上所述，经营者在制定经营策略时，首先要明确产品的销售对象，其次需要考虑各类消费人群的交易规则，有目的地实施销售计划，以使其销售行为可持续，并尽可能使企业的销售策略覆盖尽可能多的消费人群。

在竞争市场中，企业很难在利润和市场份额两方面都实现最大化。因此，企业在制定价格时，往往需要在市场份额最大化和利润最大化之间寻求一个平衡，企业若更多地考虑利润则需要接受竞争对手将分享一部分市场订单，而企业若出于压制竞争对手增加市场份额的考虑，则往往需要采取更有竞争性的定价，当然，在一定条件下也可能同时实现独占市场和获取利润最大化的双重目标。

任务三　经营策略制定

学习目标

1. 掌握企业各种销售渠道的策略
2. 掌握不同类型生产线的特点及生产策略的制定
3. 掌握各种融资方式

基于各个职能部门的角度,市场营销沙盘经营策略主要涉及 3 个方面:渠道策略、生产策略及融资策略。

一、渠道策略

随着卖方市场的出现,生产企业间的竞争日益激烈,营销虽然不是企业成功的唯一因素,却是关键因素。营销是企业的基础,不能将它看成单独的职能。企业经营的成功与否不取决于生产者,而取决于顾客。当今,营销已成为企业经营活动首先考虑的任务,这一点在市场经济成熟的发达国家中显得尤为明显。在市场营销沙盘中,营销同样非常重要,是企业经营成败的关键因素。

(一)直销策略

1. 直销渠道需求分析

直销是企业经营过程中将面对的第一种销售渠道,采用招投标的方式进行,以综合评分法为原则,在每年第 1 季度进行。

从图 3-18 和图 3-19 中可以得到以下几点信息:一是第 1 年只有南部市场有 P1 产品的直销需求;二是 P1 产品的直销需求逐年递减,P2、P3、P4 产品的直销需求随着经营时间的推移逐年增长,P2、P3、P4 产品的需求成倍增长,P3 产品的市场需求增长最快;三是从整个经营周期的直销需求来看,P1 产品约占 16.8%,P2 产品约占 35.7%,P3 产品约占 14.5%,P4 产品约占 33.1%。由此可见,若企业将直销作为销售产品的主要渠道则应以生产 P2 和 P4 产品为主。

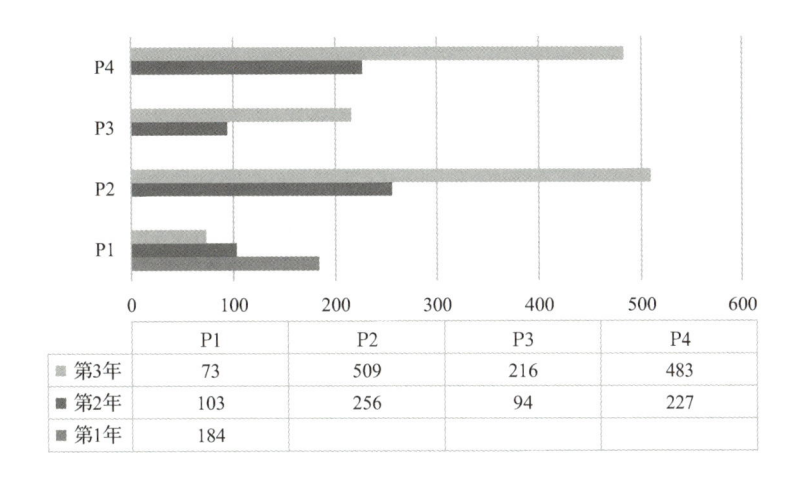

	P1	P2	P3	P4
第3年	73	509	216	483
第2年	103	256	94	227
第1年	184			

图 3-18　各产品、各年度直销渠道需求数量(单位:件)

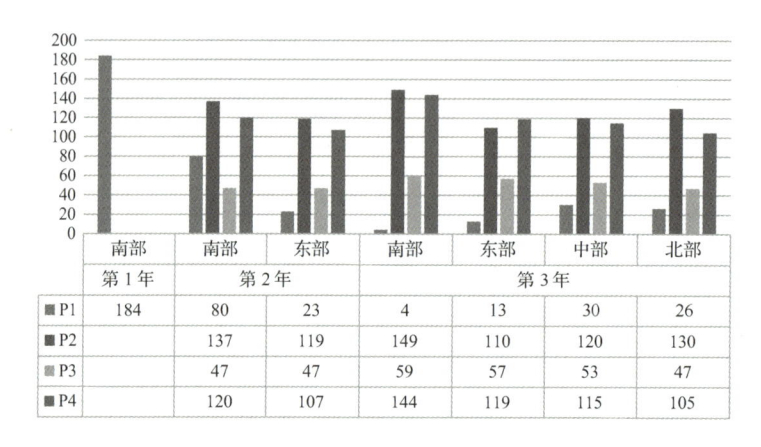

	南部	南部	东部	南部	东部	中部	北部
	第1年	第2年		第3年			
P1	184	80	23	4	13	30	26
P2		137	119	149	110	120	130
P3		47	47	59	57	53	47
P4		120	107	144	119	115	105

图 3-19　各产品、各年度、各市场直销渠道需求数量分布（单位：件）

2. 直销竞标策略

根据直销规则，直销订单的中标者是由综合评分法来确定的。影响直销订单中标的因素有两个：一是投标价格占 60% 的权重；二是企业综合指数占 40% 的权重。经营者可以根据综合指数高低将企业分为高、中、低 3 个类别，第一类是综合指数较高的企业，第二类是综合指数居中的企业，第三类是综合指数较低的企业。第一、第二类企业一般会将直销重点放在价格较高的直销订单上，第三类企业可能有一部分放弃直销，从而给其他企业带来机会。通过查看各组的企业综合指数表，可以获得准确的企业综合指数，所以直销投标的关键在于企业是否在综合指数上有足够的优势，并且可以准确预估竞争对手的出价，这有助于企业制定合理的直销竞标策略。

（1）放弃策略。

当企业预期无法以较高价格中标而获取利润时（指企业综合指数处于劣势，直销投标价格高则中标无望，价格低则得不偿失的情况），或者当企业有更好的销售渠道可以选择时可以放弃直销投标。放弃本身也是一种策略。

（2）投机策略。

投机策略又称捡漏策略。当企业综合指数较低，直销投标无竞争优势时，经营者会以机会主义心理参与直销投标，即企业参与投标的订单没有竞争对手参与竞争。当企业综合指数很低时，灵活运用投机策略，将重点放在低价直销订单上，则可能会原价中标。

【想一想】

当企业综合指数低时，有可能以较高的价格中标直销订单吗？为什么？

（3）霸王策略。

霸王策略又称领导者策略。运用该策略的企业拥有排名第一的综合指数。领导者的企业综合指数领先越多，则直销的优势越大。对领导者而言，在参与直销投标时可以预测主要竞争对手（如综合指数排名第二的小组）的直销价格，并预测该直销订单的最低投标价格，据此根据综合得分的计算公式来计算本组的投标价格。

领导者在制定投标价格的时候，还需要考虑以下 4 个因素。

① 企业的产能情况。在制定投标策略前，需要明确企业自身各产品的库存数量、产能等，并据此选择直销订单的数量。

② 企业综合指数的优势大小。当领导者的企业综合指数遥遥领先时，直销优势最大。相反，如领导者的企业综合指数虽然排名第一，但与排名第二、第三的企业综合指数相差不大时，其控制直销价格的能力则相对较弱，定价高可能难以中标，定价低可能中标太多，从而导致大量订单违约。此时领导者可以尝试以不同的价格档次投标，一旦因中标太多违约时，尽量违约低价订单以减少违约金。

③ 整体市场的竞争程度。特别是在第 3 年参与直销投标时，领导者需要注意整体市场的竞争程度。一方面，如果有些经营不善的企业已经破产，则整体市场竞争将趋于缓和，领导者可以适当提高直销投标价格；如竞争激烈则应适当降低投标价格。另一方面，领导者通过查看各自的财务报表，了解各组的库存及生产能力来判断市场的总体供求关系，进而为直销投标提供评判依据。

④ 零售市场环境的好坏。判断零售市场环境的好坏，一要了解各市场的市场需求波动率，二要了解各市场的零售期望价格。当零售市场环境较好时（市场需求波动率较大且为正值或零售期望价格较高时），直销价格可适当上调，即使通过直销渠道销售不完也可以通过零售渠道来弥补；当零售市场环境较差时（市场需求波动率较大且为负值或零售期望价格较低时），直销价格可适当下调，尽量通过直销渠道销售所有产品。

（4）渔翁策略。

渔翁策略又称追随者策略。所谓追随者，指的是综合指数并不处于领先地位，但紧跟领导者排在第二阵营的企业。追随者可能仅是 1 家企业，也可能是 2～4 家企业，关键要看各企业之间综合指数的差距大小。对追随者而言，需要分析直销的竞争情况，来选择直销订单参与投标。当竞争较为激烈时，追随者可能既要和领导者正面竞争，还要与投机者进行竞争。

其实，直销投标定价过程也是和竞争对手博弈的过程。追随者策略的定价没有固定模式，只要能够中标且中标后能获得满意的利润就是可行的。鹬蚌相争，渔翁得利。一般来说，追随者策略定价可以参考以下模式：高价订单可以较大幅度地降低价格参与投标，以提高中标的概率；低价订单可以再降低价格，甚至以原价参与投标；中等价位订单给予适当的降价幅度即可。

（二）批发策略

1. 批发渠道需求分析

批发是企业经营过程中将面对的第二种销售渠道，按照每个市场上招商广告投放数量的高低依次轮流选单，在每年第 1 季度进行。需要注意的是，通过批发渠道销售的产品的平均价格是最低的。

从图 3-20 和图 3-21 中可以得到以下几点信息：一是第 1 年只有南部市场有 P1 产品的批发需求；二是 P1 产品的批发需求逐年递减，P2、P3、P4 产品的批发需求随着经营时间的推移逐年增长，P2、P3、P4 产品的需求成倍增长，P3 产品的市场需求增长最快；三是从整个经营周期的批发需求来看，P1 产品约占 25.6%，P2 产品约占 31.0%，P3 产品约占 32.1%，P4 产品约占 11.3%。由此可见，若企业将批发作为销售产品的主要渠道则应以生产 P2 和 P3 产品为主。

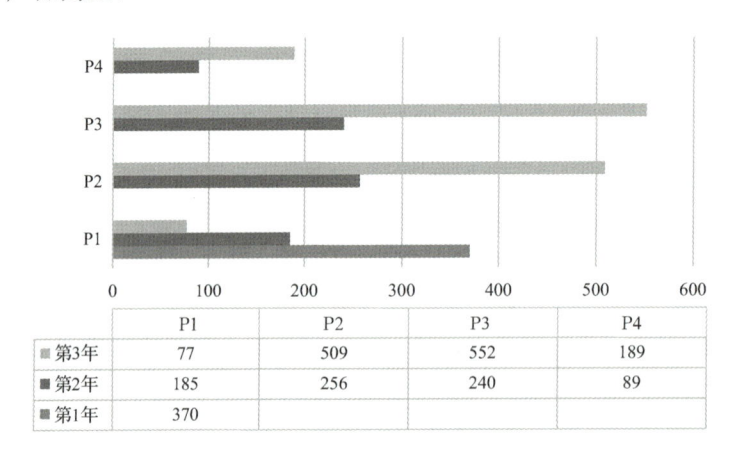

	P1	P2	P3	P4
第 3 年	77	509	552	189
第 2 年	185	256	240	89
第 1 年	370			

图 3-20　各产品、各年度批发渠道需求数量（单位：件）

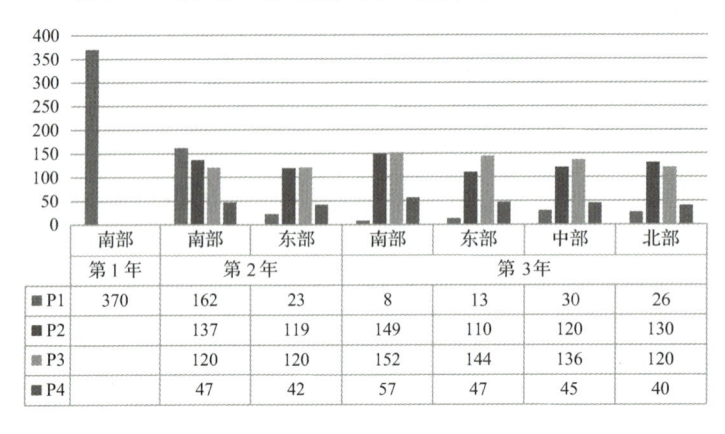

	第 1 年	第 2 年		第 3 年			
	南部	南部	东部	南部	东部	中部	北部
P1	370	162	23	8	13	30	26
P2		137	119	149	110	120	130
P3		120	120	152	144	136	120
P4		47	42	57	47	45	40

图 3-21　各产品、各年度、各市场批发渠道需求数量分布（单位：件）

2. 批发竞单策略

企业在投放招商广告之前，可以参考调研报告中给出的各市场、各产品的批发订单数量及平均价格，为企业制定批发策略提供依据。

（1）放弃策略。

企业放弃批发市场一般基于以下几点考虑。

① 经营者预计竞争对手会大力参与批发竞标，且不愿承担投入批发广告后拿不到理想订单的风险，特别是在第 1 年的批发竞争中。

② 企业在第 2 年或第 3 年已经获得足够的直销订单，经营者认为批发价格过低，即便获得订单也难以弥补成本。

基于这些考虑，经营者可以放弃批发市场。

（2）投机策略。

批发策略中的投机策略是指企业投放少量的招商广告费，以期获得批发订单。至于能否得到订单，取决于竞争对手，但无论得到与否，企业都愿意争取通过投放招商广告费用去竞单的机会。

企业模拟经营博弈过程中，当竞争对手策略雷同且趋于保守而放弃批发订单时，如果某企业以少量招商广告费用投入获得批发订单则会获得丰厚回报，为企业创造良好的收益。

（3）主动选择策略。

主动选择策略是指企业根据调研报告给出的产品需求平均价格，有针对性地选择某些细分市场，特别是将价格较高的市场作为重点市场参与批发竞单。此策略特别适用于第 2、第 3 年的批发市场。

（4）被动选择策略。

被动选择策略是指在企业面临资金短缺、所有者权益太低、没有贷款额度的情况下，不得已依赖批发订单的预付货款来解决流动资金不足的问题，使企业暂时渡过难关，求得生存与发展。当然，企业在选择批发订单时也需要考虑自身的生产能力，避免因产能不足，在年末出现问题。当企业违约时，违约订单的本金及违约金将被一并收回。如果企业无法支付，则仍然面临破产风险。

（三）零售策略

1. 零售渠道需求分析

零售是企业经营过程中将面对的第 3 种销售渠道，涉及 4 种产品大类、5 个市场、6 类消费人群，经营规则较为复杂，各企业在零售渠道的竞争往往也最为激烈。从图 3-22～图 3-25 中可以得到以下信息。

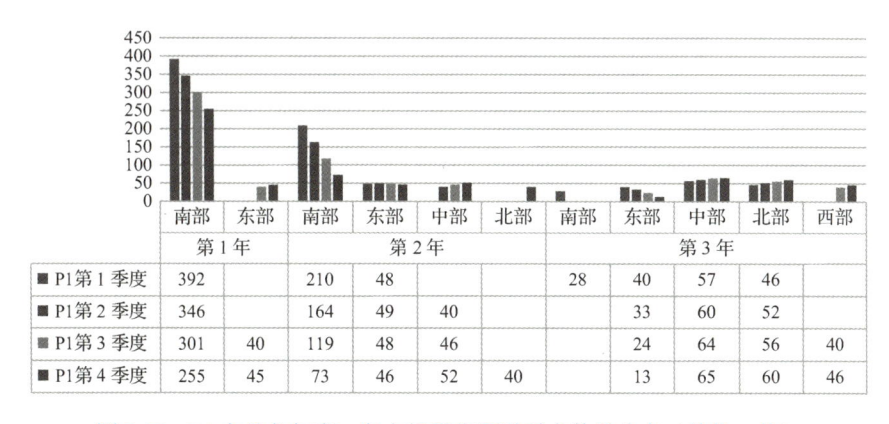

	第 1 年		第 2 年				第 3 年				
	南部	东部	南部	东部	中部	北部	南部	东部	中部	北部	西部
■P1第 1 季度	392		210	48			28	40	57	46	
■P1第 2 季度	346		164	49	40			33	60	52	
■P1第 3 季度	301	40	119	48	46			24	64	56	40
■P1第 4 季度	255	45	73	46	52	40		13	65	60	46

图 3-22　P1 产品各年度、各市场零售渠道需求数量分布（单位：件）

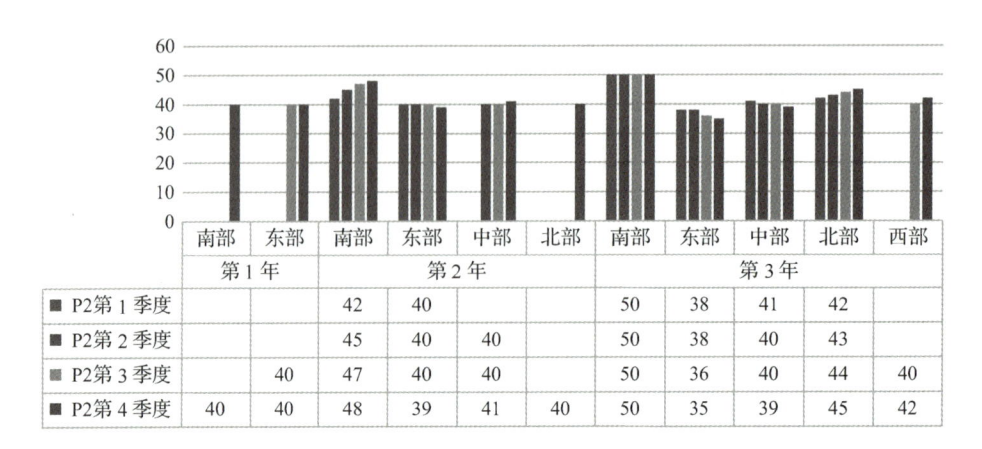

	第1年		第2年				第3年				
	南部	东部	南部	东部	中部	北部	南部	东部	中部	北部	西部
■ P2第1季度			42	40			50	38	41	42	
■ P2第2季度			45	40	40		50	38	40	43	
■ P2第3季度		40	47	40	40		50	36	40	44	40
■ P2第4季度	40	40	48	39	41	40	50	35	39	45	42

图 3-23　P2 产品各年度、各市场零售渠道需求数量分布（单位：件）

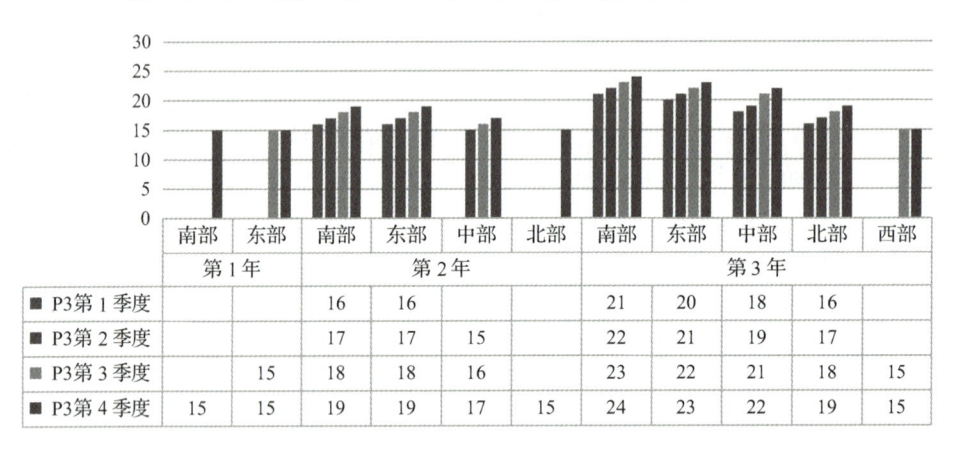

	第1年		第2年				第3年				
	南部	东部	南部	东部	中部	北部	南部	东部	中部	北部	西部
■ P3第1季度			16	16			21	20	18	16	
■ P3第2季度			17	17	15		22	21	19	17	
■ P3第3季度		15	18	18	16		23	22	21	18	15
■ P3第4季度	15	15	19	19	17	15	24	23	22	19	15

图 3-24　P3 产品各年度、各市场零售渠道需求数量分布（单位：件）

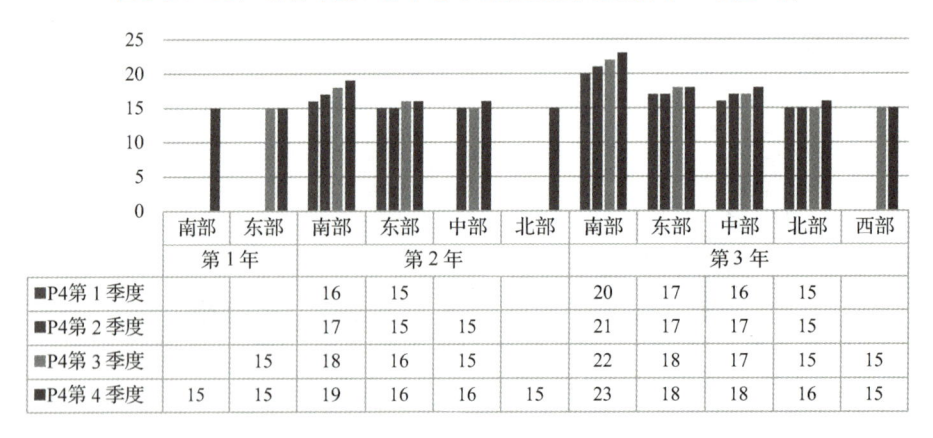

	第1年		第2年				第3年				
	南部	东部	南部	东部	中部	北部	南部	东部	中部	北部	西部
■ P4第1季度			16	15			20	17	16	15	
■ P4第2季度			17	15	15		21	17	17	15	
■ P4第3季度		15	18	16	15		22	18	17	16	15
■ P4第4季度	15	15	19	16	16	15	23	18	18	16	15

图 3-25　P4 产品各年度、各市场零售渠道需求数量分布（单位：件）

（1）P1 产品零售渠道需求情况。

从 P1 产品在各年度的需求分布来看，第 1 年最多，约占 46.0%，第 2 年约占 21.2%，第3年约占22.8%，逐年递减。从P1产品在各市场的需求分布来看，南部市场约占63.0%，呈现逐季度递减趋势，到第3年第2季度需求为0；东部市场约占12.9%，呈现先增后减趋势；中部市场约占12.8%，呈现逐季度递增趋势；北部市场需求约占8.5%，呈现逐季度递增趋势；西部市场需求出现较晚，只在第3年第3、第4季度有需求，约占2.9%。

（2）P2产品零售渠道需求情况。

从P2产品在各年度的需求分布来看，第1年约占8.7%，第2年约占36.2%，第3年约占55.1%，逐年递增。从P2产品在各市场的需求分布来看，南部市场约占30.5%，逐季度递增后趋于稳定；东部市场约占27.9%，先趋于稳定后递减；中部市场约占20.3%，先增后减，但幅度不大；北部市场约占15.5%，呈现逐季度递增趋势；西部市场需求出现较晚，只在第3年第3、第4季度有需求，约占5.9%。

（3）P3产品零售渠道需求情况。

从P3产品在各年度的需求分布来看，第1年约占7.5%，第2年约占33.6%，第3年约占58.9%，逐年递增。从P3产品在各市场的需求分布来看，南部市场约占29.0%，呈现逐季度递增趋势；东部市场约占30.8%，先趋于稳定后递增；中部市场约占21.2%，呈现逐季度等额递增趋势；北部市场约占14.1%，呈现逐季度等额递增趋势；西部市场需求出现较晚，只在第3年第3、第4季度有需求且固定，约占5.0%。

（4）P4产品零售渠道需求情况。

从P4产品在各年度的需求分布来看，第1年约占8.1%，第2年约占34.9%，第3年约占57.0%，逐年递增。从P4产品在各市场的需求分布来看，南部市场约占30.9%，呈现逐季度等额增递趋势；东部市场约占29.3%，呈现总体递增趋势，但增幅不大；中部市场约占20.6%，呈现总体递增趋势，但增幅不大；北部市场约占13.7%，呈现总体递增趋势，但增幅不大；西部市场需求出现较晚，只在第3年第3、第4季度有需求且固定，约占比5.4%。

从整个经营周期零售渠道需求数量来看，P1产品约占54.1%，P2产品约占25.0%，P3产品约占10.9%，P4产品约占10.0%。由此可见，若企业将零售作为销售产品的主要渠道则应以生产P1产品为主，以生产P2产品为辅。

2. 零售策略解析

在零售环节，6类零售渠道消费人群的成交规则不同，但彼此之间又相互联系，系统首先撮合情感型消费人群交易，接下来是习惯型消费人群交易，然后依次是理智型、冲动型、经济型和不定型消费人群交易。如果某类消费人群订单为0，那么系统就直接撮合下一类消费人群交易。从交易规则来看，除了习惯型消费人群，其他消费人群的订单均可能由某企业独占，该企业只需最符合交易条件，且定价合理，货物供应充足。

（1）价格策略。

在市场营销沙盘经营实战中，企业需要针对不同的零售渠道消费人群特点拟定定价目标，从而确定产品的销售价格。

① 以提升销量为目标的定价策略，即通过压低利润来促进销售。

如果经营者预计产品销售困难，特别是在经营初期，各企业都拥有相当数量的不带任何功能的P1产品，基于提升产品销量的考虑，经营者可以主要考虑经济型消费人群和不定型消费人群。

以经济型消费人群为销售对象的企业，经营者往往会根据以往的经验来预测竞争对手的定价及自身对定价的承受意愿，然后制定一个自认为交易概率较高的定价。当然，企业如果不愿意亏本销售，那么产品定价应该考虑扣除各项费用后高于成本。例如，P1 无功能产品考虑不亏本销售，定价应该大于 2.2 万元／件。

以不定型消费人群为销售对象的企业，经营者如果不愿意亏本销售，可以采用以下两种方案进行定价：一是产品定价等于期望价格，折后价高于成本，如果能够成交，则既能促进产品销售，又能增加企业的历史优惠额度，为后续成交情感型消费人群订单提供可能；二是产品定价小于期望价格，折后价高于成本，此种定价虽不能带来较大的优惠额，但如能够成交不定型消费人群订单则可大幅度增加销量，且为成交经济型消费人群订单提供较大的机会。

② 以销售获利为目标的定价策略。

如果企业经营者能够熟练掌握 6 类零售渠道消费人群的成交规则，同时能及时抓住市场空隙，则每类消费人群都可以让企业获利。这里主要讨论情感型、理智型、习惯型和冲动型消费人群的定价策略。

情感型、理智型消费人群：前者以历史优惠额度高低来判断订单归属，主动权掌握在历史优惠额度最高者手中，且历史优惠额度是已知的，订单归属可以提前确定；后者以企业综合指数高低来衡量订单归属，综合指数高低主要受媒体影响力和交易额的影响，虽然不能像情感型消费人群订单那样提前判断归属（在媒体广告投标结束前，尚不知媒体中标情况），但预判的可能性也比较大，尤其是当企业综合指数差距较大时。

习惯型消费人群：企业制定产品价格时，一方面需要考虑产品的需求量，另一方面需要考虑产品的价格需求。价格需求弹性系数较小的产品适合定高价，如 P1；而价格需求弹性系数较大的产品适合定低价，如 P4。当然企业若想成交习惯型消费人群订单，则必须既有媒体中标，又使媒体影响力高到能够分配到订单。

冲动型消费人群：增加功能将导致产品的直接成本上升，因此经营者通常期望以高价来达成交易。为此，企业需要创新经营思路，实施差异化经营策略，适当调整产品的生产结构，适时推出新的产品项目，关注历史交易价格，灵活经营，以有利于企业高价成交冲动型消费人群订单。

③ 以获取市场份额为目标的定价策略。

这里主要讨论企业在以获取市场份额为目标的情况下，情感型、理智型和不定型消费人群的定价策略。

以情感型、理智型消费人群为销售对象的企业，要想拥有最大的市场份额，就要制定合理的价格，如制定的价格不高于市场期望价格，就能获得 100% 的市场份额。

以不定型消费人群为销售对象的企业，要想拥有最大的市场份额（为成交情感型人群订单做铺垫），一方面需要将优惠额度做到最大，使促销后价格最低；另一方面要想办法提高企业综合指数。为了抢夺不定型消费人群订单，可能多个小组均采用同样的促销方案，即都以折后价格为 0 元销售产品，那么企业综合指数高者享有优先成交权。需要注意的是，每个新市场开放之时，都是企业成交不定型消费人群订单、为情感型消费人群订单做铺垫的好时机。

（2）促销策略。

企业对产品的定价策略主要有高价低促销策略、高价高促销策略和低价低促销策略。高价低促销策略是指企业以高于期望价格的价格，无促销或以微小促销力度销售产品，适合综合指数高的企业，以情感型和理智型消费人群为销售对象。高价高促销是指企业将期望价格打折后销售甚至白送产品，目的在于做到最大的优惠额度，进而为成交情感型消费人群订单打基础。低价低促销策略是指企业以低于期望价格的价格，无促销或以微小促销力度销售产品，适合综合指数低的企业，以经济型和不定型消费人群为销售对象。

（3）媒体策略。

媒体广告对企业经营的影响具有双面性。一方面，企业投放媒体广告可以促进产品的销售，直接影响习惯型消费人群订单，间接影响理智型消费人群订单，同时在一定程度上还可以影响情感型消费人群订单。此外，媒体广告通过影响企业综合指数，会影响到企业的直销中标概率，能给企业带来发展的机会，为企业创造价值。另一方面，企业投放媒体广告可能带来经营风险，特别是会增加企业的财务负担，影响企业利润，进而对企业的经营得分产生不利的影响。

① 激进型广告策略。

激进型广告策略指的是企业以高额的媒体广告费用争取媒体中标。其目的在于争取企业综合指数最高，从而获取理智型消费人群订单，并为下一年直销中标做铺垫。

② 保守型广告策略。

保守型广告策略指的是企业以较低的媒体广告费用争取媒体中标，甚至直接放弃媒体广告的策略。保守型广告策略的实施对企业第1年保持所有者权益比较有利，且企业承担的风险相对较小。

二、生产策略

生产是企业经营过程中的重要一环。产品主要销往哪个市场，产品结构如何安排，生产多少，何时交付等，都需要经营者进一步做出合理的决策。

（一）市场开拓策略

企业要想在更大范围的市场上销售产品，则必须先进行市场开拓，开拓完成后才能在该市场上销售产品。如果企业不开拓新的市场，只是坚守南部市场，那么企业生产的多数产品将无法销售出去。因为南部市场容量毕竟有限，且各企业都在争夺，因此开拓新市场就显得刻不容缓。到中后期有些市场和产品竞争已经没有那么激烈，但是有些市场和产品的争夺依然非常激烈。企业开拓新市场时应该考虑生产能力与现有市场容量的对比、财务状况、产品策略、竞争对手的情况几个因素，之后再根据不同的情况选择不同的市场开拓策略和进度。

1. 集中性策略

集中性策略是指企业为了节省开拓费用及后期的广告费用，只开拓其中一个或几个对企业有利的市场。这种策略的好处是可以节省市场的开拓费用，并且由于后期市场少，企业可以集中性地去投放广告，也可以节省广告费。

2. 全覆盖策略

全覆盖策略是指企业同时开拓所有市场。这种策略的好处是可以保证企业的产品有足够的地方去销售，缺点是占用企业太多资金。

3. 补缺策略

补缺策略是基于市场竞争对手的一种策略。在企业着手开发新市场之前，该市场可能已有先导者，在企业考虑是否开发的同时，周围也存在很多潜在的竞争者。如果一味强行开发，面对强劲竞争对手时就会导致企业消耗很多不必要的精力和财力。如果能够避开竞争对手，找到一些只有较少企业开发的市场进行开拓，将起到事半功倍的效果。

（二）产品研发策略

企业如果不能及时开发新产品，将很快被竞争激烈的市场所淘汰。在市场营销沙盘中，企业在经营初期仅能生产 P1 产品，企业若想生产新产品，则首先需要进行新产品的研发，只有完成了新产品的研发，才能够安排新产品的生产。

企业经营者不要单纯为了研发而研发。企业研发新产品的出发点应是生产和销售新产品，以拓宽企业经营范围。若企业无意生产和销售新产品则应省去研发操作，因为从经营规则来看，企业研发新产品需要投入相应的研发费用，会影响企业的所有者权益。

与此同时，企业研发新产品应该与配置生产线时机相协调。在市场营销沙盘中，企业购买生产线后即可将生产线投入生产，即买即用。但研发新产品却需要 3 个季度，因此经营者需要注意购买生产线的时机和研发新产品的进度协调一致，避免企业购买生产线后，却因未完成新产品研发而无法生产，造成资源浪费。

（三）产品组合策略

产品组合又称产品搭配，是指企业生产或销售的全部产品大类及产品项目的组合。产品大类又称产品线，是指产品类别中具有密切关系的一组产品。

在产品组合中，用产品组合的宽度表示产品线的多少，用产品组合的长度表示企业所有产品项目的多少，而用产品组合深度表示某条产品线拥有的产品项目数。在市场营销沙盘中，产品组合的宽度最宽为 4，即有 4 条产品线。以零售渠道为例，根据产品组合的宽度，企业经营者可以制定以下 3 种产品组合策略。

1. 单一产品策略

单一产品策略又称商品专门化策略，即企业只生产某一大类产品去满足不同消费人群的需求，如表 3-7 所示。例如，某企业在第 1 年经营期内只生产 P1 产品，以多个产品项目满足不同消费人群对 P1 产品的需求，如以带有全部功能的 P1 产品满足冲动型消费人群的需求，以不带任何功能的 P1 产品满足经济型、不定型消费人群的需求等。采用单一产品策略的好处在于能够集中经营，减少费用投入，有利于保持企业的所有者权益；缺点是可能要放弃一些市场机会。

表3-7 单一产品策略

产品	消费人群					
	习惯型消费人群	理智型消费人群	经济型消费人群	不定型消费人群	情感型消费人群	冲动型消费人群
P1						
P2						
P3						
P4						

2. 有限产品组合策略

有限产品组合策略又称有选择的专门化策略，是介于单一产品策略和全覆盖产品策略之间的一种折中策略，是指企业选择少数几种产品进行生产和销售，如表3-8所示。例如，某企业在第1年经营期内只生产和销售P1、P2产品，不生产P3、P4产品。此策略通常出现在企业经营初期。

表3-8 有限产品组合策略

产品	消费人群					
	习惯型消费人群	理智型消费人群	经济型消费人群	不定型消费人群	情感型消费人群	冲动型消费人群
P1						
P2						
P3						
P4						

3. 全覆盖产品策略

全覆盖产品策略是指企业向所有消费人群提供他们需要的一切产品，并尽可能地增加产品组合的宽度和深度，如表3-9所示。例如，某企业同时生产和销售P1、P2、P3和P4产品，并且以不同的功能满足不同消费人群的需求，以此获得市场份额的领先地位。

表3-9 全覆盖产品策略

产品	消费人群					
	习惯型消费人群	理智型消费人群	经济型消费人群	不定型消费人群	情感型消费人群	冲动型消费人群
P1						
P2						
P3						
P4						

在经营初期，由于市场需求量较小，企业运用全覆盖产品策略如果达不到销售目的，

则企业的经营将陷入被动。而在经营中后期，此策略的运用比较普遍，企业以此策略获得尽可能高的市场占有率及利润。

随着经营环境的变化，企业需要对产品组合的宽度和深度等进行重新搭配，调配产品结构以达到最佳组合。

（四）固定资产投资策略

1. 厂房投资策略

经营者购买厂房需要消耗企业较多的资金，但有利于保持所有者权益；租赁厂房有利于节省资金，但会影响利润及所有者权益。因此，无论是购买还是租赁厂房都各有利弊，当经营者认为企业资金比较充足时可以考虑购买厂房，而当经营者认为资金比较紧张，购买厂房将对企业的正常经营活动产生不良影响时，则可以考虑租赁厂房。

例如，如果从资金使用的机会成本角度进行考虑，B厂房的购买价格为240万元，B厂房的租金为30万元/年，那么相当于资金成本为30/240×100%=12.5%，也就是说用于购买B厂房的240万元可以节省租金效益12.5%，大于长期贷款的成本（10%），小于民间融资的成本（15%），所以利用长期贷款来购买B厂房是合适的。同理，用于购买C厂房的120万元可以节省租金效益16.7%，显然利用长期贷款和民间融资来购买C厂房是合适的。

2. 生产线投资策略

在经营的初始状态下，企业自有的A厂房共有4条生产线，分别为2条半自动生产线、1条全自动生产线和1条柔性生产线。随着企业经营活动的推进，市场对产品的需求种类及数量越来越多，为了迎合市场需求及追求企业自身的发展，经营者往往需要考虑扩大企业的生产能力，从而需要购进更多的生产线。

从生产周期来看，考虑到生产线的生产效率，经营者通常不会新购买半自动生产线，而是在全自动和柔性生产线之间做出选择。一般来说，如果企业需要经常转换生产线则柔性生产线更合适。企业在经营过程中转换生产线往往是不可避免的，但如果经营者过于频繁地转换生产线，则说明企业的经营存在问题。因此，经营者应加强对市场需求特点及市场竞争局面的把握，在购买生产线时做好生产线的合理布局规划，尽量减少生产线的转换次数，从而在制定生产线购买决策时，尽量多购买全自动生产线，并以少量的柔性生产线为补充。

购买何种生产线主要取决于销售方式，半自动生产线适合竞争激烈、需求较小的市场（不适用于4.0版本）；全自动生产线多适合直销、批发渠道（固定销售额，转产少）；柔性生产线多适合零售渠道（市场应变性强，转产多，但成本增加）。经营者可将生产线组合与营销策略进行对比。生产线与营销策略变动性的对应关系如表3-10所示。

表3-10　生产线与营销策略变动性的对应关系

变动性强弱	Ⅰ	Ⅱ	Ⅲ	Ⅳ	Ⅴ	Ⅵ	Ⅶ
全自动生产线数量	7	6	5	4	3	2	1
柔性生产线数量	1	2	3	4	5	6	7

（五）原料采购策略

企业在采购原料时，既要保证原料及时供应，又要尽量做到在年末原料零库存，同时根据企业资金情况，合理安排原料采购数量。如果资金紧张，则可大量采购，以便在经营期内无须支付原料费用；但如果资金充足，则尽量规划好采购数量，在经营期内支付原料款，确保资金流动性指标获得高分。

（六）交货策略

企业在年初获得直销、批发等订单之后，需要按照订单所要求的流行功能组织生产。企业交付货物时，除了履行义务获取利润，还能提高企业综合指数，因此企业交货也需要运用一定的策略。

1. 交货订单的选择

企业在交付货物时，对优先交付哪些订单应有所选择。一方面，当企业拥有直销和批发订单时，可考虑优先交付直销订单。因为批发订单以预付款的方式先行支付了货款，而直销订单则是企业在交货后，根据订单的账期来支付货款。例如，"0"账期的订单，在企业交货时收现金；"1"账期的订单，在企业交货一个季度后才收到货款。因此优先交付直销订单，有利于企业资金及时回笼。另一方面，当企业中标的订单数量超出了企业的生产能力，违约不可避免时，应优先交付价格比较高的订单，违约价格较低的订单。这里的价格，既指中标价格，交货后形成收入和利润，价格高，意味着利润高；又指订单原价，原价越高，企业违约后支付的违约金越高。

2. 交货时间的选择

企业交货时应考虑资金的回笼时间，使其与企业资金紧缺的时间相吻合。为了有足够的现金支付长期贷款本金和利息，避免企业因现金不足而进行民间融资和贴现，企业在交付货物时，应合理安排不同订单的交货时间。例如，在第3年第1季度交付账期为"3"的订单，第2季度交付账期为"2"的订单，第3季度交付账期为"1"的订单，第4季度交付账期为"0"的订单。当然，如果某个季度资金紧张，需要偿还更多的应付账款，则可对订单的交货时间进行适当调整。

如果企业库存量较大，则应在第3年第1季度尽可能多地交货以提高本季度的交易额，进而提高下一季度本企业的综合指数。企业集中交货的数额越大，下一季度该企业的综合指数就越高，从而更有利于促进零售，这也说明了有些企业在媒体广告未中标的情况下其综合指数迅速提高的原因。如果某企业在第2年直销中大量中标，则该企业可将直销订单尽可能放在第2年第4季度集中交货，以提高第3年第1季度的综合指数，从而增加企业第3年的直销中标概率。

三、融资策略

市场营销沙盘中有很多种融资方法，可以将其安排在不同的环节。企业在融资时需要合理运用融资策略，以减少资金的使用成本。如果盲目融资或没有掌握好时机，则将会影响企业后期的资金运作。

（一）融资方式

1. 贷款

在市场营销沙盘中，企业的贷款融资均有一定的优缺点。

（1）长期贷款的优点是短期内不用还款，没有还款压力；缺点是利息高、融资成本高。一般来说，长期贷款常用于扩张性动机，如购置固定资产、购买生产线等长期投资项目。

（2）短期贷款的优点是利率低；缺点是还贷期很短，企业压力大。如果企业既没有足够的资金还贷又不能继续贷款，风险将很明显。短期贷款一般用于应对临时流动资金不足的情况，通过循环借短期贷款来保证企业的流动资金。

（3）民间融资还贷期短，利率却很高，常用于企业缓解燃眉之急、后期马上有资金补充的情况（如应收账款到账变现），尽量不要使用。

2. 应收账款贴现

贴现是一种专业的财务运作方式，操作灵活，可以随时进行，也是企业较常用的一种融资方法，但贴现是针对尚未到期的应收账款的，所以要支付一定的贴现利息，从而形成了贴现成本。按照"7贴1"的规则，每次贴现7万元或7万元整数倍的应收账款，其中6万元或6万元整数倍的款额入现金库，1万元或1万元整数倍的款额为贴现利息。贴现的利息比长期贷款高，略低于民间融资。同时贷款的成本计入下一期，而贴现的成本计入本期，有可能导致本期权益下降而减少了下一期可以贷款的额度，所以应该尽量避免贴现，这也是虚拟企业要尽量选择账期短的订单的原因。

（1）出售厂房。

市场营销沙盘运作是从一个有一定原始积累的企业开始的，其拥有价值320万元的A厂房和4条生产线。如果出售A厂房变现，企业就要每年支付租金40万元来租A厂房，并且出售所得要一年后方可变现。这种融资的资金成本为40/320×100%=12.5%，利息高于长期贷款而略低于民间融资。同时出售厂房需要将A厂房的生产线全部变卖之后才可以进行操作，这需要企业提前计划才能进行。

（2）出售生产线。

根据规则，虚拟企业的生产线按残值出售，可以获得相当于残值的现金。当生产线净值大于残值时，之间的差价就是企业出售生产线产生的损失，称为固定资产清理费用。生产线减少会造成企业生产能力下降，直接影响企业可生产产品的数量。由此可见，出售生产线以求变现是企业的无奈之举。当然，如果为了更新高级别生产线而出售老旧落后生产线，则是企业的正确决策。

（二）融资要点

在市场营销沙盘中，由于不同融资方式的资金成本及财务风险有所不同，所以虚拟企业应计算并且比较不同融资方式的资金成本与财务风险，如表3-11所示，进而选择适合本企业的融资方式，并确定不同融资方式的融资比例。既要保证融资的综合资金成本较低，又要控制企业的风险水平，这样才能以最经济的方式获取所需资金，并且在债务到期时及时偿还，而不至于由于债务安排不合理，出现无法偿贷的债务危机。

表3-11 各种融资方式的资金成本与财务风险比较

融资类型	资金成本	财务风险
短期贷款	最低	最高
长期贷款	一般	较低
民间融资	最高	最高
贴现	较高	较低

1. 合理分配贷款额度

从经营实战来看，第1年的竞争比较激烈。企业在第1年很难获得利润，因此，第1年年末企业的所有者权益或多或少均会有所下降。所有者权益的下降将直接影响第2年的贷款额度。由于短期贷款和民间融资的期限只有一年，意味着第1年第1季度的贷款需要在第2年第1季度偿还。所以企业在第1年资金相对充裕的情况下也应谨慎使用贷款。

一般来说，第1年最好不要使用民间融资，短期贷款也应适量使用，避免给第2年还款带来压力。短期贷款的使用量与企业经营策略相关：如果第1年采取比较激进的经营策略，大规模扩张并大力抢夺媒体广告，则需要的资金可能较多；如果第1年采取比较保守的经营策略，则所需的资金往往较少。

2. 使用长期贷款

在初始条件下，企业有800万元的长期负债，且在第1年年末和第2年年末各有400万元的长期贷款到期。一般来说，企业往往需要在第1年年末用完剩余的1700万元长期贷款额度（企业偿还第1年400万元的长期贷款本金后有1700万元的贷款额度）。除非企业在第1年经营状况良好，所有者权益保持在很高的水平，资金无压力；或者第1年经营非常保守，短期贷款量少，且所有者权益较高，才可以考虑适量使用长期贷款。

如果第1年放弃长期贷款或者少贷，那么在第2年所有者权益降低的情况下，企业将失去长期贷款的机会。并且由于在第2年经营过程中资金缺口较大，包括产品的生产费用、到期的短期贷款还款额、到期的长期贷款还款额、媒体广告费用等，因此，没有长期贷款的支持，企业将很难继续经营。

【思考与探究】

模块内容：	学号：	姓名：	班级：	年 月 日
1. 谈谈你对企业经营的本质、生存、发展和盈利的认知。				
2. 你对4类产品的生命周期有何认知？你将如何利用这一点提高自己经营企业的能力？				
3. 对于掌握3类渠道销售策略，利用规则提高市场占有率，你是怎么理解的？				
4. 如何进行产品策略制定，提高生产效率和抢占市场先机？				
5. 如何合理利用各种融资手段降低企业资金使用成本？				
6. 教师的授课方法对你的学习是否有帮助？				
7. 你需要进一步了解或想得到解答的问题是什么？				
8. 为了更好地教与学，你有何建议？				

模块四　市场营销沙盘实战模拟

经营沙盘，开阔思维。
体验职位，放飞梦想。
亲力亲为，知错能进。
换位思考，合作进取。
你若不坚强，没人帮你分担。
你若不努力，没人给你让路。
使我痛苦者，必使我强大。

市场营销沙盘毕竟是一个模拟的环境，和真正的企业运营有着很大的区别。但是通过沙盘的挑战和训练，我们将学会对各种变化迅速做出反应并制定合适的对策，培养在任何困难和压力面前都永不屈服的精神，从而在之后的各种人生挑战中立于不败之地。

任务一　计划管理，谋而后动——第1年经营

学习目标

1. 理解市场需求，掌握各个经营环节的具体操作
2. 完成第1年模拟经营，团队协作，创造良好开局

虚拟企业应当严格遵守运营规则，按照一定的运营流程进行。为了经营好企业，经营者应当做好预测、决策、预算、计划、控制、核算、分析等工作。预测、决策、预算、计划应当在每年经营结束后、下一年运营之前进行，目的是使经营活动有序进行，防止出现意外情况；控制主要是在运营过程中，根据运营流程和事先的计划进行销售运作；核算是在经营结束后对当年的经营情况进行盘点，编制各种报表以反映当期的经营情况和年末的财务状况；分析主要是在经营结束后，对核实的结果与预算进行比较，找出差异，并对差异进行分析，以便以后更好地开展工作。

许多人在初次接触市场营销沙盘时，不知道该怎样操作，常常出现手忙脚乱的情况。本模块结合市场营销沙盘系统的运营规则，解决企业运营过程中的操作问题。下面开始新一年的模拟经营，之后每个年度按照统一的时间安排开展企业经营活动。各企业按照顺序

进行经营操作，记录并填写相关表格。

一、创建企业

组建小组团队，将相关信息记录在表 4-1 中。

表4-1　创建企业

企业名称			组别	
创业口号				
团队分工	职务	姓名	主要职责	
主要成员	企业总裁			
	营销总监			
	运营总监			
	财务总监			

企业经营仅靠口号可不行，还需要有资金，否则一切都是空想。公平起见，每家企业获得的注册资本都是 771 万元，有了资金的保证，就可以放心大胆地开始经营了。第 1 年第 1 季度初资产负债表如表 4-2 所示。

表4-2　第1年第1季度初资产负债表

单位：万元

资产				负债及所有者权益			
项目	表达式	上年金额	当年金额	项目	表达式	上年金额	当年金额
流动资产				流动负债			
货币资金	+	771	771	短期借款	+	0	0
其他应收款	+	0	0	应付账款	+	18	18
应收账款	+	180	180	预收账款	+	0	0
存货				应交税费	+	23.25	23.25
原材料	+	40	40	流动负债合计	=	41.25	41.25
在途物资	+	0	0	非流动负债			
在制品	+	80	80	长期借款	+	800	800
库存商品	+	240	240	非流动负债合计	=	800	800
发出商品	+	0	0	负债合计	=	841.25	841.25
流动资产合计	=	1311	1311	所有者权益			
非流动资产				实收资本	+	1000	1000
固定资产原价				未分配利润	+	69.75	69.75
土地和建筑	+	320	320	所有者权益合计	=	1069.75	1069.75
机器和设备	+	280	280				

续表

资产				负债及所有者权益			
项目	表达式	上年金额	当年金额	项目	表达式	上年金额	当年金额
减：累计折旧	−	0	0				
固定资产账面价值	=	600	600				
在建工程	+	0	0				
非流动资产合计	=	600	600				
资产总计	=	1911	1911	负债及所有者权益总计	=	1911	1911

二、年度经营

（一）年度市场环境分析

调研报告为企业经营者提供不同类目产品的市场需求信息，即某类产品在不同市场、销售渠道的平均价格和市场需求量，以及基于大数据的市场环境信息（主要是市场需求波动率）和各类产品流行功能及周期信息。

注意：本书提供的市场数据是某次网赛中10人组的真实经营数据，仅供参考。

1. 市场环境信息

企业经营者可通过购买调研报告获取第1年相应的市场环境信息。如表4-3和表4-4所示分别为第1年南部市场和东部市场环境信息。

表4-3　第1年南部市场环境信息

市场环境	期初值	第1季度	第2季度	第3季度	第4季度
常住人口（万人）	1000	960	998	1028	997
购买力指数（%）	20	20	20	20	19
通货膨胀率（%）	2.30	2.00	2.00	2.00	2.00
利息率（%）	1.50	1.46	1.53	1.59	1.56
人均GDP（元）	5000.00	5200.00	5148.00	4890.60	5037.32
恩格尔系数（%）	40.00	40.40	39.19	38.80	40.74
市场需求波动率（%）	0	15.00	16.00	11.00	3.00

表4-4　第1年东部市场环境信息

市场环境	期初值	第1季度	第2季度	第3季度	第4季度
常住人口（万人）	2000	2000	2000	1920	1862
购买力指数（%）	30	30	30	31	30

续表

市场环境	期初值	第1季度	第2季度	第3季度	第4季度
通货膨胀率（%）	1.30	1.30	1.30	1.00	1.00
利息率（%）	1.70	1.70	1.70	1.70	1.67
人均GDP（元）	7000.00	7000.00	7000.00	7000.00	7210.00
恩格尔系数（%）	35.00	35.00	35.00	34.30	36.02
市场需求波动率（%）	0	5	5	24.00	18.00

2. 买方市场分析

分析产品流行功能及周期（见表4-5），以及各市场需求信息（见表4-6和表4-7）。

表4-5　第1年产品流行功能及周期

产品	第1季度	第2季度	第3季度	第4季度
P1	P1F1（流行周期：1个季度）	P1F2（流行周期：1个季度）	P1F5（流行周期：2个季度）	
P2			P2F1（流行周期：1个季度）	P2F5（流行周期：3个季度）
P3			P3F5（流行周期：3个季度）	
P4			P4F1（流行周期：3个季度）	

表4-6　第1年南部市场需求信息

季度	产品	直销		批发		零售						
		平均价格（万元）	需求量（件）	平均价格（万元）	需求量（件）	市场期望价格（万元）	习惯型（件）	理智型（件）	冲动型（件）	经济型（件）	情感型（件）	不定型（件）
1	P1	9.72	220	6.53	442	10.16	73	0	0	95	0	344
2	P1	9.72		6.53		10.65	55	55	0	77	55	144
3	P1	9.72		6.53		11.21	60	54	60	70	54	81
3	P4	12.95		11.51		14.39	3	3	3	3	3	5
4	P1	9.72		6.53		12.23	44	49	44	62	40	71
4	P2	9.77		8.69		10.86	7	7	6	8	7	11
4	P3	11.22		9.98		12.47	2	3	2	3	2	4
4	P4	12.20		10.85		13.56	3	3	3	4	3	4

表4-7 第1年东部市场需求信息

季度	产品	直销		批发		零售						
		平均价格（万元）	需求量（件）	平均价格（万元）	需求量（件）	市场期望价格（万元）	习惯型（件）	理智型（件）	冲动型（件）	经济型（件）	情感型（件）	不定型（件）
3	P1	10.27		9.13		11.41	6	6	6	8	6	10
3	P2	10.69		9.50		11.88	6	6	6	7	5	10
3	P3	11.08		9.85		12.31	2	2	2	3	2	3
4	P1	11.20		9.96		12.45	6	7	6	7	7	12
4	P2	11.20		9.95		12.44	6	5	5	9	6	11
4	P3	12.59		11.19		13.99	3	2	2	3	2	4
4	P4	11.28		10.02		12.53	2	2	2	3	3	4

（二）第1年经营

1. 第1年规划

企业经营团队召开新的年度规划会议，企业管理层需要通过分析经营环节，制定或者调整企业的年度经营目标，做出经营规划（业务计划、投资方案和营销策划方案）等，并填写第1年年度计划书，如表4-8所示。

表4-8 第1年年度计划书

类别	内容	具体分析
年度经营目标	经营效果	
经营规划	业务计划	
	投资方案	
	营销策划方案	
	计划落实记录	

2. 开始经营

（1）经营活动。

经营者按照经营操作顺序进行具体的经营活动，并将活动情况记录在表 4-9～表 4-18 中。

表4-9　第1年年度规划会议执行情况

序号	项目	第1年计划				计划执行情况			
1	市场开拓	东部	中部	北部	西部	东部	中部	北部	西部
2	年度产能	P1	P2	P3	P4	P1	P2	P3	P4
3	批发广告投放	南部 东部	中部	北部	西部	南部 东部	中部	北部	西部
4	直销订单	P1	P2	P3	P4	P1	P2	P3	P4
5	批发订单	P1	P2	P3	P4	P1	P2	P3	P4
6	媒体广告投标	百度		央视黄金时段		央视午间时段		央视晚间时段	
7	零售订单	P1	P2	P3	P4	P1	P2	P3	P4
8	订单交付	P1	P2	P3	P4	P1	P2	P3	P4
9	产品研发	P2		P3		P4	P2	P3	P4
10	ISO开发	ISO9000		ISO14000		ISO9000		ISO14000	
11	年度资金需求预算								
12	长期贷款与还贷								
13	短期贷款与还贷								
14	厂房租赁/购买								
15	生产线购买/转产/变卖								
16	民间融资安排								
17	贴现安排								
18	零售商签约安排								
19	其他								

表4-10 第1年经营活动记录表

序号	经营项目	操作要点	第1季度	第2季度	第3季度	第4季度
年初	新年度规划会议	企业总裁召集团队召开年度规划会议				
	请按照顺序执行下列各项操作。每执行完一项操作，企业总裁在相应的方格内打"√"					
1	市场预测与分析	购买调研报告、分析产品市场需求数据				
2	市场开拓	根据年初制定的营销策略进行市场的开拓				
3	ISO认证	ISO9000、ISO14000认证				
4	开发客户	直销客户开发				
5	参与投标	选择需要投标的订单进行报名，并支付购买标书费用				
6	投放招商广告	针对不同市场制定不同产品的批发招商广告的投放策略				
7	选择批发订单	招商广告投放完成后，由裁判统一控制选单				
8	产品研发	需要根据市场预测和调研报告制订自身的产品研发计划并实施				
9	产品下线入库	生产线上的到期在制品执行此任务后下线入库				
10	租赁/购买厂房	租赁				
		购买				
11	购买/转产/变卖生产线	购买				
		转产				
		变卖				
12	原料采购	原料采购有采购提前期，所以必须先下达采购计划（货到付款）				
13	投入生产	选择空闲的生产线生产产品，并支付加工费				
14	交货给客户	执行直销订单和批发订单的交货操作，如违约则需要支付违约金（直销违约金是订单原价的25%）				
15	签约零售商	与零售商签约进店需要缴纳进场费				
16	货物配送	将产品配送给各个零售商进行销售，并支付配送费				
17	价格制定	需要针对各个零售商销售的产品制定销售价格，并上架销售				
18	促销策略	将根据自身的营销策略制定相应的促销策略，包括满就送、多买折扣、买第几件折扣				
19	媒体广告投标	需要根据自身的营销策略，对不同产品进行媒体广告投标				
20	应收账款/应付账款	及时进行应收账款和应付账款的结算				
21	短贷/还本付息	可根据企业经营状况进行融资，并支付利息				
22	管理费缴纳	每个季度必须缴纳一定的行政管理费和签约零售商的管理费				
23	应交税费缴纳	每年第1季度缴纳上一年度企业所得税				
24	进入下一季度					
年末6项工作	长贷/还本付息	每年年底需要支付利息，贷款到期后，还本付息	长期贷款			
			利息			
	租赁费/维修费支付	厂房租赁费：每年第4季度需支付下一年厂房租赁费				
		生产线维修费：每年第4季度需支付本年生产线维修费，当年新安装的生产线不需要支付维修费				
	支付库存费	支付产品和原料库存费				
	折旧	随着使用年限的增加，生产线会贬值，可以通过折旧这个项目在税前利润中扣除				
	关账	每年经营结束后，年末进行关账操作				
	进入下一年					

表4-11 第1年资金预算表

序号		请按照顺序执行下列各项操作，并在相应空格内填入资金需求计划			
		经营项目	具体开支目录	表达式	金额
年初			期初资金	+	
1		市场预测与分析	购买调研报告费用	−	
2		市场开拓	市场开拓费	−	
3		ISO认证	ISO9000、ISO14000认证费	−	
4		开发客户	客户开发费	−	
5		参与投标	购买标书费用	−	
6		投放招商广告	广告投放费用	−	
8		产品研发	产品研发费	−	
10		租赁/购买厂房	厂房租赁/购买费	−	
11		购买/转产生产线	生产线购买/转产费	−	
12		原料采购	产品生产成本（原料费）	−	
13		投入生产	产品生产成本（加工费）	−	
15		签约零售商	零售商进场费	−	
16		货物配送	配货费	−	
19		媒体广告投标	广告费	−	
20		应收账款/应付账款	应收账款	+	
			应付账款	−	
21		短贷/还本付息	还本付息	−	
22		管理费缴纳	管理费	−	
23		应交税费缴纳	税费	−	
24		进入下一季度			
年末6项工作		长贷/还本付息	还本付息	−	
		租赁费/维修费支付	租赁费/维修费	−	
		支付库存费	库存费	−	
		折旧	折旧	−	
		进入下一年			
			借贷资金需求合计		
			经营资金需求合计		

表4-12　第1年直销订单登记表

订单号									合计
市场									
产品									
数量									
账期									
销售额									
成本									
毛利									
交货期									

表4-13　第1年招商广告投放登记表

产品	南部市场	东部市场	中部市场	北部市场	西部市场
P1					
P2					
P3					
P4					
合计					

表4-14　第1年批发订单登记表

订单号									合计
市场									
产品									
数量									
销售额									
成本									
毛利									
交货期									

表4-15　第1年原料采购计划表

原料	内容	第1季度	第2季度	第3季度	第4季度
R1	毛需求量				
	库存				
	已预订				
	净需求量				
	提前期				
	采购计划				

续表

原料	内容	第1季度	第2季度	第3季度	第4季度
R2	毛需求量				
	库存				
	已预订				
	净需求量				
	提前期				
	采购计划				
R3	毛需求量				
	库存				
	已预订				
	净需求量				
	提前期				
	采购计划				
R4	毛需求量				
	库存				
	已预订				
	净需求量				
	提前期				
	采购计划				

表4-16　第1年产能计划表

产品（功能）	年初库存	第1季度产量	第2季度产量	第3季度产量	第4季度产量	合计

表4-17　第1年媒体广告投标登记表

产品	媒体	第1季度	第2季度	第3季度	第4季度
P1	百度				
	央视黄金时段				
	央视午间时段				
	央视晚间时段				

续表

产品	媒体	第1季度	第2季度	第3季度	第4季度
P2	百度				
	央视黄金时段				
	央视午间时段				
	央视晚间时段				
P3	百度				
	央视黄金时段				
	央视午间时段				
	央视晚间时段				
P4	百度				
	央视黄金时段				
	央视午间时段				
	央视晚间时段				

表4-18 库存管理表

产品名称	产品型号	库存量	单价	总成本

（2）第1年年末相关报表。

第1年年末填写表4-19~表4-22。

表4-19 第1年产品核算表

产品	销售数量	销售额	成本	毛利
P1				
P2				
P3				
P4				
合计				

表4-20 第1年市场分析表

营销渠道	各小组市场占有率									
	a1	a2	a3	a4	a5	a6	a7	a8	a9	a10
直销										
批发										

续表

营销渠道		各小组市场占有率									
		a1	a2	a3	a4	a5	a6	a7	a8	a9	a10
零售 P1	习惯型										
	理智型										
	情感型										
	经济型										
	不定型										
	冲动型										
零售 P2	习惯型										
	理智型										
	情感型										
	经济型										
	不定型										
	冲动型										
零售 P3	习惯型										
	理智型										
	情感型										
	经济型										
	不定型										
	冲动型										
零售 P4	习惯型										
	理智型										
	情感型										
	经济型										
	不定型										
	冲动型										

表4-21　企业信息表

我的企业信息	企业总媒体影响力										
	上一季度营业收入										
	ISO9000品牌值										
	ISO14000品牌值										
各企业综合指数	a1	a2	a3	a4	a5	a6	a7	a8	a9	a10	

表4-22　竞争对手情报分析表

项目	主要内容	主要竞争对手分析
生产情况	（1）产品结构 （2）在制品及库存数量 （3）生产线类型及数量 （4）原料采购情况	
研发情况	（1）产品研发情况 （2）ISO认证情况	
市场开拓情况	（1）已完成开拓的市场 （2）正在开拓的市场	
销售情况	（1）销售产品类型、数量、单价和销售额 （2）各企业所占产品和各市场的市场份额 （3）媒体中标情况	
财务状况	（1）资产情况 （2）负债情况（长期贷款、短期贷款、民间融资和应付账款等） （3）损益情况（净利润、应交税费和所有者权益）	

三、年末总结研讨

"团结就是力量"这句话至今仍然是许多企业制胜的法宝。一个集体如果不团结就像一盘散沙，只有团结一心、众志成城才能克服种种困难，战胜对手。在模拟经营的各个环节，都需要多个岗位的共同协作。

前进的过程中会有许多挫折和问题。遇到挫折时是"越挫越勇"还是"失望放弃"？发现问题时是"携手共进"还是"相互指责"？企业经营不佳时是"妙手回春"还是"坐以待毙"？经营过程中是"诚实守信"还是"投机取巧"？不同的思想状态、不同的选择方式、不同的应对策略，必然有不同的结果。

1. 财务分析

根据企业经营财务报表填写表4-23和表4-24。

表4-23　第1年利润表

单位：万元

项目	表达式	上年金额	当年金额
营业收入	+		
减：营业成本	−		
营业税金及附加	−		
销售费用	−		
管理费用	−		
财务费用	−		
营业利润	=		

续表

项目	表达式	上年金额	当年金额
加：营业外收入	+		
减：营业外支出	−		
利润总额	=		
减：所得税费用	−		
净利润	=		

表4-24　第1年资产负债表

单位：万元

资产				负债及所有者权益			
项目	表达式	上年金额	当年金额	项目	表达式	上年金额	当年金额
流动资产				流动负债			
货币资金	+			短期借款	+		
其他应收款	+			应付账款	+		
应收账款	+			预收账款	+		
存货				应交税费	+		
原材料	+			流动负债合计	=		
在途物资	+			非流动负债			
在制品	+			长期借款	+		
库存商品	+			非流动负债合计	=		
发出商品	+			负债合计	=		
流动资产合计	=			所有者权益			
非流动资产				实收资本	+		
固定资产原价				未分配利润	+		
土地和建筑	+			所有者权益合计	=		
机器和设备	+						
减：累计折旧	−						
固定资产账面价值	=						
在建工程	+						
非流动资产合计	=						
资产总计	=			负债及所有者权益总计	=		

2．小组述职

述职环节要求：

（1）企业总裁组织本年度述职工作。

（2）每个角色本着实事求是的原则，就自己现任职务履职的成绩、问题和经验进行阐述。

（3）时间限定在 1 分钟内，全部人员完成述职的时间限定在 5 分钟内。

这是你们自主经营的第 1 年，感觉如何？是有收益的一年吗？你们的战略执行得如何？将你的感想记录在表 4-25 中，并和你的团队成员分享。

表4-25　第1年总结与反思

我学会了什么（记录知识点）：
企业经营过程中遇到了哪些问题：
计划评价：
下一年准备如何改进：

任务二 差异竞争，多元发展——第2年经营

> **学习目标**
> 1. 理解市场分析，掌握寻找市场的突破口，准确预算
> 2. 完成第 2 年模拟经营，结合经营数据找到解决经营中遇到的问题的方法

一、年度经营

（一）年度市场环境分析

1. 市场环境信息

企业经营者可通过购买调研报告获取第 2 年相应的市场环境信息。如表 4-26～表 4-29 所示分别为第 2 年 4 个市场的环境信息。

表4-26　第2年南部市场环境信息

市场环境	期初值	第1季度	第2季度	第3季度	第4季度
常住人口（万人）	1000	977	948	986	1016
购买力指数（%）	20	18	18	18	17
通货膨胀率（%）	2.30	2.00	2.00	2.00	2.00
利息率（%）	1.50	1.51	1.48	1.41	1.37
人均GDP（元）	5000.00	4986.95	4887.21	4642.85	4828.56
恩格尔系数（%）	40.00	39.52	41.10	39.46	38.28
市场需求波动率（%）	0	1.00	-6.00	2.00	9.00

表4-27　第2年东部市场环境信息

市场环境	期初值	第1季度	第2季度	第3季度	第4季度
常住人口（万人）	2000	1825	1770	1841	1896
购买力指数（%）	30	29	29	29	28
通货膨胀率（%）	1.30	1.00	1.00	1.00	1.00
利息率（%）	1.70	1.62	1.59	1.51	1.46
人均GDP（元）	7000.00	7137.90	6995.14	6645.38	6911.20

续表

市场环境	期初值	第1季度	第2季度	第3季度	第4季度
恩格尔系数（%）	35.00	34.94	36.34	34.89	33.84
市场需求波动率（%）	0	18.00	11.00	18.00	27.00

表4-28　第2年中部市场环境信息

市场环境	期初值	第1季度	第2季度	第3季度	第4季度
常住人口（万人）	3000	3000	2970	3089	3182
购买力指数（%）	40	40	40	40	39
通货膨胀率（%）	4.20	4.20	4.00	4.00	4.00
利息率（%）	1.00	1.00	0.99	0.94	0.91
人均GDP（元）	10000.00	10000.00	10200.00	9690.00	10077.60
恩格尔系数（%）	30.00	30.00	29.40	28.22	27.37
市场需求波动率（%）	0	5	9.00	17.00	27.00

表4-29　第2年北部市场环境信息

市场环境	期初值	第1季度	第2季度	第3季度	第4季度
常住人口（万人）	4000	4000	4000	4000	3960
购买力指数（%）	50	50	50	50	48
通货膨胀率（%）	3.20	3.20	3.20	3.20	3.00
利息率（%）	1.30	1.30	1.30	1.30	1.27
人均GDP（元）	11000.00	11000.00	11000.00	11000.00	11110.00
恩格尔系数（%）	28.00	28.00	28.00	28.00	28.56
市场需求波动率（%）	0	5	5	5	3.00

2．买方市场分析

分析产品流行功能及周期（见表4-30），以及各市场需求信息（见表4-31～表4-34）。

表4-30　第2年产品流行功能及周期

产品	第1季度	第2季度	第3季度	第4季度
P1		P1F2 （流行周期：1个季度）	P1F4 （流行周期：2个季度）	
P2		P2F3 （流行周期：3个季度）		
P3			P3F2 （流行周期：2个季度）	
P4	P4F3 （流行周期：4个季度）			

表4-31　第2年南部市场需求信息

季度	产品	直销		批发		零售						
		平均价格（万元）	需求量（件）	平均价格（万元）	需求量（件）	市场期望价格（万元）	习惯型（件）	理智型（件）	冲动型（件）	经济型（件）	情感型（件）	不定型（件）
1	P1	10.91	80	7.20	162	13.26	28	28	28	36	31	45
1	P2	10.88	137	6.73	137	11.10	6	6	6	7	6	9
1	P3	10.88	47	6.56	120	12.24	2	3	3	3	2	4
1	P4	12.71	120	8.02	47	13.90	3	2	2	3	2	4
2	P1	10.91		7.20		14.11	22	20	20	28	22	41
2	P2	10.88		6.73		12.56	7	7	7	7	6	12
2	P3	10.88		6.56		12.81	2	2	2	3	3	4
2	P4	12.71		8.02		16.00	2	2	2	4	2	5
3	P1	10.91		7.20		13.47	16	19	19	22	19	26
3	P2	10.88		6.73		13.98	8	6	8	9	8	13
3	P3	10.88		6.56		13.82	3	3	3	3	3	6
3	P4	12.71		8.02		16.00	3	3	3	3	3	5
4	P1	10.91		7.20		13.61	10	9	10	13	9	19
4	P2	10.88		6.73		14.50	7	6	7	7	7	13
4	P3	10.88		6.56		13.43	2	2	2	3	2	5
4	P4	12.71		8.02		14.92	3	2	2	4	2	4

表4-32　第2年东部市场需求信息

季度	产品	直销		批发		零售						
		平均价格（万元）	需求量（件）	平均价格（万元）	需求量（件）	市场期望价格（万元）	习惯型（件）	理智型（件）	冲动型（件）	经济型（件）	情感型（件）	不定型（件）
1	P1	11.46	23	7.00	23	10.93	7	8	8	8	8	13
1	P2	12.91	119	7.42	119	14.15	5	5	5	7	5	7
1	P3	11.51	47	8.10	120	13.79	2	2	3	3	2	4
1	P4	11.95	107	7.38	42	13.22	2	3	2	3	3	4
2	P1	11.46		7.00		11.63	7	7	7	9	8	9
2	P2	12.91		7.42		14.29	5	6	6	8	6	9
2	P3	11.51		8.10		14.27	2	2	2	3	2	5
2	P4	11.95		7.38		14.85	2	2	2	3	2	4
3	P1	11.46		7.00		11.33	8	7	8	8	7	10
3	P2	12.91		7.42		14.81	5	5	6	7	6	11
3	P3	11.51		8.10		14.76	3	3	3	3	3	4
3	P4	11.95		7.38		13.32	2	2	2	3	2	5
4	P1	11.46		7.00		10.72	8	7	7	8	7	11
4	P2	12.91		7.42		16.38	5	6	6	7	6	10
4	P3	11.51		8.10		13.90	2	3	3	3	2	4
4	P4	11.95		7.38		14.01	2	2	2	3	2	4

表4-33　第2年中部市场需求信息

季度	产品	直销		批发		零售						
		平均价格（万元）	需求量（件）	平均价格（万元）	需求量（件）	市场期望价格（万元）	习惯型（件）	理智型（件）	冲动型（件）	经济型（件）	情感型（件）	不定型（件）
2	P1	10.56		9.38		11.73	5	5	6	8	6	9
2	P2	11.94		10.62		13.27	6	6	5	7	6	10
2	P3	12.01		10.67		13.34	2	2	2	3	3	4
2	P4	12.84		11.42		14.27	2	2	2	2	2	4
3	P1	11.49		10.22		12.77	6	6	6	7	6	12
3	P2	12.68		11.27		14.09	5	6	6	7	6	8
3	P3	13.50		12.00		15.00	2	2	2	3	3	4
3	P4	13.51		12.01		15.01	3	2	3	3	3	3
4	P1	11.06		9.83		12.29	8	8	8	10	7	14
4	P2	13.56		12.06		15.07	6	6	5	7	6	10
4	P3	12.60		11.20		14.00	2	2	2	3	2	5
4	P4	14.17		12.59		15.74	2	2	3	3	2	4

表4-34　第2年北部市场需求信息

季度	产品	直销		批发		零售						
		平均价格（万元）	需求量（件）	平均价格（万元）	需求量（件）	市场期望价格（万元）	习惯型（件）	理智型（件）	冲动型（件）	经济型（件）	情感型（件）	不定型（件）
4	P1	11.20		9.95		12.44	6	6	7	7	6	10
4	P2	13.45		11.95		14.94	5	5	5	6	5	15
4	P3	13.16		11.70		14.62	2	2	2	2	2	3
4	P4	13.48		11.98		14.98	2	2	2	3	2	5

（二）第2年经营

1. 第2年规划

企业经营团队召开新的年度规划会议，企业的管理层需要通过分析经营环节，制定或者调整企业的年度经营目标，做出经营规划（业务计划、投资方案和营销策划方案）等，并填写第2年年度计划书，如表4-35所示。

表4-35　第2年年度计划书

类别	内容	具体分析
年度经营目标	经营效果	

续表

类别	内容	具体分析
经营规划	业务计划	
	投资方案	
	营销策划方案	
	计划落实记录	

2. 开始经营

（1）经营活动。

经营者按照经营操作顺序进行具体的经营活动，并将活动情况记录在表 4-36～表 4-45 中。

表4-36　第2年年度规划会议执行情况

序号	项目	第2年计划				计划执行情况			
1	市场开拓	东部	中部	北部	西部	东部	中部	北部	西部
2	年度产能	P1	P2	P3	P4	P1	P2	P3	P4
3	批发广告投放	南部	东部	中部	北部	西部	南部	东部	中部	北部	西部
4	直销订单	P1	P2	P3	P4	P1	P2	P3	P4
5	批发订单	P1	P2	P3	P4	P1	P2	P3	P4
6	媒体广告投标	百度		央视黄金时段		央视午间时段		央视晚间时段	
7	零售订单	P1	P2	P3	P4	P1	P2	P3	P4
8	订单交付	P1	P2	P3	P4	P1	P2	P3	P4
9	产品研发	P2	P3	P4		P2	P3	P4	
10	ISO开发	ISO9000		ISO14000		ISO9000		ISO14000	
11	年度资金需求预算								
12	长期贷款与还贷								
13	短期贷款与还贷								
14	厂房租赁/购买								
15	生产线购买/转产/变卖								
16	民间融资安排								
17	贴现安排								
18	零售商签约安排								
19	其他								

表4-37 第2年经营活动记录表

序号	经营项目	操作要点		第1季度	第2季度	第3季度	第4季度
		请按照顺序执行下列各项操作。每执行完一项操作，企业总裁在相应的方格内打"√"					
年初	新年度规划会议	企业总裁召集团队召开年度规划会议					
1	市场预测与分析	购买调研报告、分析产品市场需求数据					
2	市场开拓	根据年初制定的营销策略进行市场的开拓					
3	ISO认证	ISO9000、ISO14000认证					
4	开发客户	直销客户开发					
5	参与投标	选择需要投标的订单进行报名，并支付购买标书费用					
6	投放招商广告	针对不同市场制定不同产品的批发招商广告的投放策略					
7	选择批发订单	招商广告投放完成后，由裁判统一控制选单					
8	产品研发	需要根据市场预测和调研报告制订自身的产品研发计划并实施					
9	产品下线入库	生产线上的到期在制品执行此任务后下线入库					
10	租赁/购买厂房	租赁					
		购买					
11	购买/转产/变卖生产线	购买					
		转产					
		变卖					
12	原料采购	原料采购有采购提前期，所以必须先下达采购计划（货到付款）					
13	投入生产	选择空闲的生产线生产产品，并支付加工费					
14	交货给客户	执行直销订单和批发订单的交货操作，如违约则需要支付违约金（直销违约金是订单原价的25%）					
15	签约零售商	与零售商签约进店需要缴纳进场费					
16	货物配送	将产品配送给各个零售商进行销售，并支付配送费					
17	价格制定	需要针对各个零售商销售的产品制定销售价格，并上架销售					
18	促销策略	将根据自身的营销策略制定相应的促销策略，包括满就送、多买折扣、买第几件折扣					
19	媒体广告投标	需要根据自身的营销策略，对不同产品进行媒体广告投标					
20	应收账款/应付账款	及时进行应收账款和应付账款的结算					
21	短贷/还本付息	可根据企业经营状况进行融资，并支付利息					
22	管理费缴纳	每个季度必须缴纳一定的行政管理费和签约零售商的管理费					
23	应交税费缴纳	每年第1季度缴纳上一年度企业所得税					
24	进入下一季度						
年末6项工作	长贷/还本付息	每年年底需要支付利息，贷款到期后，还本付息	长期贷款				
			利息				
	租赁费/维修费支付	厂房租赁费：每年第4季度需支付下一年厂房租赁费					
		生产线维修费：每年第4季度需支付本年生产线维修费，当年新安装的生产线不需要支付维修费					
	支付库存费	支付产品和原料库存费					
	折旧	随着使用年限的增加，生产线会贬值，可以通过折旧这个项目在税前利润中扣除					
	关账	每年经营结束后，年末进行关账操作					
	进入下一年						

表4-38　第2年资金预算表

序号	经营项目	具体开支目录	表达式	金额
		请按照顺序执行下列各项操作,并在相应空格内填入资金需求计划		
年初	期初资金		+	
1	市场预测与分析	购买调研报告费用	−	
2	市场开拓	市场开拓费	−	
3	ISO认证	ISO9000、ISO14000认证费	−	
4	开发客户	客户开发费	−	
5	参与投标	购买标书费用	−	
6	投放招商广告	广告投放费用	−	
8	产品研发	产品研发费	−	
10	租赁/购买厂房	厂房租赁/购买费	−	
11	购买/转产生产线	生产线购买/转产费	−	
12	原料采购	产品生产成本（原料费）	−	
13	投入生产	产品生产成本（加工费）	−	
15	签约零售商	零售商进场费	−	
16	货物配送	配货费	−	
19	媒体广告投标	广告费	−	
20	应收账款/应付账款	应收账款	+	
		应付账款	−	
21	短贷/还本付息	还本付息	−	
22	管理费缴纳	管理费	−	
23	应交税费缴纳	税费	−	
24	进入下一季度			
年末6项工作	长贷/还本付息	还本付息	−	
	租赁费/维修费支付	租赁费/维修费	−	
	支付库存费	库存费	−	
	折旧	折旧	−	
	进入下一年			
	借贷资金需求合计			
	经营资金需求合计			

表4-39　第2年直销订单登记表

订单号									合计
市场									
产品									
数量									
账期									
销售额									
成本									
毛利									
交货期									

表4-40　第2年招商广告投放登记表

产品	南部市场	东部市场	中部市场	北部市场	西部市场
P1					
P2					
P3					
P4					
合计					

表4-41　第2年批发订单登记表

订单号									合计
市场									
产品									
数量									
销售额									
成本									
毛利									
交货期									

表4-42　第2年原料采购计划表

原料	内容	第1季度	第2季度	第3季度	第4季度
R1	毛需求量				
	库存				
	已预订				
	净需求量				
	提前期				
	采购计划				

续表

原料	内容	第1季度	第2季度	第3季度	第4季度
R2	毛需求量				
	库存				
	已预订				
	净需求量				
	提前期				
	采购计划				
R3	毛需求量				
	库存				
	已预订				
	净需求量				
	提前期				
	采购计划				
R4	毛需求量				
	库存				
	已预订				
	净需求量				
	提前期				
	采购计划				

表4-43　第2年产能计划表

产品（功能）	年初库存	第1季度产量	第2季度产量	第3季度产量	第4季度产量	合计

表4-44　第2年媒体广告投标登记表

产品	媒体	第1季度	第2季度	第3季度	第4季度
P1	百度				
	央视黄金时段				
	央视午间时段				
	央视晚间时段				
P2	百度				
	央视黄金时段				
	央视午间时段				
	央视晚间时段				

续表

产品	媒体	第1季度	第2季度	第3季度	第4季度
P3	百度				
	央视黄金时段				
	央视午间时段				
	央视晚间时段				
P4	百度				
	央视黄金时段				
	央视午间时段				
	央视晚间时段				

表4-45　库存管理表

产品名称	产品型号	库存量	单价	总成本

（2）第2年年末相关报表。

第2年年末填写表4-46～表4-49。

表4-46　第2年产品核算表

产品	销售数量	销售额	成本	毛利
P1				
P2				
P3				
P4				
合计				

表4-47　第2年市场分析表

营销渠道		各小组市场占有率									
		a1	a2	a3	a4	a5	a6	a7	a8	a9	a10
直销											
批发											
零售 P1	习惯型										
	理智型										
	情感型										
	经济型										
	不定型										
	冲动型										

续表

营销渠道		各小组市场占有率									
		a1	a2	a3	a4	a5	a6	a7	a8	a9	a10
零售 P2	习惯型										
	理智型										
	情感型										
	经济型										
	不定型										
	冲动型										
零售 P3	习惯型										
	理智型										
	情感型										
	经济型										
	不定型										
	冲动型										
零售 P4	习惯型										
	理智型										
	情感型										
	经济型										
	不定型										
	冲动型										

表4-48　企业信息表

我的企业信息	企业总媒体影响力									
	上一季度营业收入									
	ISO9000品牌值									
	ISO14000品牌值									
各企业综合指数	a1	a2	a3	a4	a5	a6	a7	a8	a9	a10

表4-49　竞争对手情报分析表

项目	主要内容	主要竞争对手分析
生产情况	（1）产品结构 （2）在制品及库存数量 （3）生产线类型及数量 （4）原料采购情况	
研发情况	（1）产品研发情况 （2）ISO认证情况	
市场开拓情况	（1）已完成开拓的市场 （2）正在开拓的市场	
销售情况	（1）销售产品类型、数量、单价和销售额 （2）各企业所占产品和各市场的市场份额 （3）媒体中标情况	
财务状况	（1）资产情况 （2）负债情况（长期贷款、短期贷款、民间融资和应付账款等） （3）损益情况（净利润、应交税费和所有者权益）	

二、年末总结研讨

1. 财务分析

根据企业经营财务报表填写表 4-50 和表 4-51。

表4-50 第2年利润表

单位：万元

项目	表达式	上年金额	当年金额
营业收入	+		
减：营业成本	−		
营业税金及附加	−		
销售费用	−		
管理费用	−		
财务费用	−		
营业利润	=		
加：营业外收入	+		
减：营业外支出	−		
利润总额	=		
减：所得税费用	−		
净利润	=		

表4-51 第2年资产负债表

单位：万元

资产				负债及所有者权益			
项目	表达式	上年金额	当年金额	项目	表达式	上年金额	当年金额
流动资产				流动负债			
货币资金	+			短期借款	+		
其他应收款	+			应付账款	+		
应收账款	+			预收账款	+		
存货				应交税费	+		
原材料	+			流动负债合计	=		
在途物资	+			非流动负债			
在制品	+			长期借款	+		
库存商品	+			非流动负债合计	=		
发出商品	+			负债合计	=		
流动资产合计	=			所有者权益			
非流动资产				实收资本	+		
固定资产原价				未分配利润	+		
土地和建筑	+			所有者权益合计	=		
机器和设备	+						
减：累计折旧	−						
固定资产账面价值	=						
在建工程	+						
非流动资产合计	=						
资产总计	=			负债及所有者权益总计	=		

2. 小组述职

述职环节要求：

（1）企业总裁组织本年度述职工作。
（2）每个角色本着实事求是的原则，就自己现任职务履职的成绩、问题和经验进行阐述。
（3）时间限定在 1 分钟内，全部人员完成述职的时间限定在 5 分钟内。

现在已经是第 2 年结束，你肯定获得了很多不同于第 1 年的感受，也渐渐从感性经营变为理性管理。现在回头审视一下，你们企业的经营战略是否成功；对产品和市场做一次精准分析，有助于发现利润在哪里。将你的感想记录在表 4-52 中，并和你的团队成员分享。

表4-52　第2年总结与反思

我学会了什么（记录知识点）：
企业经营过程中遇到了哪些问题：

续表

计划评价：
下一年准备如何改进：

任务三 决战胜负，智者为王——第3年经营

学习目标

1. 掌握利润、得分的影响因素，有效使用相应策略和技巧
2. 完成第3年模拟经营，把握细节，提升经营成绩

一、年度经营

（一）年度市场环境分析

1. 市场环境信息

企业经营者可通过购买调研报告获取第3年相应的市场环境信息。如表4-53～表4-57所示分别为第3年5个市场的环境信息。

表4-53　第3年南部市场环境信息

市场环境	期初值	第1季度	第2季度	第3季度	第4季度
常住人口（万人）	1000	996	996	966	985
购买力指数（%）	20	18	18	18	18
通货膨胀率（%）	2.30	2.00	2.00	2.00	2.00
利息率（%）	1.50	1.38	1.35	1.31	1.36
人均GDP（元）	5000.00	4780.27	4589.06	4543.17	4724.90
恩格尔系数（%）	40.00	38.66	38.66	40.21	39.00
市场需求波动率（%）	0	10.00	8.00	3.00	8.00

表4-54　第3年东部市场环境信息

市场环境	期初值	第1季度	第2季度	第3季度	第4季度
常住人口（万人）	2000	1858	1858	1802	1838
购买力指数（%）	30	29	29	29	29
通货膨胀率（%）	1.30	1.00	1.00	1.00	1.00
利息率（%）	1.70	1.47	1.44	1.40	1.46
人均GDP（元）	7000.00	6842.09	6568.41	6502.73	6762.84
恩格尔系数（%）	35.00	34.18	34.18	35.55	34.48
市场需求波动率（%）	0	26.00	24.00	19.00	24.00

表4-55　第3年中部市场环境信息

市场环境	期初值	第1季度	第2季度	第3季度	第4季度
常住人口（万人）	3000	3118	3118	3024	3084
购买力指数（%）	40	41	41	41	41
通货膨胀率（%）	4.20	4.00	4.00	4.00	4.00
利息率（%）	1.00	0.92	0.90	0.87	0.90
人均GDP（元）	10000.00	9976.82	9577.75	9481.97	9861.25
恩格尔系数（%）	30.00	27.64	27.64	28.75	27.89
市场需求波动率（%）	0	27.00	25.00	20.00	26.00

表4-56　第3年北部市场环境信息

市场环境	期初值	第1季度	第2季度	第3季度	第4季度
常住人口（万人）	4000	3881	3881	3765	3840
购买力指数（%）	50	50	51	52	52
通货膨胀率（%）	3.20	3.00	3.00	3.00	3.00
利息率（%）	1.30	1.28	1.25	1.21	1.26
人均GDP（元）	11000.00	10998.90	10558.94	10453.35	10871.48
恩格尔系数（%）	28.00	28.85	28.85	30.00	29.10
市场需求波动率（%）	0	2.00	2.00	-1.00	4.00

表4-57　第3年西部市场环境信息

市场环境	期初值	第1季度	第2季度	第3季度	第4季度
常住人口（万人）	6000	6000	6000	6240	6365
购买力指数（%）	60	60	60	60	60
通货膨胀率（%）	3.00	3.00	3.00	3.00	3.00
利息率（%）	1.20	1.20	1.20	1.22	1.27
人均GDP（元）	8000.00	8000.00	8000.00	8400.00	8736.00
恩格尔系数（%）	25.00	25.00	25.00	26.25	25.46
市场需求波动率（%）	0	5	5	2.00	8.00

2. 买方市场分析

分析产品流行功能及周期（见表4-58），以及各市场需求信息（见表4-59～表4-63）。

表4-58　第3年产品流行功能及周期

产品	第1季度	第2季度	第3季度	第4季度
P1				
P2	P2F5 （流行周期：3个季度）			P2F4 （流行周期：2个季度）
P3	P3F4 （流行周期：2个季度）		P3F3 （流行周期：3个季度）	
P4	P4F1 （流行周期：3个季度）			P4F5 （流行周期：4个季度）

表4-59　第3年南部市场需求信息

季度	产品	直销		批发		零售						
		平均价格（万元）	需求量（件）	平均价格（万元）	需求量（件）	市场期望价格（万元）	习惯型（件）	理智型（件）	冲动型（件）	经济型（件）	情感型（件）	不定型（件）
1	P1	11.06	4	8.86	8	13.27	4	4	4	5	3	6
1	P2	14.81	149	8.99	149	16.64	7	7	6	8	7	12
1	P3	12.88	59	8.46	152	13.22	3	3	3	4	3	4
1	P4	15.26	144	10.27	57	15.25	2	3	2	3	2	5
2	P1	11.06		8.86		15.04	0	0	0	0	0	0
2	P2	14.81		8.99		16.37	8	8	8	9	8	12
2	P3	12.88		8.46		14.74	3	3	3	4	3	4
2	P4	15.26		10.27		17.53	3	3	3	3	3	5
3	P1	11.06		8.86		12.96	0	0	0	0	0	0
3	P2	14.81		8.99		17.10	6	6	6	8	6	15
3	P3	12.88		8.46		14.28	3	4	4	4	3	5
3	P4	15.26		10.27		16.36	3	3	3	4	3	6
4	P1	11.06		8.86		14.23	0	0	0	0	0	0
4	P2	14.81		8.99		15.82	8	8	8	9	6	13
4	P3	12.88		8.46		14.51	3	4	3	5	3	6
4	P4	15.26		10.27		17.14	4	4	4	4	3	5

表4-60　第3年东部市场需求信息

季度	产品	直销		批发		零售						
		平均价格（万元）	需求量（件）	平均价格（万元）	需求量（件）	市场期望价格（万元）	习惯型（件）	理智型（件）	冲动型（件）	经济型（件）	情感型（件）	不定型（件）
1	P1	8.57	13	5.38	13	9.42	6	6	6	7	6	10
1	P2	15.27	110	9.98	110	16.27	6	5	6	7	5	10
1	P3	12.52	57	8.50	144	14.87	2	2	2	4	2	5
1	P4	13.10	119	8.51	47	15.23	2	2	2	3	3	5
2	P1	8.57		5.38		7.60	5	5	5	7	5	9
2	P2	15.27		9.98		15.84	6	6	6	7	6	9
2	P3	12.52		8.50		15.61	3	3	3	3	3	5
2	P4	13.10		8.51		15.31	2	2	2	4	2	5
3	P1	8.57		5.38		5.54	3	3	3	4	3	5
3	P2	15.27		9.98		17.08	4	5	4	6	4	10
3	P3	12.52		8.50		16.76	3	3	3	3	3	5
3	P4	13.10		8.51		16.59	2	2	3	3	2	4
4	P1	8.57		5.38		2.97	2	2	2	2	2	3
4	P2	15.27		9.98		15.86	5	5	5	7	5	7
4	P3	12.52		8.50		15.52	4	4	4	4	3	4
4	P4	13.10		8.51		16.94	3	3	3	3	3	6

表4-61 第3年中部市场需求信息

季度	产品	直销 平均价格（万元）	直销 需求量（件）	批发 平均价格（万元）	批发 需求量（件）	零售 市场期望价格（万元）	零售 习惯型（件）	零售 理智型（件）	零售 冲动型（件）	零售 经济型（件）	零售 情感型（件）	零售 不定型（件）
1	P1	10.73	30	6.41	30	11.53	8	8	9	10	9	12
1	P2	13.75	120	8.34	120	13.92	6	6	5	8	6	9
1	P3	15.22	53	8.61	136	14.45	3	3	3	3	3	6
1	P4	15.44	115	10.11	45	16.06	2	2	3	3	2	4
2	P1	10.73		6.41		10.35	9	8	7	10	9	14
2	P2	13.75		8.34		14.01	6	6	5	7	5	12
2	P3	15.22		8.61		15.29	4	3	3	4	3	5
2	P4	15.44		10.11		16.36	2	3	2	3	2	4
3	P1	10.73		6.41		9.57	9	10	9	11	9	14
3	P2	13.75		8.34		15.58	6	5	5	7	5	11
3	P3	15.22		8.61		17.40	3	3	3	4	4	6
3	P4	15.44		10.11		17.64	2	3	2	3	2	4
4	P1	10.73		6.41		9.74	9	9	8	12	9	16
4	P2	13.75		8.34		14.47	5	6	6	7	6	10
4	P3	15.22		8.61		17.63	3	3	3	4	3	6
4	P4	15.44		10.11		17.90	2	2	2	3	2	5

表4-62 第3年北部市场需求信息

季度	产品	直销 平均价格（万元）	直销 需求量（件）	批发 平均价格（万元）	批发 需求量（件）	零售 市场期望价格（万元）	零售 习惯型（件）	零售 理智型（件）	零售 冲动型（件）	零售 经济型（件）	零售 情感型（件）	零售 不定型（件）
1	P1	12.46	26	7.12	26	11.92	6	6	7	8	6	12
1	P2	12.89	130	9.11	130	14.10	7	7	7	8	6	11
1	P3	13.36	47	9.10	120	14.46	2	2	2	2	2	4
1	P4	12.54	105	8.60	40	14.76	2	2	2	3	3	4
2	P1	12.46		7.12		11.80	7	7	8	8	7	14
2	P2	12.89		9.11		12.82	5	6	6	8	6	10
2	P3	13.36		9.10		15.99	2	2	2	3	2	5
2	P4	12.54		8.60		14.28	2	2	2	3	2	5
3	P1	12.46		7.12		11.38	8	8	8	9	8	15
3	P2	12.89		9.11		11.71	6	7	6	9	7	12
3	P3	13.36		9.10		15.44	3	2	2	3	3	4
3	P4	12.54		8.60		14.27	2	2	2	3	2	4
4	P1	12.46		7.12		11.56	9	8	9	9	8	15
4	P2	12.89		9.11		11.74	7	7	7	8	7	10
4	P3	13.36		9.10		16.88	3	3	3	3	3	5
4	P4	12.54		8.60		14.50	2	3	2	3	2	4

表4-63　第3年西部市场需求信息

季度	产品	直销		批发		零售						
		平均价格（万元）	需求量（件）	平均价格（万元）	需求量（件）	市场期望价格（万元）	习惯型（件）	理智型（件）	冲动型（件）	经济型（件）	情感型（件）	不定型（件）
3	P1	10.38		9.22		11.53	6	6	6	8	6	10
3	P2	13.90		12.35		15.44	5	7	5	8	7	12
3	P3	14.45		12.85		16.06	2	2	2	3	2	5
3	P4	13.16		11.70		14.62	2	2	2	3	2	3
4	P1	12.26		10.90		13.62	7	7	7	10	7	11
4	P2	15.32		13.62		17.02	6	5	6	7	6	10
4	P3	14.92		13.26		16.58	3	3	3	3	2	3
4	P4	14.59		12.97		16.21	2	2	2	2	2	4

（二）第3年经营

1. 第3年规划

企业经营团队召开新的年度规划会议，企业管理层需要通过分析经营环节，制定或者调整企业的年度经营目标，做出经营规划（业务计划、投资方案和营销策划方案）等，并填写第3年年度计划书，如表4-64所示。

表4-64　第3年年度计划书

类别	内容	具体分析
年度经营目标	经营效果	
经营规划	业务计划	
	投资方案	
	营销策划方案	
	计划落实记录	

2. 开始经营

（1）经营活动。

经营者按照经营操作顺序进行具体的经营活动，并将活动情况记录在表4-65～表4-74中。

表4-65　第3年年度规划会议执行情况

序号	项目	第3年计划				计划执行情况			
		东部	中部	北部	西部	东部	中部	北部	西部
1	市场开拓								
2	年度产能	P1	P2	P3	P4	P1	P2	P3	P4
3	批发广告投放	南部	东部	中部	北部	西部	南部	东部	中部	北部	西部
4	直销订单	P1	P2	P3	P4	P1	P2	P3	P4
5	批发订单	P1	P2	P3	P4	P1	P2	P3	P4
6	媒体广告投标	百度		央视黄金时段		央视午间时段		央视晚间时段	
7	零售订单	P1	P2	P3	P4	P1	P2	P3	P4
8	订单交付	P1	P2	P3	P4	P1	P2	P3	P4
9	产品研发	P2		P3		P4	P2	P3	P4
10	ISO开发	ISO9000		ISO14000		ISO9000		ISO14000	
11	年度资金需求预算								
12	长期贷款与还贷								
13	短期贷款与还贷								
14	厂房租赁/购买								
15	生产线购买/转产/变卖								
16	民间融资安排								
17	贴现安排								
18	零售商签约安排								
19	其他								

表4-66　第3年经营活动记录表

序号	经营项目	请按照顺序执行下列各项操作。每执行完一项操作，企业总裁在相应的方格内打"√"				
		操作要点	第1季度	第2季度	第3季度	第4季度
年初	新年度规划会议	企业总裁召集团队召开年度规划会议				
1	市场预测与分析	购买调研报告、分析产品市场需求数据				
2	市场开拓	根据年初制定的营销策略进行市场的开拓				
3	ISO认证	ISO9000、ISO14000认证				
4	开发客户	直销客户开发				
5	参与投标	选择需要投标的订单进行报名，并支付购买标书费用				
6	投放招商广告	针对不同市场制定不同产品的批发招商广告的投放策略				
7	选择批发订单	招商广告投放完成后，由裁判统一控制选单				
8	产品研发	需要根据市场预测和调研报告制订自身的产品研发计划并实施				
9	产品下线入库	生产线上的到期在制品执行此任务后下线入库				
10	租赁/购买厂房	租赁				
		购买				
11	购买/转产/变卖生产线	购买				
		转产				
		变卖				
12	原料采购	原料采购有采购提前期，所以必须先下达采购计划（货到付款）				
13	投入生产	选择空闲的生产线生产产品，并支付加工费				
14	交货给客户	执行直销订单和批发订单的交货操作，如违约则需要支付违约金（直销违约金是订单原价的25%）				
15	签约零售商	与零售商签约进店需要缴纳进场费				
16	货物配送	将产品配送给各个零售商进行销售，并支付配送费				
17	价格制定	需要针对各个零售商销售的产品制定销售价格，并上架销售				
18	促销策略	将根据自身的营销策略制定相应的促销策略，包括满就送、多买折扣、买第几件折扣				
19	媒体广告投标	需要根据自身的营销策略，对不同产品进行媒体广告投标				
20	应收账款/应付账款	及时进行应收账款和应付账款的结算				
21	短贷/还本付息	可根据企业经营状况进行融资，并支付利息				
22	管理费缴纳	每个季度必须缴纳一定的行政管理费和签约零售商的管理费				
23	应交税费缴纳	每年第1季度缴纳上一年度企业所得税				
24	进入下一季度					
年末6项工作	长贷/还本付息	每年年底需要支付利息，贷款到期后，还本付息	长期贷款			
			利息			
	租赁费/维修费支付	厂房租赁费：每年第4季度需支付下一年厂房租赁费				
		生产线维修费：每年第4季度需支付本年生产线维修费，当年新安装的生产线不需要支付维修费				
	支付库存费	支付产品和原料库存费				
	折旧	随着使用年限的增加，生产线会贬值，可以通过折旧这个项目在税前利润中扣除				
	关账	每年经营结束后，年末进行关账操作				
	进入下一年					

表4-67　第3年资金预算表

序号	经营项目	具体开支目录	表达式	金额
		请按照顺序执行下列各项操作，并在相应空格内填入资金需求计划		
年初		期初资金	+	
1	市场预测与分析	购买调研报告费用	−	
2	市场开拓	市场开拓费	−	
3	ISO认证	ISO9000、ISO14000认证费	−	
4	开发客户	客户开发费	−	
5	参与投标	购买标书费用	−	
6	投放招商广告	广告投放费用	−	
8	产品研发	产品研发费	−	
10	租赁/购买厂房	厂房租赁/购买费	−	
11	购买/转产生产线	生产线购买/转产费	−	
12	原料采购	产品生产成本（原料费）	−	
13	投入生产	产品生产成本（加工费）	−	
15	签约零售商	零售商进场费	−	
16	货物配送	配货费	−	
19	媒体广告投标	广告费	−	
20	应收账款/应付账款	应收账款	+	
		应付账款	−	
21	短贷/还本付息	还本付息	−	
22	管理费缴纳	管理费	−	
23	应交税费缴纳	税费	−	
24	进入下一季度			
年末6项工作	长贷/还本付息	还本付息	−	
	租赁费/维修费支付	租赁费/维修费	−	
	支付库存费	库存费	−	
	折旧	折旧	−	
	进入下一年			
		借贷资金需求合计		
		经营资金需求合计		

表4-68　第3年直销订单登记表

订单号								合计
市场								
产品								
数量								
账期								
销售额								
成本								
毛利								
交货期								

表4-69　第3年招商广告投放登记表

产品	南部市场	东部市场	中部市场	北部市场	西部市场
P1					
P2					
P3					
P4					
合计					

表4-70　第3年批发订单登记表

订单号										合计
市场										
产品										
数量										
销售额										
成本										
毛利										
交货期										

表4-71　第3年原料采购计划表

原料	内容	第1季度	第2季度	第3季度	第4季度
R1	毛需求量				
	库存				
	已预订				
	净需求量				
	提前期				
	采购计划				
R2	毛需求量				
	库存				
	已预订				
	净需求量				
	提前期				
	采购计划				
R3	毛需求量				
	库存				
	已预订				
	净需求量				
	提前期				
	采购计划				

续表

原料	内容	第1季度	第2季度	第3季度	第4季度
R4	毛需求量				
	库存				
	已预订				
	净需求量				
	提前期				
	采购计划				

表4-72　第3年产能计划表

产品（功能）	年初库存	第1季度产量	第2季度产量	第3季度产量	第4季度产量	合计

表4-73　第3年媒体广告投标登记表

产品	媒体	第1季度	第2季度	第3季度	第4季度
P1	百度				
	央视黄金时段				
	央视午间时段				
	央视晚间时段				
P2	百度				
	央视黄金时段				
	央视午间时段				
	央视晚间时段				
P3	百度				
	央视黄金时段				
	央视午间时段				
	央视晚间时段				
P4	百度				
	央视黄金时段				
	央视午间时段				
	央视晚间时段				

表4-74　库存管理表

产品名称	产品型号	库存量	单价	总成本

（2）第3年年末相关报表。

第3年年末填写表4-75～表4-78。

表4-75　第3年产品核算表

产品	销售数量	销售额	成本	毛利
P1				
P2				
P3				
P4				
合计				

表4-76　第3年市场分析表

营销渠道		各小组市场占有率									
		a1	a2	a3	a4	a5	a6	a7	a8	a9	a10
直销											
批发											
零售P1	习惯型										
	理智型										
	情感型										
	经济型										
	不定型										
	冲动型										
零售P2	习惯型										
	理智型										
	情感型										
	经济型										
	不定型										
	冲动型										
零售P3	习惯型										
	理智型										
	情感型										
	经济型										
	不定型										
	冲动型										

续表

营销渠道		各小组市场占有率									
		a1	a2	a3	a4	a5	a6	a7	a8	a9	a10
零售 P4	习惯型										
	理智型										
	情感型										
	经济型										
	不定型										
	冲动型										

表4-77 企业信息表

我的企业信息	企业总媒体影响力										
	上一季度营业收入										
	ISO9000品牌值										
	ISO14000品牌值										
各企业综合指数	a1	a2	a3	a4	a5	a6	a7	a8	a9	a10	

表4-78 竞争对手情报分析表

项目	主要内容	主要竞争对手分析
生产情况	（1）产品结构 （2）在制品及库存数量 （3）生产线类型及数量 （4）原料采购情况	
研发情况	（1）产品研发情况 （2）ISO认证情况	
市场开拓情况	（1）已完成开拓的市场 （2）正在开拓的市场	
销售情况	（1）销售产品类型、数量、单价和销售额 （2）各企业所占产品和各市场的市场份额 （3）媒体中标情况	
财务状况	（1）资产情况 （2）负债情况（长期贷款、短期贷款、民间融资和应付账款等） （3）损益情况（净利润、应交税费和所有者权益）	

二、年末总结研讨

1. 财务分析

根据企业经营财务报表填写表 4-79 和表 4-80。

表4-79　第3年利润表

单位：万元

项目	表达式	上年金额	当年金额
营业收入	+		
减：营业成本	−		
营业税金及附加	−		
销售费用	−		
管理费用	−		
财务费用	−		
营业利润	=		
加：营业外收入	+		
减：营业外支出	−		
利润总额	=		
减：所得税费用	−		
净利润	=		

表4-80　第3年资产负债表

单位：万元

资产				负债及所有者权益			
项目	表达式	上年金额	当年金额	项目	表达式	上年金额	当年金额
流动资产				流动负债			
货币资金	+			短期借款	+		
其他应收款	+			应付账款	+		
应收账款	+			预收账款	+		
存货				应交税费	+		
原材料	+			流动负债合计	=		
在途物资	+			非流动负债			
在制品	+			长期借款	+		
库存商品	+			非流动负债合计	=		
发出商品	+			负债合计	=		
流动资产合计	=			所有者权益			
非流动资产				实收资本	+		
固定资产原价				未分配利润	+		
土地和建筑	+			所有者权益合计	=		
机器和设备	+						
减：累计折旧	−						
固定资产账面价值	=						

续表

资产				负债及所有者权益			
项目	表达式	上年金额	当年金额	项目	表达式	上年金额	当年金额
在建工程	+						
非流动资产合计	=						
资产总计	=			负债及所有者权益总计	=		

2. 小组述职

述职环节要求：

（1）企业总裁组织本年度述职工作。

（2）每个角色本着实事求是的原则，就自己现任职务履职的成绩、问题和经验进行阐述。

（3）时间限定在 1 分钟内，全部人员完成述职的时间限定在 5 分钟内。

管理是科学，更是艺术。3 年的经营已经进入尾声，你一定有很多深刻的体会，那就一吐为快，将你的感想记录在表 4-81 中吧！

表4-81　第3年总结与反思

我学会了什么（记录知识点）：
企业经营过程中遇到了哪些问题：

续表

计划评价：
下一次准备如何改进：

任务四　经营总结

学习目标

1. 掌握企业各个岗位的评价指标
2. 完成经营分析报告和收获/感悟报告

一、岗位评价

目前的市场营销沙盘系统针对企业的整体经营业绩进行积分评价。这种评价可以展现整个小组的经营业绩，但小组成员如何评价，特别是与其他小组相应成员如何进行比较是个难题。现实中可以发现有些团队可能因为有 1～2 名"牛人"，使企业取得不错的业绩，而其余成员仅仅扮演"打酱油"的角色。因此，以企业的业绩来简单评价成员是不全面的，说服力不足。一个小组业绩不佳，也不能说明每位成员的能力都不强。

沙盘模拟非常讲究团队合作，但也需要透彻剖析各岗位的经营得失，尽可能"量化"各个岗位"绩效"，并指出改进方向，这无疑对经营者能力的提升是大有帮助的。

岗位评价需要注意以下几个问题。

一是评价指标按职责分类。

企业经营是一个整体活动，要想绝对区分每个岗位的贡献和不足是不可能的。例如，媒体广告支出过多，是因营销总监没有成本意识还是因财务总监不会进行费用预算呢？对此只能硬性地规定属于哪个部门的责任由哪个部门来承担。可以规定媒体广告支出由营销总监负责，而其他影响划归"团队合作"问题，由企业总裁负责。

二是指标计算的原始数据取自各组实际经营数据。

这样操作相对来说比较客观，不容易引发争议。有些指标容易计算，如招商广告成本、媒体广告成本；有些指标需要用原始数据进行数据分析，如团队合作。

三是指标的评判需要借助历史经验和数据，无法完全做到客观和量化。

（一）对营销总监的评价

1. 成本控制因素

成本控制因素可以用招商广告费、媒体广告/销售额及所接订单直接成本/销售额来衡量。这两个指标越小，说明营销总监策划的销售活动的效果越好。

2. 现金流配合意识

现金流配合意识可以从应收账款比率与销售收益率两方面考虑。应收账款比率是指应收账款在流动资产中所占的比率，值太大意味着资金风险大，说明在选择回款周期时考虑不周；销售收益率是指当季度（年）销售额转化为现金的比率，转化率越高，说明销售策略越优。

3. 市场份额

各组所占市场份额可以反映企业对各类消费人群的把握效果。当然，该指标与其他岗位因素有密切的关系，可将其划归"团队合作"因素进行评价。

4. 客户满意度

客户满意度可以用当季度（年）零售订单的金额或数量进行评价。当然，该指标与其他岗位因素有密切的关系，可将其划归"团队合作"因素进行评价。

5. 目标人群定位准确性

有关目标人群定位准确性可以用各组在各个市场份额的排名情况来判定。在某个目标人群的份额排名越靠前，认为其定位准确性越高。

6. 产品库存控制

控制产品库存是营销总监的基本职能，通过能否在运营过程中正确预算可以销售的产品数量来判定其营销管理意识是否清晰。若累计库存过多，势必会造成资金占用不合理、采购计划不精准、资金周转率不高等。

（二）对运营总监的评价

1. 物流成本控制

运营总监对各类零售商销售数据进行整理和分析后，合理调配企业的产品资源。调拨费、库存费越少，说明运营总监对企业产品出入库处理的效果越好。

2. 回款周期控制

运营总监对各类订单数据进行整理和分析后，根据订单（特别是直销订单）的回款周期，合理安排商品出库交货。

（三）对财务总监的评价

1. 财务成本控制

该因素主要涉及长/短期贷款利息、民间融资利息等指标。财务成本高说明财务总监的融资意识和现金流控制意识比较差。

2. 现金流控制意识

该因素主要考虑速动比率等指标。

3. 财务杠杆意识

财务杠杆意识主要体现在能否正确运用贷款来提高股东回报率上。

4. 费用控制意识

费用控制意识主要体现在各项费用投资的回报率上，如媒体广告费的回报率。当然，该指标与其他岗位因素有密切的关系，可将其划归"团队合作"因素进行评价。

（四）对企业总裁的评价

企业总裁应当对整体经营负责，所以对企业总裁的评价因素应当体现在以下几个方面。

1. 股东满意度

各组根据公式"经营得分 =（1+ 总分 /100）× 所有者权益合计 × 追加股东投资比例合计"计算的分数，可以作为评判股东满意度的最终指标，且是核心指标。

2. 总成本控制

所有费用的成本分摊累计可以作为企业总裁的一个评价因素。尽管成本与各岗位职责相关，但最终决策是得到企业总裁认同的。因此，企业总裁必须对最终的总成本负责。

3. 团队合作

可以将各小组内表现最差的岗位与表现最佳的岗位之间的落差作为评价指标。企业总裁的责任之一就是不断改进，使小组的最"短板"得到提高，以此来提高整个团队的业绩。

4. 企业成长

资产规模的增长情况可以说明企业成长得好坏。

5. 市场战略

市场战略方向是否合理，可以通过考察各市场占有率来评判。

二、经营分析报告

经过学习和经营实践，我们收获的不仅仅是模拟经营的过程，还包括经营后的总结、评价与交流。模拟经营使我们学到了知识，得到了锻炼，也获得了技能的提升，最后有必要做一个总结分析与评价。请写出 500 字以上的经营分析报告，可以参考表 4-82，题目自拟。

表4-82　经营分析报告

专业		班级		姓名	
组号		职位/岗位		学号	
题目：					
报告摘要：					
经营成果：					
主要指标完成情况分析：					
主要计划与指标完成情况评价：					
建议与措施：					
教师评价：					

（注：纸张不够请另附）

三、收获/感悟报告

比赛可以带来职位的体验、思路的启发、智慧的启迪和人生的感悟,这是我们真正收获的硕果,所以应当认真地加以回顾和总结。请写出不少于 300 字的收获 / 感悟报告,内容可以从以下类别中选择,题目自拟,如表 4-83 所示。

(1)虚拟企业经营与专业素质(包括知识拓展)。

(2)能力方面的锻炼(辩证思维、发散思维、差异化思维的培养,发现问题、解决问题能力的提高,实践水平、动手能力的提升等)。

(3)综合素质方面的提升(职业定位,思想及情感、意志等,学习收获,人生感悟,团队,全局与共赢等)。

表4-83 收获/感悟报告

专业		班级		姓名	
组号		职位/岗位		学号	
题目:					
报告摘要:					
正文:					
教师评价:					

(注:纸张不够请另附)

【思考与探究】

模块内容：	学号：	姓名：	班级：	年 月 日

1. 通过本模块的学习，你学到了什么？

2. 你打算如何规划三个经营年度的市场营销沙盘模拟活动策略？

3. 在经营过程中，团队成员之间的合作是否顺畅？如果存在配合不默契的情况，主要表现在哪些方面？

4. 在经营过程中，经营结果是否达成预期目标？如果没有达成，主要在哪些方面出现了问题？你有哪些改进措施？

5. 你需要进一步了解或想得到解答的问题是什么？

6. 教师的授课方法对你的学习是否有帮助？

模块五　解密市场营销沙盘经营

经历几年的经营，也许你依然懵懵懂懂，跌跌撞撞。
也许你已经破产，却不知道原因。
虽然你能讲出一些道理，但零星散乱。
也许你盈利了，但可能很大程度上归功于运气。
和很多经营者一样，你不知不觉地进入了"哥伦布模式"。
走的时候，不知道去哪里。
到的时候，不知道在哪里。
回来的时候，不知道去过哪里。
让我们一起抽丝剥茧，解析市场营销沙盘模拟经营的奥秘吧！

任务一　战略——我们想打造什么样的企业

学习目标

1. 理解企业经营的本质
2. 读懂市场，明确我们想打造什么样的企业

企业经营犹如船在波涛汹涌的大海中航行。企业要在瞬息万变的竞争环境中生存和发展，离不开企业战略的指引。在制定企业战略时，一定要注意控制发展速度。此举并非提倡墨守成规、停滞不前，而是提醒企业发展的速度要与企业的权益和财务状况相平衡，这样才能相得益彰，这也是市场营销沙盘模拟经营的精髓。

在市场营销沙盘模拟经营过程中，有些团队在制定企业战略时，豪情万丈，气吞山河，大有扫平天下之势：一上来就将短期贷款和民间融资的4200万元额度用完，用大额资金投标招商广告、投标媒体广告，火拼第1年的理智型、习惯型消费人群，结果一旦订单达不到理想的效果，则企业权益为负或现金断流，最后不得不含泪宣告破产。

因此，企业在制定战略时一定不要脱离实际，要懂得量力而行。当然，过于保守也不行。正确的做法如下：由于资源有限，企业在一定时期内只能做有限的事，因此目标一定要明确。具体来说，应思考以下问题。

① 企业规模，是大企业还是小企业。
② 产品，是多品种还是少品种。
③ 消费人群，是多人群还是少人群。
④ 市场地位，是努力成为市场领导者还是做个追随者。

一、企业经营的本质

企业是营利性组织，其出发点和归宿都是盈利。企业一旦成立，就会面临竞争，并始终处于生存和倒闭、发展和萎缩的矛盾之中。企业只有生存下去，才可能盈利，而只有不断地发展才能求得生存。因此，经营企业，总的目标应该是生存、发展和盈利。

1. 企业如何生存

企业要想在残酷的市场竞争中生存下来，需要具备以下两个基本条件。

一是收可抵支。企业付出货币，从市场上获取所需的资源；提供市场需要的产品和服务，从市场上换回货币。企业从市场上获得的货币至少要等于付出的货币，以便维持继续经营，这是企业长期存续的基本条件。如果出现相反的情况，企业没有足够的货币从市场换取必要的资源，规模就会萎缩，直到无法维持最低的运营条件而终止运营。如果企业长期亏损，扭亏无望，就失去了存在的意义。为避免进一步扩大损失，企业应该主动终止运营。

二是按期偿债。企业为扩大业务规模或满足经营周转的临时需要，可以向系统借债（短期贷款、民间融资和长期贷款）。一旦资不抵债或者资金链断裂，企业将宣告破产。在企业模拟经营过程中，一旦破产条件成立，裁判可以按照规则定夺。

因此，企业生存的主要威胁来自两个方面：一是长期亏损，它是企业终止运营的内在原因；二是不能偿还到期债务，它是企业终止运营的直接原因。亏损企业为维持运营被迫进行偿债性融资，借新债还旧债，如不能扭亏为盈，迟早会因借不到钱而无法周转，从而不能偿还到期债务。

盈利企业也可能出现"无力支付"的情况，主要是借款扩大销售业务规模，冒险失败，企业无法继续经营下去。因此，企业应力求保持收可抵支和按期偿债的能力，减少破产的风险，使企业能够长期、稳定地生存下去。

2. 企业如何发展

企业是在发展中求生存的。企业的销售经营如逆水行舟，不进则退。产品不断更新换代，企业只有不断推出更好、更新、更受顾客欢迎的产品，才能在市场中立足。在竞争激烈的市场上，各个企业此消彼长、优胜劣汰。一个企业如果不能发展，不能提供产品和服务，不能扩大自己的市场份额，就会被其他企业排挤出去。企业的停滞是其死亡的前奏。

企业的发展集中表现为扩大收入。扩大收入的根本途径是扩大销售数量，提高产品销售额。然而各种产品的取得都需要付出货币，企业的发展离不开资金。因此，能够筹集企业发展所需的资金，是对企业的理财要求。

3. 企业如何盈利

企业只有能够盈利，才有存在的价值。企业经营的目标就是实现股东权益最大化，即盈利。从利润表中不难看出，企业盈利主要有两种途径：一是扩大销售（开源），二是控制成本（节流）。从财务上看，盈利就是使资产获得超过其投资的回报。在市场经济中，没有"免费使用"的资金，资金的每项来源都有其成本。每项资产都是投资，都要从中获得回报。

企业经营的命根子是盈利，那如何衡量经营的好坏？有两个关键的指标：总资产收益率和净资产收益率。

总资产收益率越高反映企业的经营能力越强，即企业1元钱的资产能获利多少。但企业的资产并不属于股东，股东最关心的是净资产收益率，净资产收益率反映的是股东1元钱的投资能获利多少。

$$净资产收益率 = 总资产收益率 \times 1/(1-资产负债率)$$

一般而言，总资产收益率一定时，资产负债率越高，净资产收益率就越高，表明企业的"借钱生钱"（用别人的钱为股东赚钱）能力越强，这就是财务杠杆效应；资产负债率一定时，总资产收益率越高，净资产收益率也越高，表明企业的经营能力越强，给股东带来的回报越高，这就是经营杠杆效应。

如果资产负债率过高，那么企业经营风险会很大，这时经营的主动权不在经营者手里，一旦环境有变则风险极大。例如，一旦由于贷款到期出现现金流短缺，企业将面临严重的经营风险。当资产负债率大于1时，就是资不抵债，理论上讲就是破产。

表5-1是3家企业的盈利能力比较。

表5-1　3家企业的盈利能力比较

企业	资产（万元）	负债（万元）	权益（万元）	净利润（万元）	总资产收益率（%）	净资产收益率（%）
A	100	0	100	15	15	15
B	100	50	50	15	15	30
C	100	90	10	4	4	40

A、B企业净利润相同，但由于B企业运用了财务杠杆，所以净资产收益率更高；C企业虽然净利润最少，但由于其资产负债率高，净资产收益率反而最高，达40%。但同时C企业也蕴含了巨大的风险，面临巨大的还贷压力，一旦现金断流，则意味着要破产。

二、读懂市场

市场是企业经营最大的变数，也是企业利润的最终源泉，其重要性不言而喻，因此，可以说营销总监是很有挑战性的岗位。

（一）产品组合分析

仔细研究市场营销沙盘系统（ITMC市场营销综合实训与竞赛系统4.0版本）的市场预测数据，不难发现，在特定版本下，市场预测数据是不变的，但是实际经营需要以调研报告及实际经营者的经营习惯为准，两者还是存在一定差距的。

某年（以 Y3 表示）省赛、国赛产品组合数据显示，各虚拟企业经营 P1 产品占比 29%～37%，接近市场预期的 39.3%（市场预测理论占比如图 5-1 所示），国赛数据产品占比指的是单品销售额与所有产品销售额之比。P1 产品占比只有 29%，是由市场竞争环境造成的，说明该小组在竞赛过程中 P1 产品做得太多了，或者经营者对 P1 产品定价太低（或折扣力度过大），导致销售额过低；P2 产品占比 26%～45%，P3 产品占比 9%～21%，P4 产品占比 7%～31%。

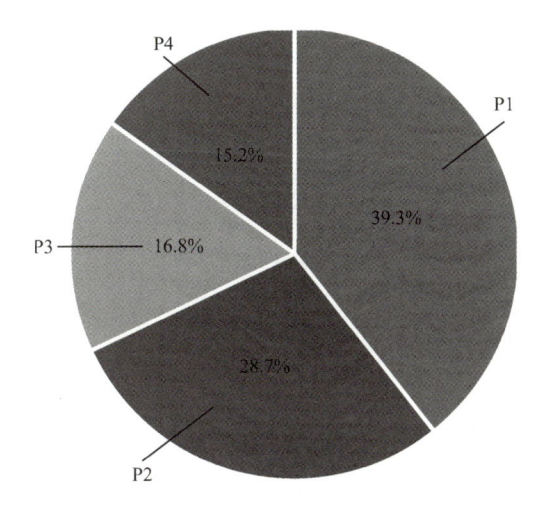

图 5-1　市场预测理论占比

该年及此前两年（以 Y1～Y3 表示）的市场营销沙盘市场模型基本上接近，从 3 年的产品组合层面来研究，对比 4 种产品的占比情况（见表 5-2），可以大致推断当年度虚拟企业经营者的产品组合策略。

表5-2　Y1～Y3年产品市场占比情况

年份	P1产品	P2产品	P3产品	P4产品
Y1	23%～41%	25%～50%	11%～17%	10%～20%
Y2	11%～26%	32%～52%	3%～27%	18%～25%
Y3	29%～37%	26%～45%	9%～21%	7%～31%
4.0版本系统数据	39.3%	28.7%	16.8%	15.2%

将每个虚拟企业 3 年经营完成后的直销、批发和零售销售额累加，可计算出本企业 4 种产品的销售占比。市场预测里 P1 产品的理论市场份额是 39.3%，如果你经营的企业的 P1 产品占比远高于或远低于 39.3%，那说明企业没有抓住其他产品，也就是说，在产品组合方面你的企业是有欠缺的。

（二）销售方式分析

将每个虚拟企业 3 年经营完成后的直销、批发和零售销售额累加，可计算出本企业 3

种销售渠道的销售占比。根据市场营销沙盘系统（ITMC 市场营销综合实训与竞赛系统 4.0 版本）的市场预测数据，P1 产品直销占比 9.02%，批发占比 15.84%，零售占比 75.14%。Y1～Y3 年，P1 产品销售方式占比分析如表 5-3 所示，可以发现：Y3 年 P1 产品直销和批发占比最大值较 Y1 年、Y2 年有较大提升；Y3 年 P1 产品零售占比最大值与 Y1 年、Y2 年基本持平，占比最小值均大幅下降。

表5-3　Y1～Y3年P1产品销售方式占比分析

年份	直销	批发	零售
Y1	0～11%	8%～12%	87%～100%
Y2	0～12%	7%～20%	80%～93%
Y3	0～36%	4%～34%	29%～95%
4.0版本系统数据	9.02%	15.84%	75.14%

根据市场营销沙盘系统（ITMC 市场营销综合实训与竞赛系统 4.0 版本）的市场预测数据，P2 产品直销占比 26.24%，批发占比 26.24%，零售占比 47.52%。Y1～Y3 年，P2 产品销售方式占比分析如表 5-4 所示，可以发现：Y3 年 P2 产品直销和批发占比较 Y2 年均略有下降；Y3 年 P2 产品零售占比最大值较 Y2 年大幅增加，占比最小值大幅下降。

表5-4　Y1～Y3年P2产品销售方式占比分析

年份	直销	批发	零售
Y1	0	0～24%	75%～100%
Y2	27%～81%	0～25%	15%～20%
Y3	17%～78%	0～18%	2%～78%
4.0版本系统数据	26.24%	26.24%	47.52%

根据市场营销沙盘系统（ITMC 市场营销综合实训与竞赛系统 4.0 版本）的市场预测数据，P3 产品直销占比 18.17%，批发占比 46.43%，零售占比 35.40%。Y1～Y3 年，P3 产品销售方式占比分析如表 5-5 所示，可以发现：Y3 年 P3 产品直销占比最大值较 Y2 年略有下降，占比最小值大幅下降；Y3 年 P3 产品批发占比较 Y2 年提升幅度较大，这是因为 4.0 以前版本的数据模型中 P3 产品在 3 种销售方式的占比比较平均；Y3 年 P3 产品零售占比最大值较 Y2 年大幅增加，占比最小值略有下降。

表5-5　Y1～Y3年P3产品销售方式占比分析

年份	直销	批发	零售
Y1	0～4%	0～2%	57%～100%
Y2	35%～84%	0～24%	11%～42%
Y3	8%～73%	0～55%	6%～91%
4.0版本系统数据	18.17%	46.43%	35.40%

根据市场营销沙盘系统（ITMC 市场营销综合实训与竞赛系统 4.0 版本）的市场预测数据，P4 产品直销占比 46.07%，批发占比 18.04%，零售占比 35.89%。Y1 ～ Y3 年，P4 产品销售方式占比分析如表 5-6 所示，可以发现：Y3 年 P4 产品直销销售方式的占比最大值较 Y2 年略有下降，占比最小值大幅下降；Y3 年 P4 产品批发销售方式的占比较 Y2 年提升幅度较大；Y3 年 P4 产品零售销售方式的占比最大值较 Y2 年大幅增加，占比最小值略有上升。

表5-6　Y1～Y3年P4产品销售方式占比分析

年份	直销	批发	零售
Y1	0～22%	0～36%	63%～100%
Y2	79%～99%	0～4%	1%～20%
Y3	27.53%～91.14%	0～5.99%	2.73%～72.47%
4.0版本系统数据	46.07%	18.04%	35.89%

（三）市场组合分析

根据市场营销沙盘系统（ITMC 市场营销综合实训与竞赛系统 4.0 版本）的市场预测数据，南部市场市场份额占比 47%，东部市场市场份额占比 23%，中部市场市场份额占比 15%，北部市场市场份额占比 13%，西部市场市场份额占比 2%。其中，区间数据代表 Y3 年省赛、国赛市场组合数据研究结果，如图 5-2 所示为系统市场需求分布。由此可以看出，学生在市场营销沙盘模拟对抗竞争过程中，其市场组合结构与市场预测分析数据越来越接近。

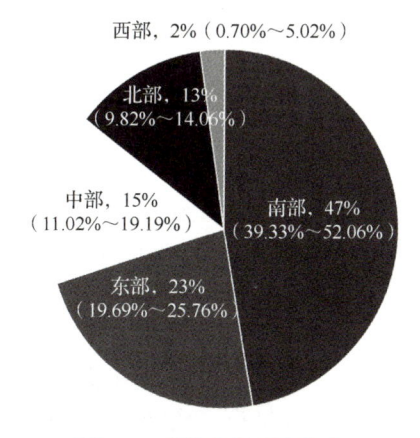

图 5-2　系统市场需求分布

（四）零售人群分析

根据 Y3 年省赛、国赛数据，零售人群主打的是理智型消费人群，占比 57%；其次是习惯型消费人群，占比 32%；情感型消费人群不再像 Y2 年以前那么受追捧（不能叠加产品型号进行高价销售），占比仅为 9%。如图 5-3 所示为 Y3 年零售人群占比趋势。理智型、习惯型和情感型消费人群都属于高费高价人群，尤其是理智型消费人群。

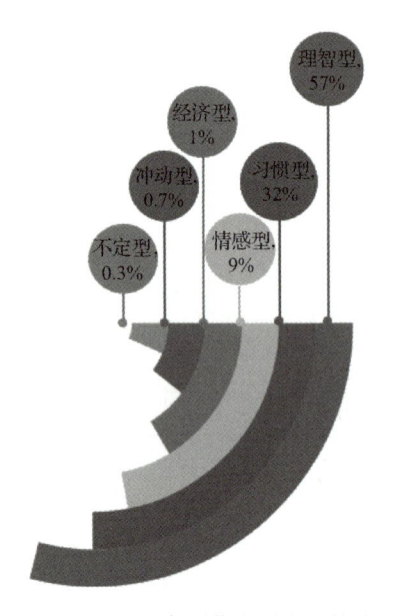

图 5-3 2018 年零售人群占比趋势

读懂了市场预测，同时还要对竞争对手有正确的评估，才能制定采购和销售策略。企业竞争就是博弈，知己知彼，方能百战不殆。大家如果都去抢价格高、需求大的综合人群市场，其结果反而是恶性竞争，所以往往看着是"馅饼"，其实可能是"陷阱"。

三、谋定而后动

以下几种情况是市场营销沙盘模拟经营中经常会碰到的。
（1）盲目研发产品或开拓市场，却没派上用处。
（2）脑子一热，抢来某类人群市场，下一年（季度）又拱手相让。
（3）某个阶段狠砸一通媒体广告，却发现没有竞争对手，造成极大的资金浪费。
（4）还没搞清楚要卖什么产品，就匆匆忙忙采购了一堆原料。
（5）销售情况不错，利润却上不去。

很多经营者一直是糊里糊涂的，这是典型的没用战略的表现。所谓战略，就是企业各项运营活动之间建立的一种配称。企业拥有的资源是有限的，如何分配这些资源，使企业的价值实现最大化，这就是配称。目标和资源之间必须匹配，否则目标再远大，实现不了，也只能沦为空想。

市场营销沙盘模拟经营必须在经营之初就做好如下几个战略问题的思考。
（1）企业的经营目标是盈利，还包括市场占有率等目标。

（2）销售什么产品组合？
（3）如何制定采购策略？
（4）主抓哪类消费人群？准备如何做？
（5）融资规划。
……

市场营销沙盘模拟经营中为了实现战略目标，最有效的工具是做长期资金规划，前期至少规划1～2年，同时将采购计划、促销计划、媒体广告计划等也一并完成，这就形成了一套可行的战略。当然，仅一套战略是不够的，事先还需要形成数套战略，同时在执行的过程中动态调整。此外，还有两点要引起重视：一是在战略的制定和执行中，永远不要忘记你的对手，对手的一举一动都会对你产生重大影响；二是前两年是经营的关键，此时企业资源较少，战略执行必须步步为营，用好每一分钱。前期若是被竞争对手拉大差距，则后期想赶超是很难的。第1季度浪费1万元，可能导致第3年权益相差几十万元，这就是"蝴蝶效应"。

任务二　财务——谁吸走了我们的流动资金

学习目标
1. 掌握资金流动的去向，合理分配、使用资金
2. 理解现金为王的道理，懂得如何管理资金

对企业而言，在一定的条件下，现金比利润更重要，因为现金状况影响企业的生存质量。有些企业虽然在账面上有巨额盈利，却因现金不足而破产倒闭；有些企业虽然在账面上有巨额亏损，却因有足够的现金而得以生存。企业的财务活动就是现金在企业循环和周转的过程，筹资、投资、再筹资、再投资……从起点又回到起点。这不是简单的重复，在这个过程中，企业创造了财富，使企业和其他利益相关者受益，这是一个螺旋上升的循环模式。

现金管理要解决的问题：一是尽快取得现金收入并缩短现金循环的周期；二是保证有足够的现金来偿还到期的支出款项并且妥善利用销售收入。

一、现金——企业的生命之源

市场营销沙盘模拟经营中，因为对现金使用不当而导致企业经营困难甚至破产的现象时有发生。发生这些现象的主要原因在于企业没有做好现金预算和财务计划。

以下几种情况经常在市场营销沙盘模拟经营中出现，说明经营者对现金管理还不太理解。
（1）在经营状态中看到现金不少，就比较放心了。
（2）还有不少现金，可是破产了。

（3）能借钱的时候尽量多借，以免第 2 年借不到。

库存现金越多越好吗？错！现金够用的话，反而是越少越好。现金从哪里来？可能是短期贷款、民间融资或长期贷款，都是要付利息的（短期贷款利率最低，也要 5%）。

下面从现金管理的角度进行分析。

现金不少，企业却破产了，很多经营者这个时候会一脸茫然。破产是指所持有的现金不足以支付必须支付的款项，造成现金断流。一般造成现金流断裂的原因包括：不能支付应付账款、贷款本息、员工工资、租赁费、维修费、售后服务费、库存管理费、行政管理费、相关税费、物流费用及企业装修费用。

【知识拓展】

企业现金的循环和周转

某企业刚刚成立，资金来自所有者和债权人，手里的资金需要用于购置厂房和设备，还需要用于购买材料和雇用工人，随着这些生产要素的投入，生产的产品暂时存入仓库。这样，初始资金转化为有形的存货。企业售出产品，存货又变成现金，如果是赊销，则只有在一段时间之后才能变成现金。这种从现金，到固定资产，到流动资产，到应收账款，再恢复至现金的过程就是该企业的现金循环和周转。

上面的案例回答了以下几个问题。

（1）现金从哪来：所有者向企业投入股本，银行向企业提供贷款。

（2）现金如何流转：从现金，到固定资产，到流动资产，到应收账款，再恢复至现金的过程。

（3）加速现金流转的关键点是什么：做好现金预算、存货控制等。

（4）资源规划：企业的资源是有限的，任何资金占用过多都会影响整个企业资源的正常分布。

权益和资金有什么关系呢？从短期来看，两者是矛盾的，资金越多，需要付出的资金成本就越多，反而会降低本年权益；从长期来看，两者又是统一的，权益高了，就可以从银行借更多的钱。企业经营初期，经营者会在这两者之间纠结，要想发展，做大做强，必须借钱融资，但这是受制于权益的，借钱受到极大的限制，又如何发展呢？这是企业经营之初的"哥德巴赫猜想"，破解了这个难题，企业经营也就成功了一半。

"在权益较高的时候应多借一点，以免下一年权益下降了借不到"这个观点有一定的道理，但是也不能盲目地借款，否则以后一直会背负沉重的负担，甚至还不了本金，这不就是"饮鸩止渴"吗？

【小思考】

什么是"哥德巴赫猜想"？

解密市场营销沙盘经营 模块五

通过上述分析可以看出资金管理的重要性。资金是企业日常经营的血液，断流一天都不可以。将可能涉及资金流入/流出的业务汇总后，不难发现其基本上涵盖了所有的业务。如果将来年的可能发生额填入表中，就自然形成了资金流动表，如表5-7所示。如果资金出现断流，必须及时调整，看看哪里会有资金流入，及时给予补充。

表5-7 资金流动表

序号	请按照顺序执行下列各项操作，并在相应空格内填入资金需求计划						
	经营项目	具体开支目录	表达式	第1季度	第2季度	第3季度	第4季度
年初		期初资金	+				
1	市场预测与分析	购买调研报告费用	−				
2	市场开拓	市场开拓费	−				
3	ISO认证	ISO9000、ISO14000认证费	−				
4	开发客户	客户开发费	−				
5	参与投标	购买标书费用	−				
6	投放招商广告	广告投放费用	−				
8	产品研发	产品研发费	−				
10	租赁/购买厂房	厂房租赁/购买费	−				
11	购买/转产/变卖生产线	生产线购买/转产/变卖费	−				
12	原料采购	产品生产成本（原料费）	−				
13	投入生产	产品生产成本（加工费）	−				
15	签约零售商	零售商进场费	−				
16	货物配送	配货费	−				
19	媒体广告投标	广告费	−				
20	应收账款/应付账款	应收账款	+				
		应付账款	−				
21	短贷/还本付息	还本付息	−				
22	管理费缴纳	管理费	−				
23	应交税费缴纳	税费	−				
24	进入下一季度						
年末6项工作	长贷/还本付息	还本付息	−				
	租赁费/维修费支付	租赁费/维修费	−				
	支付库存费	库存费	−				
	折旧	折旧	−				
	进入下一年						
		借贷资金需求合计					
		经营资金需求合计					

从表 5-7 可以看出，现金流入项目实在太有限，而其他流入项目都对权益有负面影响。由此可以明白资金预算的意义了：首先，需保证企业的正常运作，不发生断流，避免破产出局；其次，需合理安排资金，降低资金成本，使权益最大化。资金预算、销售计划、采购计划和媒体推广计划的综合使用，既可保证各计划正常执行，又可防止出现浪费，如库存积压等。同时，如果市场形势、竞争格局发生改变，必须对资金预算进行动态调整，适应要求。可以说，资金的合理安排，为企业其他部门的正常运转提供了强有力的保障。

【小提示】

至此，你应该多少理解财务的地位了吧！其能为企业运作保驾护航。再也不要随便责怪财务"抠门"了，财务也难，到处都要花钱，不"抠门"点儿，估计企业用不了多久就会断流破产了。

二、筹资渠道的选择

市场营销沙盘提供了短期贷款、民间融资和长期贷款 3 种融资方式，具体应用时可做如下考虑。

（1）由于受到所有者权益数额的限制，要贷款必须考虑权益，尽量将企业的权益做大。在经营的前两年，特别是第 1 年，由于投资数额巨大，为抢占市场占有率，企业利润往往较少，权益会呈现下降趋势。在融资过程中一定要对权益的数额进行预测，以明确信贷数额，防止企业因资金链断裂而破产。

（2）在融资时要注意贷款的用途。短期资金的融资模式有短期贷款和民间融资两种，由于偿还期限短，偿债压力大，一般只用于弥补流动资金的不足；长期贷款期限长，偿债压力小，可用于弥补企业长期建设资金的不足。在具体使用时，若将短期资金大量用于招商广告投放、媒体广告投标等项目，企业将面临债务危机，甚至有可能面临无法偿还而破产的风险。特别是经营的前两年，资金需求量大，企业利润少。因此，在媒体广告投标上，企业要量力而行，切不可盲目。

（3）考虑到贷款成本及还款期的问题，在流动资金不足时一般优先考虑进行短期贷款，然后是民间融资。具体应用时应注意短期贷款和民间融资都是每期有一次机会。在进入下一季度经营前，应认真核对资金缺口，若资金不足应及时进行贷款。

三、财务分析

财务分析是借助财务报告反映的财务数据，采用专门方法系统分析和评价企业过去和现在的财务状况和经营成果，通过了解过去、评价现在、预测未来，可以将大量的报告数据转换成对企业预测、决策、控制有用的信息。在财务管理中，财务分析起着承上启下的作用。财务分析的数据大部分来源于财务报告,在分析财务报告的基础上,对企业的偿债能力、盈利能力、运营能力、发展能力做出评价。

财务分析既能找到企业经营中的薄弱环节,又能从企业全局把握问题之所在。虽然财务分析只能发现问题而不能提供解决问题的方案,但通过分析能够明确需要详细调查和研究的项目,以帮助企业解决问题,并做出下一步经营决策。如果没有分析,就不能将历史数据转变为对决策有用的信息。

1. 杜邦分析——找出影响利润的因素

杜邦分析法利用几种主要的财务比率之间的关系,综合地分析企业的财务状况,评价企业的盈利能力和股东权益回报水平。它的基本思想是将企业的净资产收益率逐级分解为多个财务指标,有助于深入分析和比较企业的经营业绩。

通过杜邦分析图可以直观地发现哪些项目影响营业收入净利率和总资产周转率,找出影响这两项指标水平高低的原因,可以进一步发现问题产生的原因。

2. 经营能力指标分析

经营能力指标分析包括收益力、成长力、安定力、活动力和生产力五力分析,如表5-8所示。

表5-8 五力分析

收益力	毛利率	(营业收入-直接成本)/营业收入×100%
	净利润率	净利润/营业收入×100%
	总资产净利率	净利润/〔(期初资产总计+期末资产总计)/2〕×100%
	净资产收益率	净利润/〔(期初所有者权益总计+期末所有者权益总计)/2〕×100%
	销售利润率	利润总额/营业收入×100%
	总资产收益率	利润总额/资产总计×100%
成长力	收入成长率	(本期营业收入-上期营业收入)/上期营业收入×100%
	净利润成长率	(本期净利润-上期净利润)/上期净利润×100%
	净资产成长率	(本期末资产总计-上期末资产总计)/上期末资产总计×100%
安定力	流动比率	期末流动资产/期末流动负债×100%
	速动比率	(期末流动资产-期末商品库存)/期末流动负债×100%
	资产负债率	期末负债合计/期末资产总计×100%
活动力	存货周转率	当期营业成本/〔(期初商品库存+期末商品库存)/2〕×100%
	应收账款周转率	当期销售净额/当期平均应收账款×100%
生产力	人均利润	当期利润总额/当期员工人数
	人均营业收入	当期营业收入/当期员工人数

注:此表内容仅为举例,很多指标并未列出;各系统所给的指标名称不一,参考即可。

(1)收益力衡量企业是否具有盈利的能力,指标中的净资产收益率是投资者较为关心的,反映的是投资者投入资金的能力。一般而言,收益力指标越高越好。

(2)成长力衡量企业是否具有成长的潜力,即持续能力。一般而言,成长力指标越高越好。

(3)安定力衡量企业财务状况是否稳定、会不会发生财务危机。流动比率大于2、速动比率大于 1 的企业，被认为短期偿债能力较好。资产负债率越高，说明企业面临的财务风险越大，获利能力越强，在 60%～70% 较为合理。

（4）活动力是从企业资产的管理能力方面对企业经营业绩做出的评价。活动力指标越高，说明企业资金周转速度越快，获利能力越强。

（5）生产力衡量企业人力资源产出能力。

任务三　订单——我们倾向于哪种经营策略

学习目标

1. 掌握订单的来源途径，制定商品销售策略
2. 理解各类营销渠道策略的基本思路，制订商品购销计划

在市场营销沙盘实战中，经营策略多种多样，由于经营是在动态环境中进行的，并不存在以不变应万变的最优方案。作为经营者，除了要了解一些常规的经营策略，还应能够根据经营环境的变化及时调整经营策略，使自身的经营策略更具灵活性、适应性。

一、直销批发策略

直销批发策略就是以直销和批发为主要渠道销售产品，是一种较简单的经营策略，适用性较强，对初学者来说是不错的选择，且往往能取得不错的效果。

1. 基本思路

第 1 年尽量保权益，以销售 P1 产品为主（不带功能的初始产品，需注意它的可销售期限），囤新生产的产品（带功能），为第 2 年的批发订单备货。

第 2 年拿到批发订单后，在第 2 年第 4 季度集中交货，目的在于提升第 3 年年初的企业综合指数，为第 3 年拿直销订单奠定基础。第 2 年生产的产品一方面为批发订单备货，另一方面用多余的产能生产带流行功能的产品，为第 3 年的直销订单备货。

第 3 年以直销为主，若能拿到直销订单，则直销批发策略目标基本达成。

2. 适用条件

（1）市场需求波动率为负。

如果市场需求波动率为负，特别是负数值较大时，本策略尤其适用。在负市场环境下，由于零售渠道受到较大的不利影响，因此直销渠道显得格外重要。

（2）第 1 年各产品流行功能少。

第 1 年各产品流行功能出现越少，对本策略就越有利。第 1 年 P1 产品会出现 2～3 个流行功能，P2 和 P3 产品一般会出现 1～2 个流行功能，P4 产品只可能出现 1 个流行功能。

功能增加，产品的成本也会增加，批发订单的利润就会受到影响。

（3）第 1 年竞争激烈。

第 1 年竞争越激烈，对本策略就越有利。如果第 1 年竞争激烈，会导致综合指数较高的几个企业权益都为负，且第 2 年的直销订单被这几个企业瓜分。由于受资金影响，直销中标的企业均无法将直销订单留至第 2 年第 4 季度集中交货，从而更凸显本企业第 4 季度的交易额所占比例，这将有利于提升本企业第 3 年第 1 季度的综合指数，进而增加获取第 3 年的直销订单的机会。如果第 2 年直销中标很集中，尤其是某个企业占有绝大部分市场份额（如超过 70%），且该企业权益为负，需要通过交货缓解资金压力，但货物不足时，第 2 年肯定出现违约的情况。在这种情况下，直销中标企业会因违约丧失第 3 年的直销资格，且第 2 年第 4 季度交货数量不多，使本企业的批发订单在拉升企业综合指数方面的作用更加明显。

3. 风险防范

（1）批发竞争激烈，第 2 年拿到的批发订单数量少。

若拿不到理想数量的批发订单，则通过交付批发订单提升企业综合指数的目标就会很难实现。此时，经营者可以考虑转变策略。例如，可以转向理智策略。由于第 1 年生产的产品都带有第 1 年的流行功能，因此产品的销售期限较长，企业可以在第 2 年第 1 季度交付批发订单，同时抢媒体广告，低价零售，即通过媒体、零售、批发共同拉升企业综合指数，从而转向理智策略。

本策略最终的目的是通过第 2 年第 4 季度交付批发订单，以交易额达到提升第 3 年第 1 季度企业综合指数的目的，从而为第 3 年直销创造条件。为了增强第 2 年第 4 季度交易额所起的作用，可以在零售渠道寻求突破，如定位于经济型、不定型和冲动型等与企业综合指数关联度小的消费人群。第 2 年第 4 季度通过零售提升本企业的交易额，同时抑制竞争对手的交易额。

（2）第 3 年未能拿到理想的直销订单。

第 3 年能否拿到合适的直销订单，往往决定了本企业的经营业绩。因此，第 2 年结束后，应加强对竞争对手的分析。一是识别竞争对手。由于本企业的主要目标是第 3 年的直销订单，因此竞争对手主要是那些综合指数较高的企业，尤其是综合指数与本企业较接近者。二是分析竞争对手的能力，主要包括竞争对手的库存水平（会在多大范围内参与直销竞标）、竞争对手的资金状况（是否有足够的直销保证金）、竞争对手是否存在违约情况（一旦违约，则无资格参与直销竞争）等。三是分析竞争对手对直销的依赖程度。如果第 3 年市场环境较好，零售需求量较大，且竞争对手的综合指数主要来源于媒体影响力，则竞争对手对直销的依赖程度就较低，而零售往往会给其带来更大的收益。基于以上分析，本企业可以调整直销价格及投标范围，从而提高直销订单的中标概率。

二、经济不定策略

经济不定策略的思路比较简单，就是以零售渠道的经济型和不定型消费人群为主要交易对象，销售产品。

1. 基本思路

通常情况下，经营者会认为经济型和不定型消费人群属于较低端的市场，销售价格较低，利润较低。但是，这两类市场需求量较大，与媒体广告几乎无关，投入成本相对较低，总体利润也就非常可观。企业在以经济型、不定型消费人群为销售对象时，也可以同时兼顾与媒体广告基本无关的冲动型消费人群市场，扩大产品的销售范围。

2. 适用条件

由于经济型和不定型消费人群的市场需求量较大，因此本策略适用范围广泛。尤其是当市场环境较好，竞争对手集中在理智型、情感型消费人群的竞争时，采用本策略会有较大优势。

3. 风险防范

（1）市场需求波动率为负，市场需求减少。当市场经营环境不好，市场需求量减少，销售面临较大压力时，各企业可能都会压低价格销售，从而导致经济型和不定型消费人群的利润空间受到影响。可以尝试低投每季度的媒体广告，看看有没有转型的机会。

（2）市场需求波动率为正，竞争对手过于保守。当市场经营环境较好，但竞争对手偏向于保守，媒体广告的竞争不激烈时，针对经济型、不定型消费人群的策略雷同，导致市场竞争加剧。如果某个季度（尤其是第1、第2年）经济型和不定型消费人群销量很大则对企业综合指数提升可能起到很大作用，若能通过抢夺媒体广告进入理智型消费人群市场，也可以尝试转型。

（3）市场需求波动率开始为正，后期为负。市场经营环境开始（如第1年）较好，但后期（如第3年）开始恶化，竞争对手迫不得已都转向经济型消费人群的竞争时，本企业生存压力大增，而企业综合指数较高的竞争对手可能获得了直销订单从而保证了利润，取得经营业绩上的成功。如果第3年市场环境恶化，各企业整体库存量比较大，则不可过多地寄希望于零售，若未能拿到直销订单，则批发订单（需保证有利润）不可忽视。

如果对市场经营环境的预期较好，第1年本策略运用得也较成功，则可以转化为囤货策略。因为若第3年市场经营环境较好，则竞争对手可能更期待在零售渠道获得高额利润，因此会放弃价格较低的直销订单，给本企业直销带来机会。

三、囤货策略

囤货策略是指经营者将第1、第2年生产的产品以囤积为主、适当销售的策略。运用本策略，一方面，可以避开前期市场的激烈竞争，保存实力以图第3年大发展；另一方面，根据得分规则，若第3年企业能够获得高额利润，与第3年所有者权益相同但第3年利润低的企业相比，在得分上更具优势。本策略既能使企业保持较高的权益，又有大量的产品库存，能够保持企业的增长潜力。总体而言，运用该策略，经营风险较小。

1. 基本思路

第 1 年尽量维持较高的所有者权益，为囤货所需资金提供保障。第 1 年可以只生产和销售 P1 产品，而 P2、P3 和 P4 产品只需研发 2 个季度。这样既能节省产品的配货费用和库存费用，也能节省产品的研发费用等，有利于企业维持较高的所有者权益。但企业在生产 P1 产品时，要合理分配不同型号的 P1 产品的生产量，防止功能较少的产品过期无法销售。

第 2 年不再生产 P1 产品，全部转产至 P2、P3 和 P4 产品。由于第 2 年产品的流行功能已经确定，因此可以直接生产带第 1、第 2 年流行功能的 P2、P3 和 P4 产品（因为新产品既适合第 3 年直销，也适合批发和零售），少量用于零售，以冲动型消费人群为销售对象，剩余的大量产品囤积待用。

第 3 年首先冲直销订单，若能够以合适的价格获得大量直销订单，则意味着企业能够获得良好的经营业绩。若直销失败，则可根据市场环境、竞争情况等拿一部分批发订单，其余产品通过零售渠道销售。

2. 适用条件

（1）市场需求波动率为正。

如果第 3 年市场需求为正，市场需求波动率越大越好，则零售需求量相对较大，囤货策略相对有利。尤其是市场需求波动率先负后正的话，前期投入费用较少、保存实力的囤货策略效果更好。另外，若第 3 年市场需求波动率为正，则波动率越大，各企业对零售订单的期待越高，使得直销的竞争越不激烈，这恰恰给了囤货策略第 3 年拿直销订单的好机会。

（2）第 1 年 P2 和 P3 产品出现的流行功能多。

第 1 年 P2 和 P3 产品出现的流行功能越多，囤货策略越有利。一般而言，第 1 年 P2 和 P3 产品出现的流行功能通常是一个，但有时会出现两个。由于第 2 年的直销产品需要具备第 1 年出现的流行功能，而流行功能增加，产品的加工费也增加，即产品成本增加。这对以理智型消费人群市场为主、以第 2 年直销订单为目标的企业而言，削薄了利润，而运用囤货策略，并不会产生负面影响。

3. 风险防范

（1）前期基本不参与竞争，给竞争对手更多的发展机会。

在本策略下，第 1 年为了保权益，企业只生产与销售 P1 产品；第 2 年 P2、P3 和 P4 产品均以冲动型消费人群为销售对象，销量小。一方面，冲动型消费人群市场本身就不大，且 A2、B2、C2 零售商到了第 2 年第 3 季度才对 P2、P3 和 P4 产品有冲动型需求；另一方面，不排除竞争对手也会以冲动型消费人群为销售对象，可能导致本企业的产品更难销售。另外，由于本企业基本上未参与 P2、P3 和 P4 产品的经济型、不定型、理智型、情感型消费人群的竞争，给了竞争对手更多的发展机会。

为了增强企业的风险防范能力，经营者应加强分析，主动适应市场环境的变化。一是分析竞争情况：主要分析媒体竞争、情感型消费人群竞争等，如果竞争很激烈，则本策略对企业有利；如果竞争不激烈，则持续关注，并寻求变化的机会，如能否在 P1 产品上也针对情感型消费人群市场展开竞争。二是在第 1 年结束后，分析竞争对手的财务报表，了解其权益、库存、生产线规模、资金等信息，结合各企业的经营策略，掌握其整体经营情况。三是在第 2 年直销与批发结束后，对整体发展形势做出预判。例如，根据各企业直销订单的占比，结合其库存判断是否存在违约的可能。直销订单少、权益为负的竞争对手是否将于第 2 年破产？四是在第 2 年经营过程中分析竞争激烈程度。例如，媒体广告中标费用是否很高？本企业能否也加入理智型消费人群竞争行列？若加入可行，则可生产部分低成本产品，同时兼顾经济型、不定型、习惯型、冲动型消费人群订单，从而借助交易额和媒体影响力提升企业综合指数。在第 2 年经营结束后，要分析确定竞争对手是否违约、竞争对手的资金情况等信息。

（2）策略雷同导致第 3 年竞争激烈。

如果有多家企业同时采取囤货策略，则会导致竞争激烈，企业难以获得较高的经济利润，此时需要开始调整策略。一是分析直销的机会：查看竞争对手的利润表，只要是营业外支出存在小数的企业，肯定存在违约，无论其综合指数高低，可直接排除在直销之外。查看竞争对手的资产负债表，了解竞争对手的现金、应收账款及所有者权益的变化。了解竞争对手是否可以通过贴现、贷款等方式在第 3 年第 1 季度获得资金。直销需要按照订单金额的 10% 缴纳直销保证金，如果资金不足，则直销必然受到影响。查看竞争对手的库存及综合指数，排除违约的企业、了解直销能力有限的企业，了解剩余的竞争对手的库存、综合指数，如果本企业的综合指数有优势，则直销的机会较大；否则，直销的机会较小。另外，如果市场环境好，竞争对手对直销的依赖降低，本企业直销的机会往往也会大一些。二是分析批发的机会：P2 和 P3 产品批发订单的数量较多，且第 3 年批发订单不一定要求第 2 年第 4 季度出现的流行功能，这样就有可能降低 P2 和 P3 产品批发订单的生产成本。虽然批发订单价格较低，但往往每个市场都有少量的高价订单，只要能够拿到这些订单，则利润仍然较高。

（3）第 3 年的直销与批发订单数量不足。

如果企业在第 3 年第 1 季度的直销与批发订单数量均不太理想，企业库存量又较多，则只能从零售渠道寻求突破。第 3 年第 1 季度是囤货企业零售的好机会，一方面，对于库存少的竞争对手，产品数量少，零售量不大；另一方面，拿到直销订单的竞争对手如果交货，则剩余的产品数量更少，往往不愿意在零售渠道低价出售。此时经营者可以在第 3 年第 1 季度交货，再压低价格大量零售，适当投放媒体广告，通过交易额拉升企业综合指数，然后第 2 季度根据交易条件，提升价格，提高企业利润。

四、理智策略

理智策略是指通过提升企业综合指数，既能在零售渠道满足对价格不太敏感的理智型消费人群需求，又能在直销渠道具备高价直销订单优势的经营策略。理智策略以提升企业综合指数为目的，而企业综合指数的提升主要受两个因素的影响：一是销售额，其对企业综合指数的影响是短期的，即当季度销售额只影响下一季度的企业综合指数；二是媒体影响力，其对企业综合指数的影响是长期的，是各年各季度累加而成的。因此，企业若想成功实施理智策略，则需要考虑如何利用销售额及媒体影响力提升企业综合指数。下文分成第1年和第2年理智策略进行讲解。

1. 基本思路

（1）第1年理智策略

第1年第1季度抢批发订单，第3季度交货、抢媒体广告，提升第4季度的企业综合指数。第1年第4季度通过抢媒体广告、大量零售巩固第2年第1季度的企业综合指数，为获取第2年高价直销订单打下基础。一旦获得直销订单，尽量在第2年第4季度交付货物，为第3年第1季度直销打下基础。

（2）第2年理智策略

第1年主要销售P1产品（不带功能型号），减少投入，维持较高的所有者权益，新生产的产品主要用于第2年零售。第2年的销售主要以第3、第4季度为重点，通过第3季度大量零售，力争第4季度的企业综合指数最高，再通过第4季度零售提升第3年第1季度的企业综合指数。而第2年生产的新产品主要为第3年直销、零售囤货。

2. 适用条件

（1）第1年理智策略

企业可以在经营初期通过媒体广告的抢夺，主要用媒体影响力提升企业综合指数，进而以理智型、习惯型订单交易额等的综合作用进一步巩固企业综合指数地位，因此通常也将此策略称为先手理智策略。经营者还可以在第1年第3季度实施媒体广告抢夺、批发订单交货等，提升第4季度的企业综合指数，进而促成第4季度产品的销售，以销售额进一步巩固企业综合指数，因此又称为后手理智策略。除此之外，企业还可以由经济不定策略转理智策略、由情感策略转理智策略等。

第1年理智策略争夺的焦点在第1年第3季度。企业在第1年第3季度用媒体广告及交易额（零售及批发交货）大幅度提升第4季度的企业综合指数，第4季度再利用企业综合指数优势及媒体广告提升该季度的零售交易额（习惯型、理智型消费人群市场，以及P2、P3、P4产品的情感型消费人群市场），从而确保企业第2年第1季度的综合指数优势，为第2年高价直销打下基础。一旦直销如愿，则可减少媒体广告投入，第2年第4季度大量交货，从而保持第3年第1季度的企业综合指数优势，再通过第3年高价直销获得经营成功。因此，理智策略的第2、第3年均是以直销为主的，一旦直销成功，很容易得高分。本策略适用环境广泛，成功的关键在于能否获得第1年第4季度的企业综合指数优势，从而通过零售交易额为第2年直销打下基础。

（2）第2年理智策略

第1年以囤货、维持（或提升）所有者权益为目的，因此第1年所有者权益往往较高，这为第2年的企业经营活动提供了资金上的保证，因此本策略的经营风险相对较小，适用性较强。

当第2年尤其是第2年第3、第4季度媒体广告竞争不太激烈时，本策略更具有优势。因此，如果第1年各企业在媒体广告上竞争激烈，导致多家企业的所有者权益很低，从而第2年企业资金受限、媒体广告竞争力下降，则对本企业也是利好。

3. 风险防范

理智策略看似简单，实则比较复杂，受众多因素影响，有些因素甚至是难以预测与控制的。经营者要想获得经营成功，既要认真做好市场分析，也要通过多练习积累经营经验。另外，经营者准备几种策略作为备选、留有退路也非常关键，在经营过程中可根据实际环境对策略进行调整，以提升策略的灵活性。

（1）第1年理智策略

本策略成功的第一步是在第1年第1季度能否拿到合适的批发订单。批发订单选单顺序是以招商广告投放量为依据确定的，因此企业在第1年虽投放了大量招商广告，却未必能够获得较满意的批发订单，甚至可能得不到批发订单。一旦陷入被动，企业的生存将面临较大困难，这就需要及时调整经营策略。

本策略成功的关键一步是第1年第3季度交货，同时抢媒体广告，通过批发、零售及媒体广告的共同作用，迅速提升企业综合指数。但这一策略未必能够达到理想效果，原因在于：首先，先手理智者在第1、第2季度中标较多，有较大的综合指数上的优势，若竞争对手在第3季度也有较多的批发订单，以及较高的零售交易额，使得其在综合指数上进一步巩固了其地位，就会导致本企业在第1年第4季度无法通过较高的零售交易额达到提升第2年第1季度综合指数的目的，给企业带来风险。这需要经营者时刻关注市场动态，识别主要竞争对手。例如，竞争对手拿了多少直销和批发订单，竞争对手什么时候拿了批发订单，广告中标价格是多少，整个市场竞争如何，竞争对手是否可能由经济不定策略转理智策略或由情感策略转理智策略等。在分析以上问题的同时，要积极思考对策，尽量降低经营风险。

（2）第2年理智策略

一方面，在第1年经营中，企业尽量在获利的前提下向经济型、不定型消费人群售出P1产品（不带功能型号），以避免第1年的所有者权益过低而导致资金紧张。另一方面，第2年策略的实施要果断，要加强对竞争环境的分析。第2年第1、第2季度，媒体广告重点可放在P1、P2产品上。第3季度若媒体中标、交易额较大，为了防止第4季度无法做到企业综合指数最高，在媒体广告力度方面要更加果断坚决。为了确保第4季度的企业综合指数第一，企业可以在第2年适当选择一些批发订单，并于第3季度交货。但如果企业在第2年第1、第2季度媒体中标比较多，则可以将批发订单留到第4季度再交货。

五、情感策略

与理智策略相似，情感策略也是立足于高端市场（情感型消费人群市场），以期待获得高额的利润回报。

1. 基本思路

实施情感策略，主要考虑如何利用情感型消费人群的交易规则达成交易。但由于情感型消费人群的需求量并不是很大，以及存在竞争等问题，所以企业在实施情感策略时，也并非只针对情感型消费人群市场，往往还需要满足其他市场的需求，以促进企业的发展。

企业在以下情况下可以促成情感型消费人群的购买。

（1）通过促销活动打折销售产品。若本企业某个产品在某个市场的历史优惠额度相比竞争对手为最大，则企业便有了情感型消费人群的优先交易权。

（2）若本企业某个产品在某个市场的历史优惠额度排名第二，则能否与情感型消费人群进行交易取决于排名第一的竞争对手的定价策略及其可销售的产品数量。若竞争对手实施高价策略或者其可供销售的产品数量不足，则本企业可以获得一部分情感型消费人群订单。

（3）若本企业某个产品在某个市场的历史优惠额度排名第三，则能否与情感型消费人群进行交易取决于排名第1、第2的竞争对手的定价策略及其可销售的产品数量。若排名第1、第2的竞争对手均采用高价策略或者其可供销售的产品数量不足，则本企业仍可获得情感型消费人群订单。历史优惠额度排名越靠后，成交情感型消费人群订单的机会则越小。

（4）对于新开放的市场的情感型消费人群订单需求，如第1年第3季度东部市场对P1产品的情感型消费人群订单需求，第1年第4季度南部、东部市场对P2、P3、P4产品的情感型消费人群订单需求等，由于各企业的历史优惠额度均为0，根据规则，情感型消费人群订单的交易取决于企业综合指数，高者优先交易。

2. 适用条件

（1）市场需求。当调研报告中的情感型消费人群市场需求量较大时，更适用此策略；当市场需求波动率为正时，波动幅度越大，意味着零售市场的需求量越大，实施本策略的风险越小。

（2）市场竞争。如果竞争对手更偏向于理智策略、经济不定策略、囤货策略等，则意味着情感策略的竞争可能较小，此时适宜采用此策略；如果第1年直销订单中标比较分散，批发选单者又较多，一般拿到直销与批发订单的企业往往不会以经济不定策略为主，则情感型经营策略可能有更多的机会。

3. 风险防范

情感型消费人群市场的高额回报，往往会导致激烈的市场竞争，而竞争的主要手段是促销优惠，即使企业的历史优惠额度排名第2，能否成交及成交多少情感型消费人群订单仍取决于竞争对手的价格策略，这直接影响了情感策略的产出。为了获得主动交易权，经常出现竞争对手不计成本与后果的恶性竞争。要防范竞争风险，一方面，企业竞争要有底线，有时候甘愿排第2，可能使得竞争双方均获益；另一方面，如遇机会（如某个季度，产品的市场期望价格较高），则应充分利用机会将优惠额度拉开，让竞争对手望而却步。另外，由于情感型消费人群市场偏小，为了提升销量，在实施情感策略的同时也可以以冲动型消费人群市场为目标市场，销售全功能的各种产品。

【思考与探究】

模块内容：	学号：	姓名：	班级：	年 月 日

1. 通过本模块的学习，你学到了什么？

2. 你对市场营销沙盘中的产品特点、定价策略和营销渠道有了解吗？能分享一下你的看法吗？

3. 在经营过程中，你是如何确保企业资金流动顺畅的？

4. 在经营过程中，你更倾向于哪种营销策略？谈谈你的想法。

5. 你需要进一步了解或想得到解答的问题是什么？

6. 教师的授课方法对你的学习是否有帮助？

附录 A 教师指导平台

一、教师指导平台简介

教师指导平台主要包括经营控制、经营数据、经营分析和经营设置等主要功能。教师可以通过教师指导平台进行直销订单招标、批发订单竞标和媒体广告招标的管理，从而进行教学进度的控制；也可以随时监控各组的经营进度，了解各组的经营情况，从而进行教学过程的控制。

教师指导平台提供各个虚拟企业的经营数据分析，包括各组的财务报表、现金流量表、直销中标信息、招商广告信息、批发订单信息、媒体中标信息、零售订单信息、市场占有率和经营成绩等方面的各项指标分析，为教师的深度点评提供充分的数据保证。

二、系统登录

打开浏览器，输入 ITMC 官方网址，选择在线训练分区，如网赛专区、国赛专区等；如果学校已经购买软件可以登录服务器平台。打开如图 A-1 所示的登录界面，填写用户账号、用户密码，初始用户密码为 123。单击"登录"按钮。

图A-1 登录界面

图 A-2 显示的是主界面，包括功能模块选择区、主界面显示区、账号信息显示区、系统公告区。

图A-2　主界面

三、经营控制

1. 账号控制

市场营销沙盘系统根据学生账号数量生成市场环境，在模拟经营开始时教师需要在教师端设置一下参与比赛的账号，并将不参与比赛的账号关闭，然后单击"设置"按钮，如图 A-3 所示。

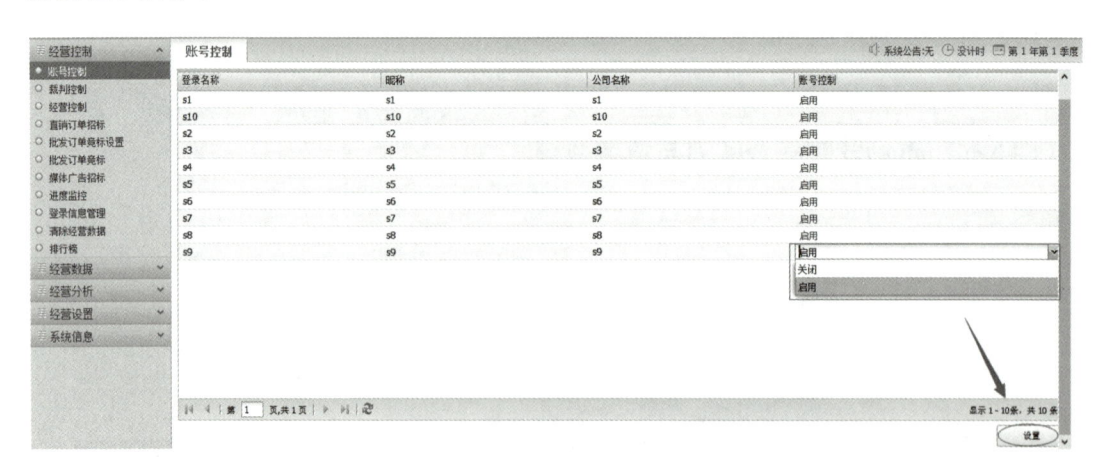

图A-3　账号控制

2. 裁判控制

市场营销沙盘系统设置有裁判控制功能，帮助教师对学生的经营活动进行连续控制。

教师可按照系统自动设置的经营时间,以及各小组实际经营情况开始暂停和恢复计时控制。

(1)裁判控制开始经营。

操作步骤如下所述。

步骤一:单击窗口左侧"经营控制"下的"裁判控制"项,打开"裁判控制"页面。

步骤二:单击"开始经营"按钮,如图A-4所示。之后各小组才可登录系统进行企业经营。每年经营结束后,系统不会自动进入下一年的经营,只有教师在此页面单击"允许进入下一年"按钮后,各小组才可进入下一年的经营。

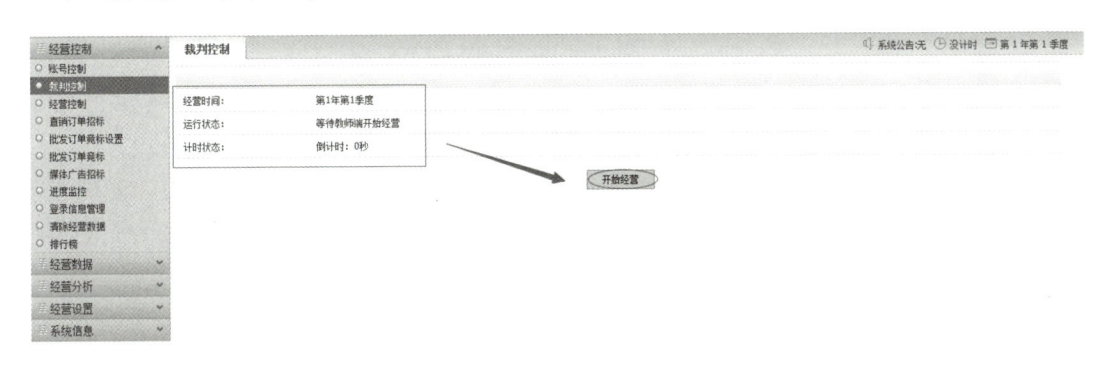

图A-4 裁判控制开始经营

(2)裁判控制直销招标。

操作步骤如下所述。

步骤一:单击窗口左侧"经营控制"下的"裁判控制"项,打开"裁判控制"页面。

步骤二:单击"开始直销招标"按钮,如图A-5所示。系统根据预先设定好的直销结束时间开启倒计时,并在教师端和学生端操作界面的右上角显示系统公告"直销招标火热进行中……"及"倒计时"提示。教师也可以在此根据实际教学需要修改预先设定好的直销结束时间(单位为分钟)。

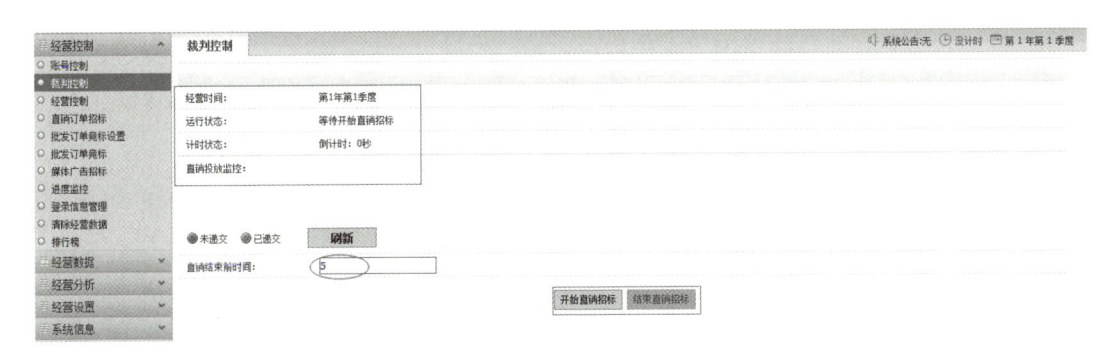

图A-5 裁判控制开始直销招标

如果计时没有结束,出现个别小组系统卡顿、意外退出系统、计算机断电、经营者个人身体原因等突发情况需要暂停计时,教师可以单击"暂停计时"按钮暂停直销招标倒计时,如图A-6所示。系统会在教师端和学生端操作界面的右上角显示系统公告"直销招标火热进行中……"及"暂停计时"提示。

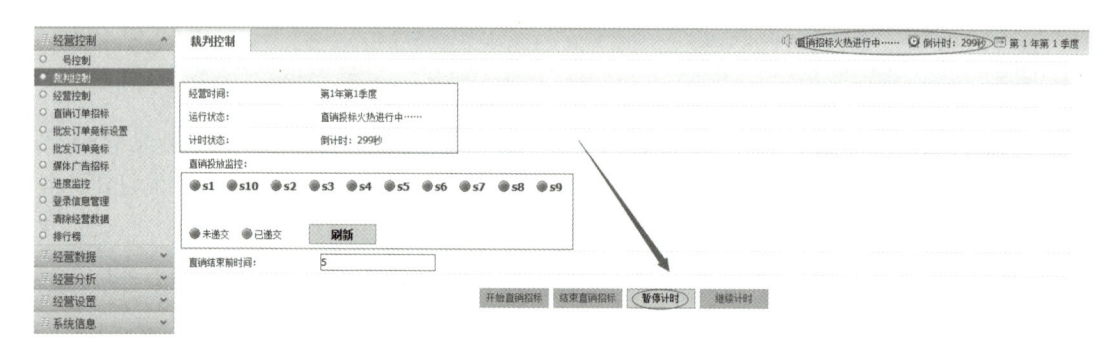

图A-6　裁判控制暂停直销招标计时

如果意外情况解除，教师可以单击"继续计时"按钮恢复直销招标倒计时，如图A-7所示。系统会在教师端和学生端操作界面的右上角显示系统公告"恢复计时！"及"倒计时"提示。

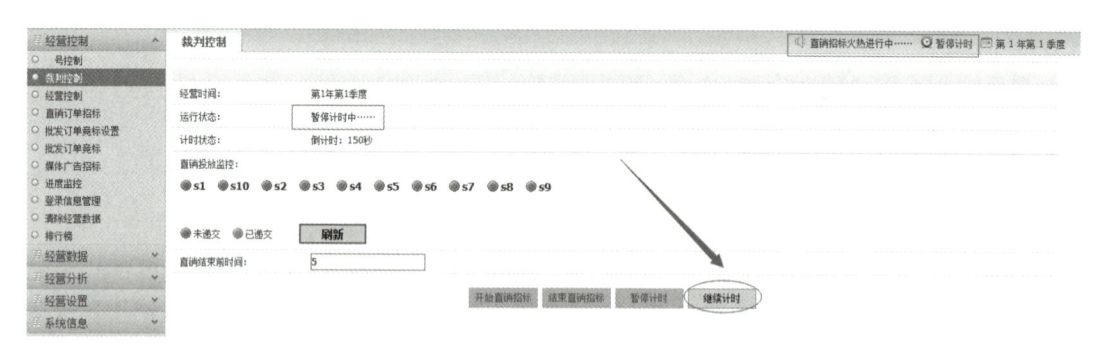

图A-7　裁判控制继续直销招标计时

步骤三：计时结束，教师单击"结束直销招标"按钮，如图A-8所示，直销订单招标环节操作结束。若计时没结束但"直销投放监控："栏显示各小组都已递交（查看各组的直销投标状态，绿色代表"已递交"，灰色代表"未递交"），也可以提前结束投标，系统会在教师端和学生端操作界面的右上角显示系统公告"直销招标圆满结束"。

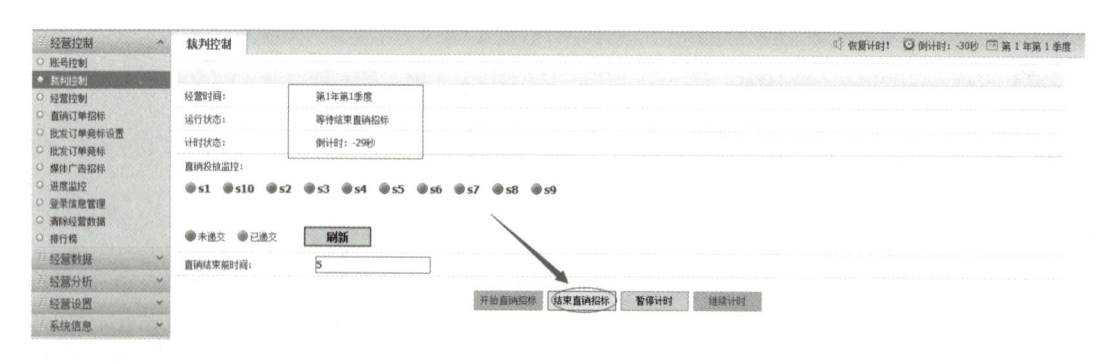

图A-8　裁判控制结束直销招标

（3）裁判控制招商广告。

操作步骤如下所述。

步骤一：单击窗口左侧"经营控制"下的"裁判控制"项，打开"裁判控制"页面。

步骤二：单击"招商广告计时"按钮，如图 A-9 所示。系统根据预先设定好的招商广告时间开启倒计时，并在教师端和学生端操作界面的右上角显示系统公告"批发招商广告火热进行中……"及"倒计时"提示。教师也可以在此根据实际教学需要修改预先设定好的招商广告时间。

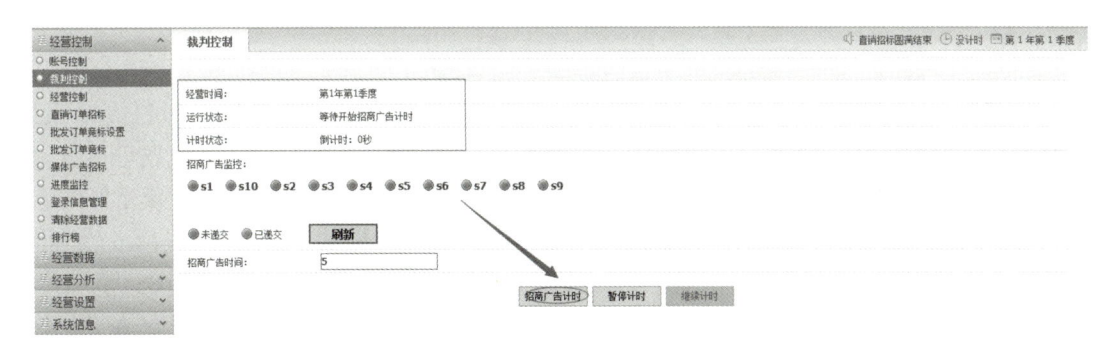

图A-9　裁判控制招商广告计时

如果计时没有结束，出现个别小组系统卡顿、意外退出系统、计算机断电、经营者个人身体原因等突发情况需要暂停计时，教师可以单击"暂停计时"按钮暂停招商广告倒计时，如图 A-10 所示。系统会在教师端和学生端操作界面的右上角显示系统公告"批发招商广告火热进行中……"及"暂停计时"提示。

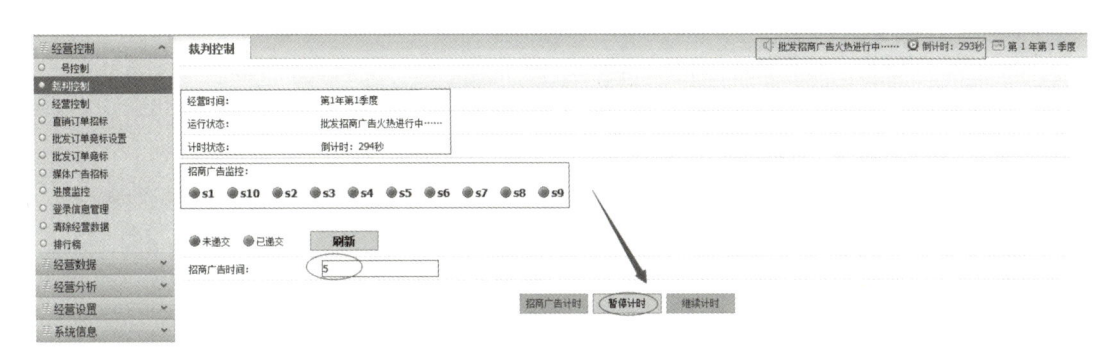

图A-10　裁判控制暂停招商广告计时

如果意外情况解除，教师可以单击"继续计时"按钮恢复招商广告倒计时，如图 A-11 所示。系统会在教师端和学生端操作界面的右上角显示系统公告"恢复计时！"及"倒计时"提示。

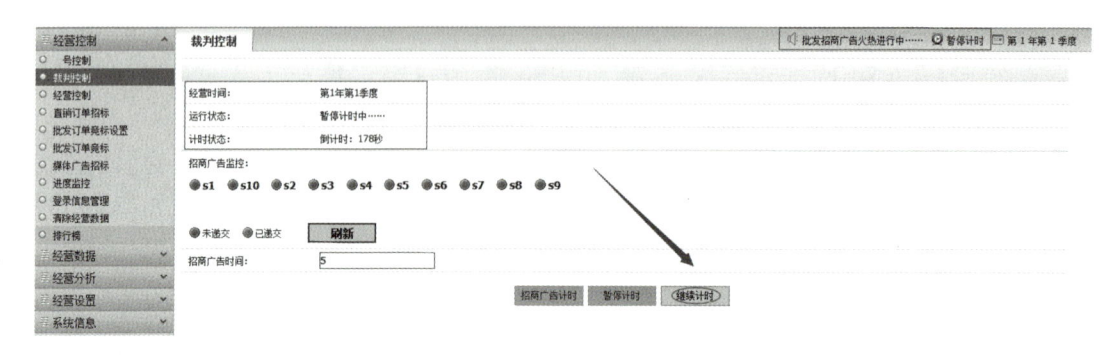

图A-11　裁判控制招商广告继续计时

步骤三：教师可在"批发招标监控："栏查看各小组的招商广告投标状态，绿色代表"已递交"，灰色代表"未递交"。计时结束，教师单击"开始批发招标"按钮，批发订单竞标环节操作开始，如图A-12所示。教师也可以在此根据实际教学需要修改预先设定好的选单循环时间，如图A-13所示。系统会在教师端和学生端操作界面的右上角显示系统公告"批发商竞标火热进行中……"。

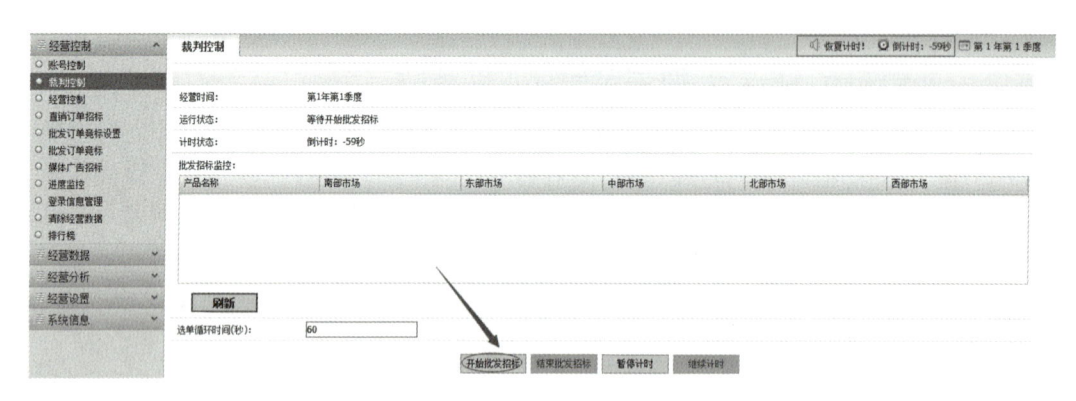

图A-12　裁判控制开始批发招标

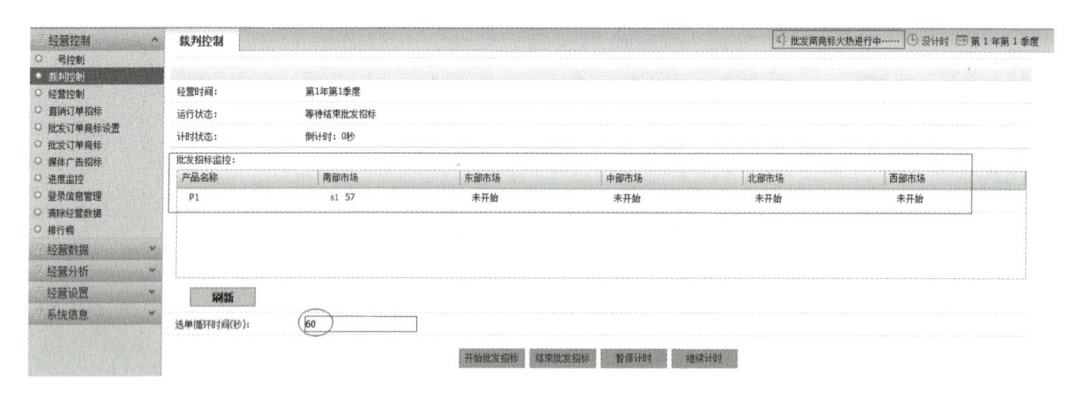

图A-13　裁判控制选单循环时间

教师单击"开始批发招标"按钮后，系统根据各小组投放广告情况按照循环选单的方式进行选单，并自动控制各小组的选单时间。如果某小组在规定时间内没有选单，系统会自动跳过该小组切换到下一个小组选单，直到所有市场竞标结束后自动进入媒体广告招标环节。

（4）裁判控制媒体广告招标。

操作步骤如下所述。

步骤一：单击窗口左侧"经营控制"下的"裁判控制"项，打开"裁判控制"页面。

步骤二：单击"开始媒体招标"按钮，如图 A-14 所示。系统根据预先设定好的媒体结束前时间开启倒计时，并在教师端和学生端操作界面的右上角显示系统公告"媒体广告招标火热进行中……"及"倒计时"提示。教师也可以在此根据实际教学需要修改预先设定好的媒体结束前时间。

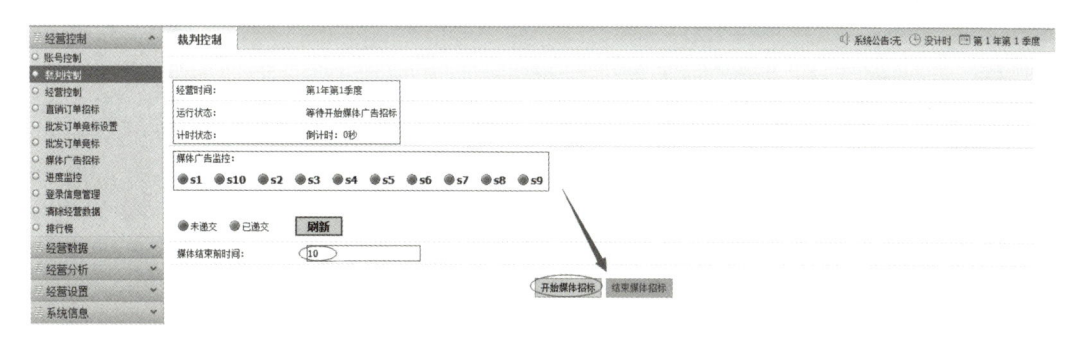

图A-14　裁判控制开始媒体广告招标

如果计时没有结束，出现个别小组系统卡顿、意外退出系统、计算机断电、经营者个人身体原因等突发情况需要暂停计时，教师可以单击"暂停计时"按钮暂停媒体广告招标倒计时，如图 A-15 所示。系统会在教师端和学生端操作界面的右上角显示系统公告"媒体广告招标火热进行中……"及"暂停计时"提示。

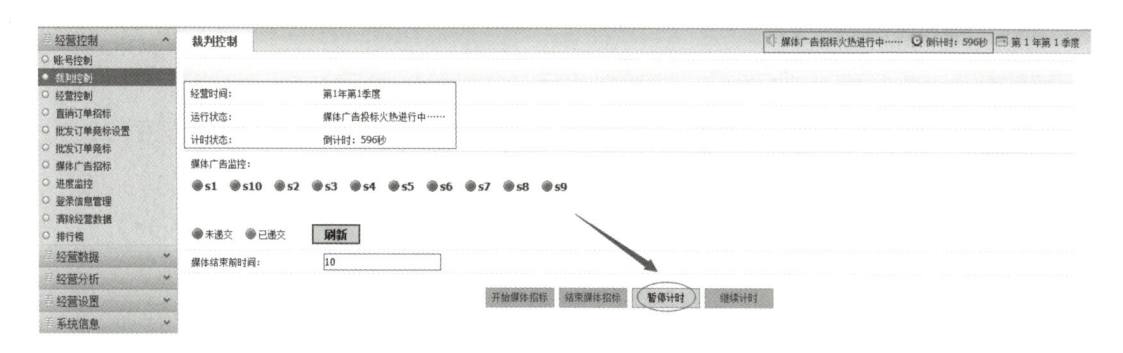

图A-15　裁判控制暂停媒体广告招标计时

如果意外情况解除，教师可以单击"继续计时"按钮恢复媒体广告招标倒计时，如图 A-16 所示。系统会在教师端和学生端操作界面的右上角显示系统公告"恢复计时！"及"倒计时"提示，如图 A-17 所示。

图A-16　裁判控制继续媒体广告招标计时

图A-17　继续媒体广告招标计时系统公告及提示

步骤三：教师可在"媒体广告监控："栏查看各小组的媒体广告投标状态，绿色代表"已递交"，灰色代表"未递交"。计时结束，教师单击"结束媒体招标"按钮，媒体广告招标环节操作结束，如图A-18所示。系统会在教师端和学生端操作界面的右上角显示系统公告"媒体广告招标圆满结束"。

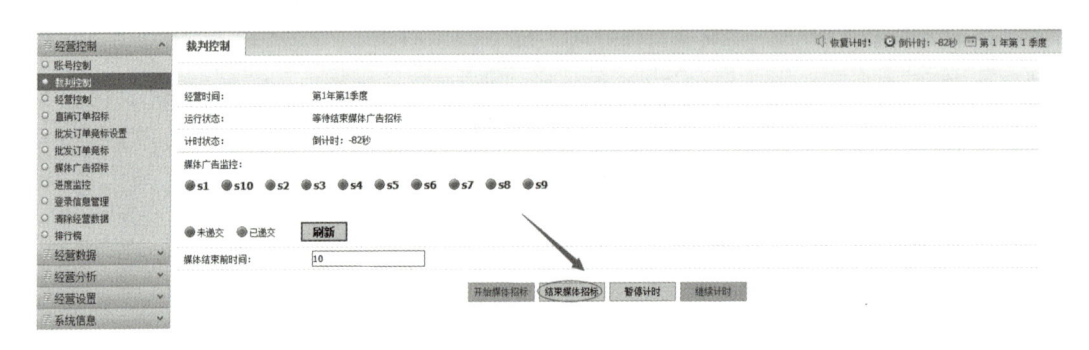

图A-18　裁判控制结束媒体招标

（5）裁判控制季度运营。

操作步骤如下所述。

步骤一：单击窗口左侧"经营控制"下的"裁判控制"项，打开"裁判控制"页面。

步骤二：单击"开始运营"按钮，如图A-19所示。系统根据预先设定好的经营时间开启倒计时，教师端和学生端操作界面的右上角显示系统公告"本季度经营进行中……"

及"倒计时"提示。教师也可以在此根据实际教学需要修改预先设定好的经营时间。

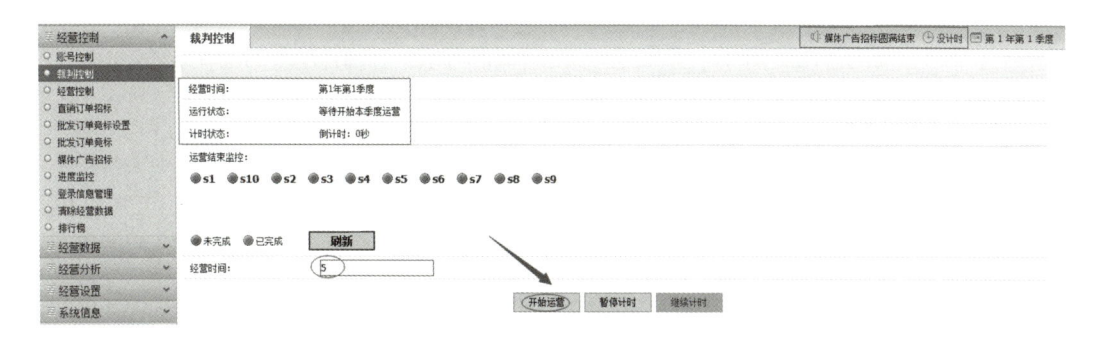

图A-19　裁判控制开始运营

如果计时没有结束，出现个别小组系统卡顿、意外退出系统、计算机断电、经营者个人身体原因等突发情况需要暂停计时，教师可以单击"暂停计时"按钮暂停本季度经营倒计时，如图 A-20 所示。系统会在教师端和学生端操作界面的右上角显示系统公告"本季度经营进行中……"及"暂停计时"提示。

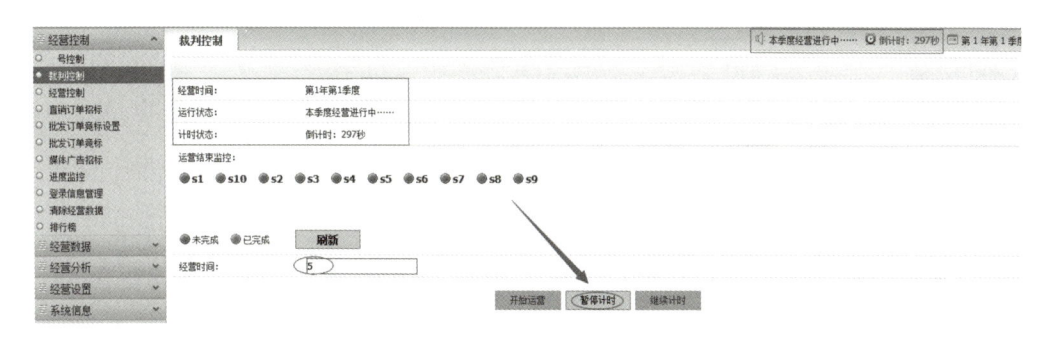

图A-20　裁判控制暂停经营计时

如果意外情况解除，教师可以单击"继续计时"按钮恢复本季度经营倒计时，如图 A-21 所示。系统会在教师端和学生端操作界面的右上角显示系统公告"恢复计时！"及"倒计时"提示。

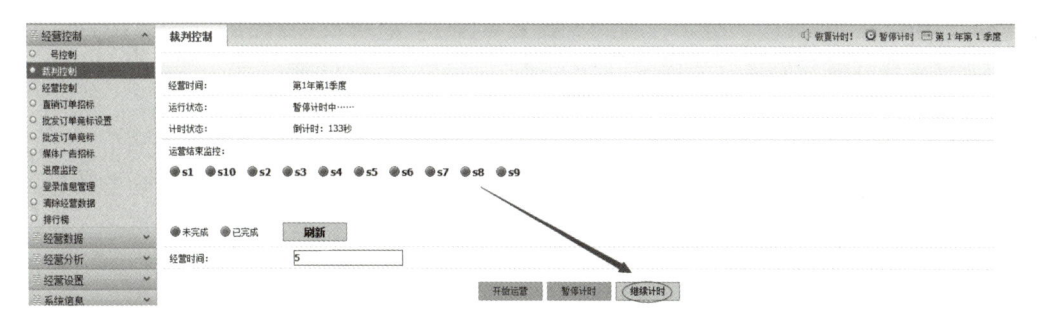

图A-21　裁判控制继续经营计时

步骤三：教师可在"运营结束监控："栏查看各小组的运营结束状态，绿色代表"已完成"，灰色代表"未完成"。计时结束，教师单击"开始媒体招标"按钮进入下一季度的媒体招标环节，如图 A-22 所示。系统会在教师端和学生端操作界面的右上角显示系统公告"媒体广告招标火热进行中……"和"倒计时"提示，如图 A-23 所示。

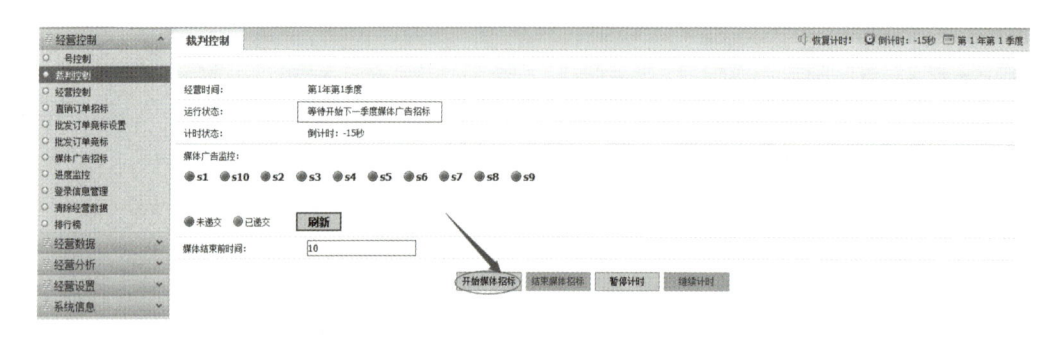

图A-22　裁判控制开始下一季度媒体招标

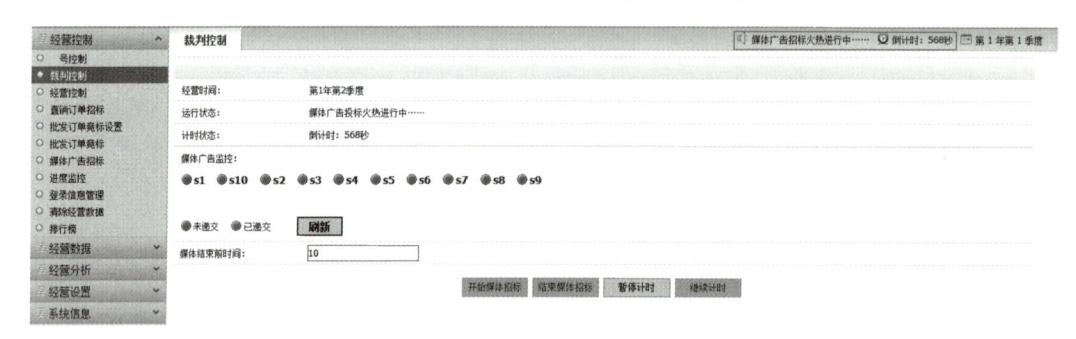

图A-23　开始下一季度媒体广告招标系统公告及提示

之后，就是结束第 2 季度媒体广告招标，开始第 2 季度运营，结束第 2 季度运营，进入第 3 季度媒体广告招标环节；结束第 3 季度媒体广告招标，开始第 3 季度运营，结束第 3 季度运营，进入第 4 季度媒体广告招标环节；结束第 4 季度媒体广告招标，开始第 4 季度运营，结束第 4 季度运营，进入下一年经营。年复一年，循环所有裁判控制操作。

教师在指导学生进行市场营销沙盘经营初期，不建议采用"裁判控制"模式来开展教学，建议用以下几种分段、分步控制的方式来掌控学生进行市场营销沙盘操作的进度。

3. 经营控制

只有单击"经营控制"下的"经营控制"项，在打开的"经营控制"页面单击"开始经营"按钮后，各组才可登录系统进行企业经营。每年经营结束后，系统不会自动进入下一年的经营，只有教师在此页面单击"允许进入下一年"按钮后，各小组才可进入下一年的经营，如图 A-24 所示。

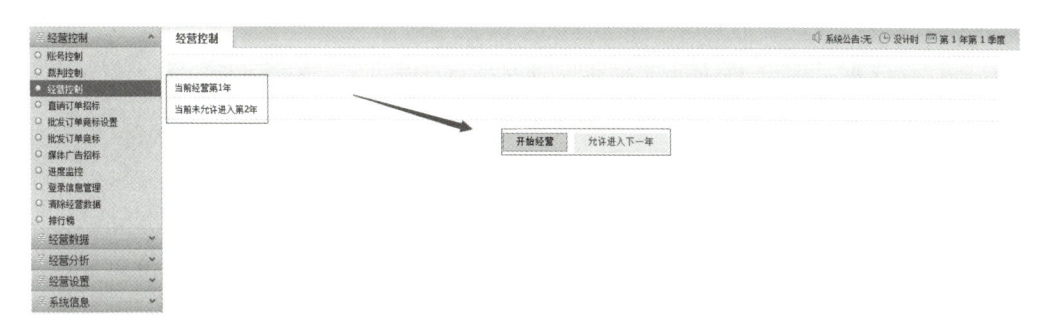

图A-24　经营控制

4. 直销订单招标

操作步骤如下所述。

步骤一：单击"经营控制"下的"直销订单招标"项，打开"直销订单招标"页面。

步骤二：单击"开始招标"按钮，如图 A-25 所示。系统根据预先设定好的投标时间开启倒计时，在教师端和学生端操作界面的右上角显示系统公告"直销招标火热进行中……"及"倒计时"提示。教师也可以在此根据实际教学需要修改预先设定好的预计投标时间。

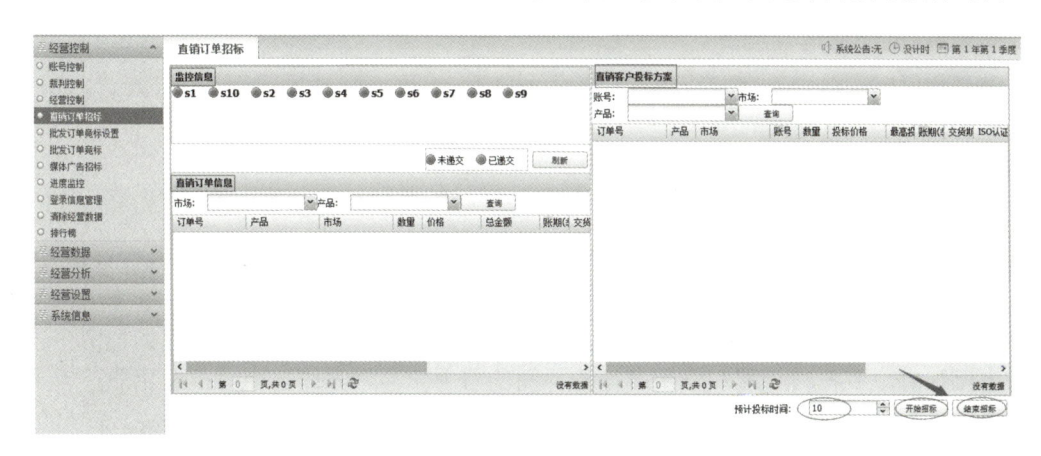

图A-25　直销订单招标

　　如果计时没有结束，出现个别小组系统卡顿、意外退出系统、计算机断电、经营者个人身体原因等突发情况需要暂停计时，教师可以打开"裁判控制"页面，单击"暂停计时"按钮暂停直销招标倒计时，系统会在教师端和学生端操作界面的右上角显示系统公告"直销招标火热进行中……"及"暂停计时"提示。

　　如果意外情况解除，教师可以单击"裁判控制"页面的"继续计时"按钮恢复直销订单招标倒计时，系统会在教师端和学生端操作界面的右上角显示系统公告"恢复计时！"及"倒计时"提示。

　　步骤三：计时结束，教师单击"结束招标"按钮，直销订单招标环节操作结束。若计时没结束但"监控信息"栏显示各组都已递交（查看各组的直销投标状态，绿色代表"已递交"，灰色代表"未递交"），也可以提前结束投标。系统会在教师端和学生端操作界面的右上角显示系统公告"直销招标圆满结束"提示。

结束后，可在"直销订单信息"区查看订单信息，在"直销客户投标方案"区查看各小组的投标方案。

5. 批发订单竞标设置

可以对批发订单竞标时各小组的选单时间进行相关设置。第 1 年系统默认每轮选单时间为 60 秒/组，第 2、第 3 年系统默认每轮选单时间为 90 秒/组，教师可以根据学生对市场营销沙盘的掌握程度调整选单时间，如图 A-26 所示。

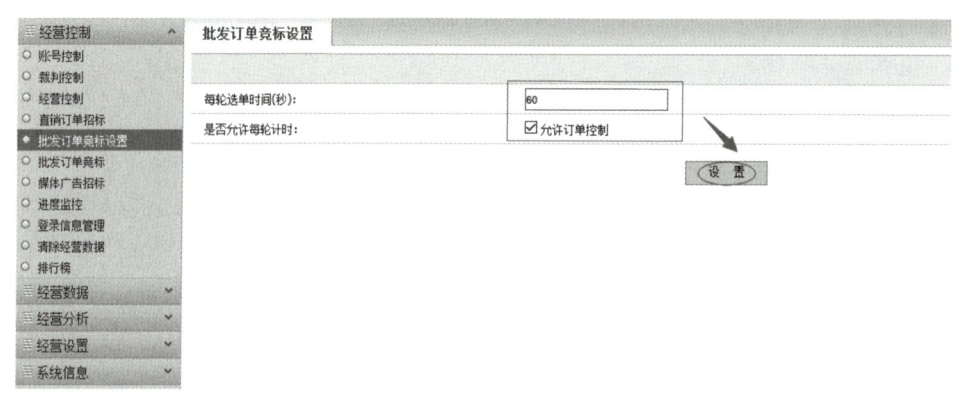

图A-26　批发订单竞标设置

6. 批发订单竞标

操作步骤如下所述。

步骤一：单击窗口左侧"经营控制"下的"批发订单竞标"项，打开"批发订单竞标"页面。

步骤二：单击"开始计时"按钮，如图 A-27 所示。系统根据预先设定好的招商广告时间开启倒计时，并在教师端和学生端操作界面的右上角显示系统公告"批发招商广告火热进行中……"及"倒计时"提示。教师也可以在此根据实际教学需要修改预先设定好的招商广告时间。

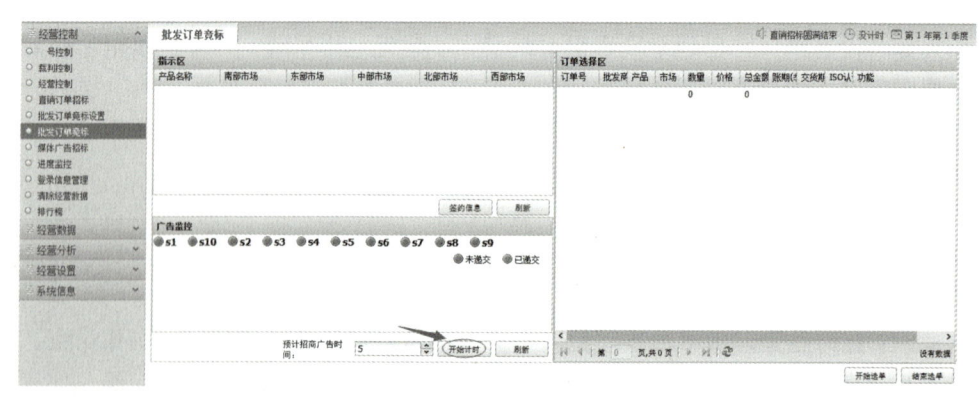

图A-27　批发订单竞标开始计时

如果计时没有结束，出现个别小组系统卡顿、意外退出系统、计算机断电、经营者个人身体原因等突发情况需要暂停计时，教师可以打开"裁判控制"页面，单击"暂停计时"按钮暂停招商广告倒计时。系统会在教师端和学生端操作界面的右上角显示系统公告"批发招商广告火热进行中……"及"暂停计时"提示。

如果意外情况解除，教师可以单击"裁判控制"页面中的"继续计时"按钮恢复招商广告倒计时。系统会在教师端和学生端操作界面的右上角显示系统公告"恢复计时！"及"倒计时"提示。

步骤三：教师可在"广告监控"栏查看各小组的招商广告投标状态，绿色代表"已递交"，灰色代表"未递交"。计时结束，教师单击"开始选单"按钮，如图A-28所示，批发订单竞标环节操作开始。教师也可以在此根据实际教学需要修改预先设定好的选单循环时间。系统会在教师端和学生端操作界面的右上角显示系统公告"批发商竞标火热进行中……"。

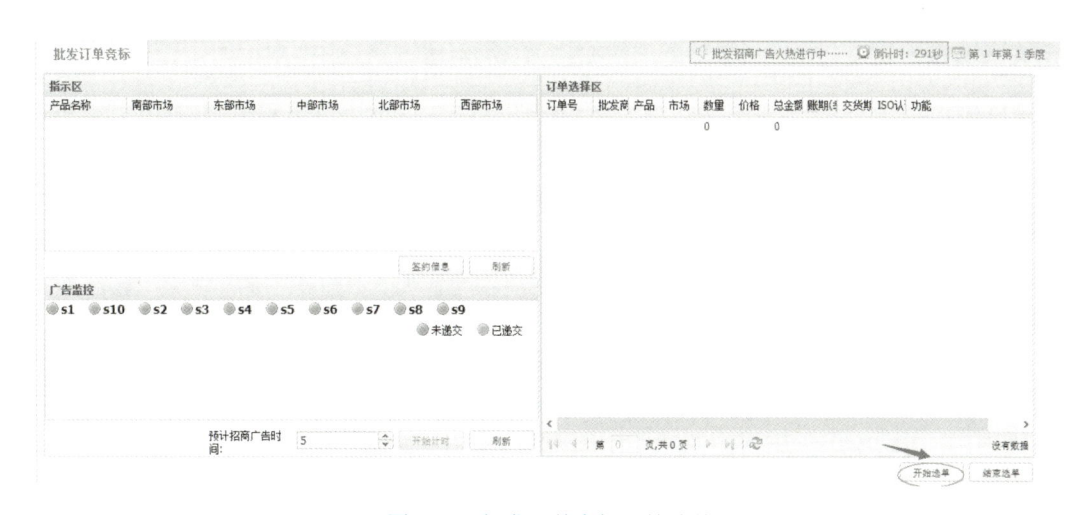

图A-28　批发订单竞标开始选单

教师单击"开始选单"按钮后，系统根据各小组投放广告的情况按照循环选单的方式进行选单，并自动控制各小组的选单时间。如果某小组在规定时间内没有选单，系统会自动跳过该小组切换到下一个小组选单，直到所有市场竞标结束后教师单击"结束选单"按钮，如图A-29所示。在"指示区"栏可看到各市场竞标详情，如图A-30所示。单击"签约信息"按钮可以查看各组的竞单结果，如图A-31所示。

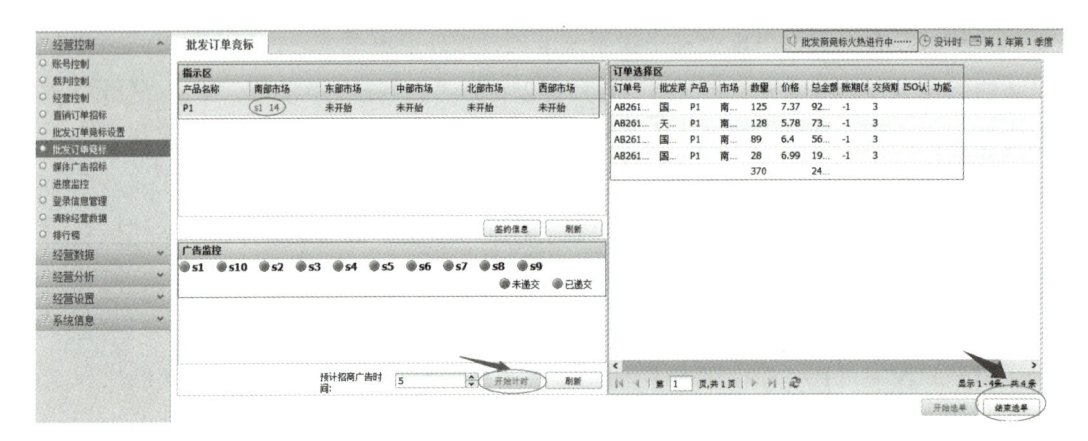

图A-29　批发订单竞标结束

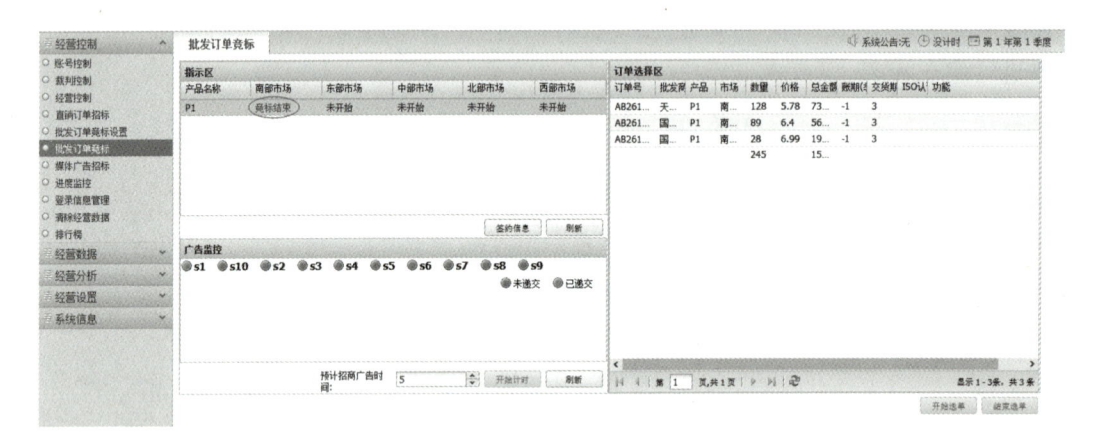

图A-30　查看竞标详情

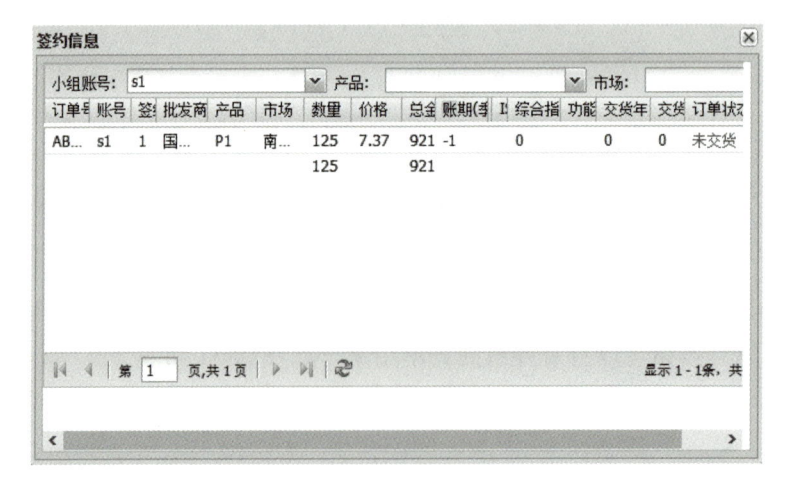

图A-31　查看竞单结果

7. 媒体广告招标

操作步骤如下所述。

步骤一：单击窗口左侧"经营控制"下的"媒体广告招标"项，打开"媒体广告招标"页面。

步骤二：单击"开始招标"按钮。系统根据预先设定好的预计投标时间开启倒计时，并在教师端和学生端操作界面的右上角显示系统公告"媒体广告招标火热进行中……"及"倒计时"提示。教师也可以在此根据实际教学需要修改预先设定好的预计投标时间。

如果计时没有结束，出现个别小组系统卡顿、意外退出系统、计算机断电、经营者个人身体原因等突发情况需要暂停计时，教师可以打开"裁判控制"页面，单击"暂停计时"按钮暂停媒体广告招标倒计时。系统会在教师端和学生端操作界面的右上角显示系统公告"媒体广告招标火热进行中……"及"暂停计时"提示。

如果意外情况解除，教师可以单击"继续计时"按钮恢复媒体广告招标倒计时。系统会在教师端和学生端操作界面的右上角显示系统公告"恢复计时！"及"倒计时"提示。

步骤三：教师可在"监控信息"栏查看各组的媒体广告投标状态，绿色代表"已递交"，灰色代表"未递交"；在"媒体位置或时段价格表"区查看各媒体详细的相关参数；在"媒体广告投标方案"区查看各组的媒体广告投标情况，如图 A-32 所示。计时结束，教师单击"结束招标"按钮，如图 A-32 所示，媒体广告招标环节操作结束。系统会在教师端和学生端操作界面的右上角显示系统公告"媒体广告招标圆满结束"。

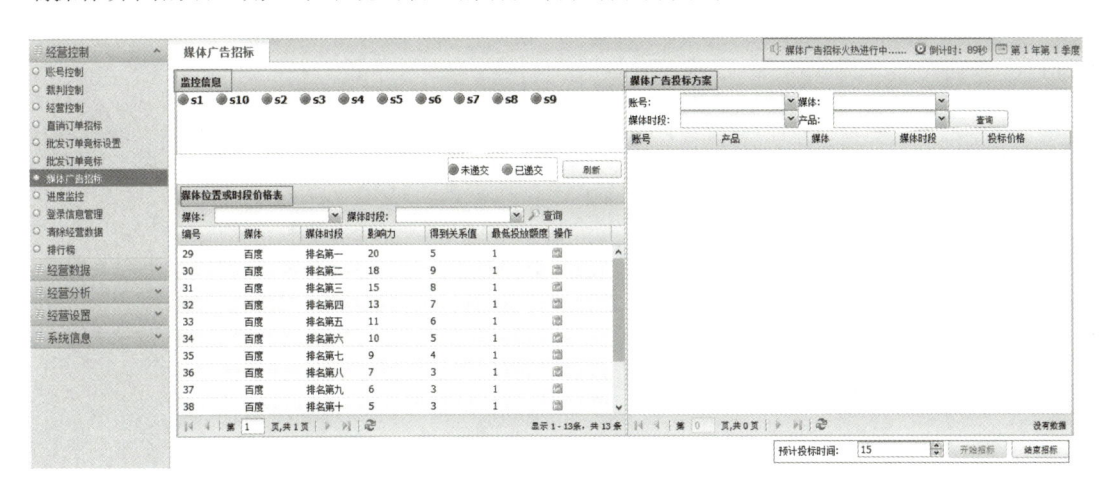

图A-32 媒体广告招标

8. 进度监控

本功能模块用于监控到所有小组的经营进度状态，绿色代表已经操作完成，灰色代表尚未操作，如图 A-33 所示。

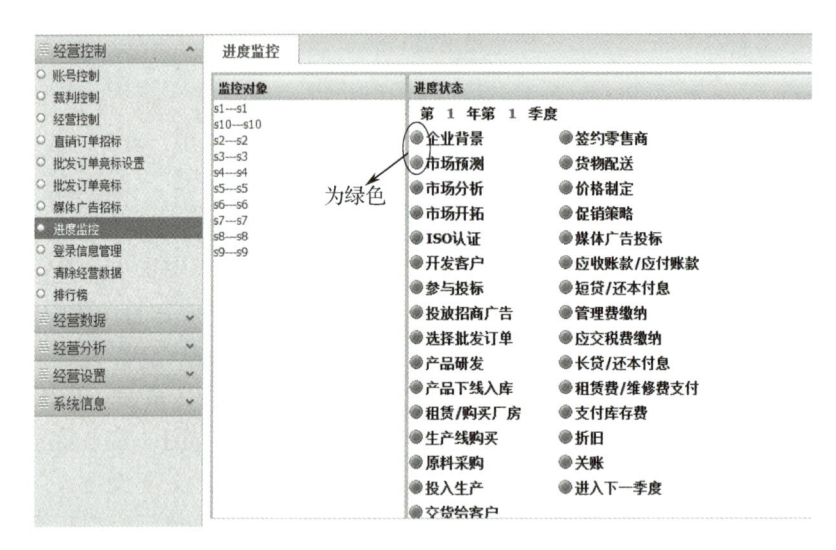

图A-33　进度监控

9. 登录信息管理

本功能模块用于清除经营者的缓存数据，踢出登录账号，查看登录账号的 IP 地址，如图 A-34 所示。

图A-34　登录信息管理

10. 清除经营数据

每次经营结束后，各小组的经营数据是自动保存在服务器端的，再次登录时可看到之前的经营状态。单击"初始化数据"按钮可以清除以往的经营数据，方便反复训练，如图 A-35 所示。

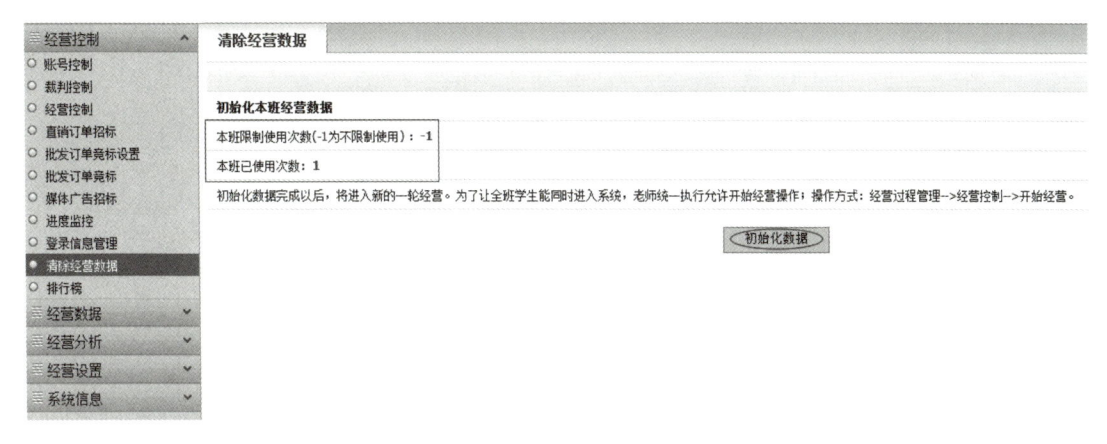

图A-35　清除经营数据

11. 排行榜

本功能模块用于查询各小组的得分排行榜、净利润排行榜、资产总计排行榜，如图 A-36～图 A-38 所示。

图A-36　得分排行榜

图A-37　净利润排行榜

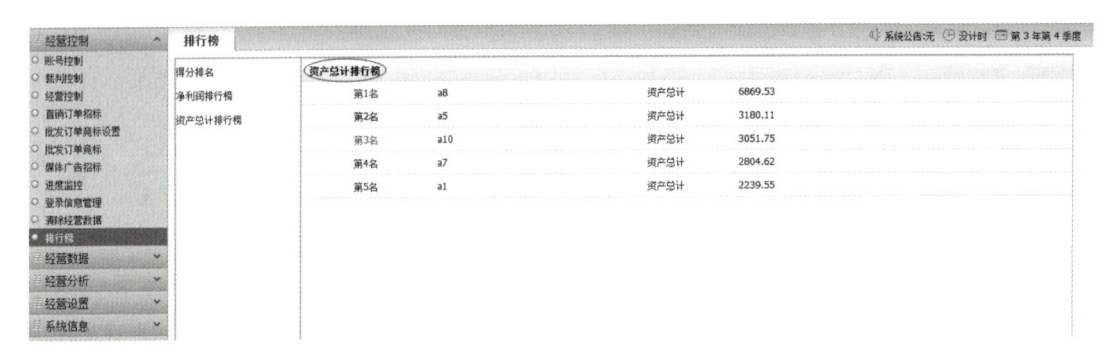

图A-38　资产总计排行榜

四、经营数据

1. 现金流量表

教师端现金流量表是对各小组现金流量表的汇总，方便教师查询各小组的现金流动情况并对各小组的经营情况进行分析，如图A-39所示。

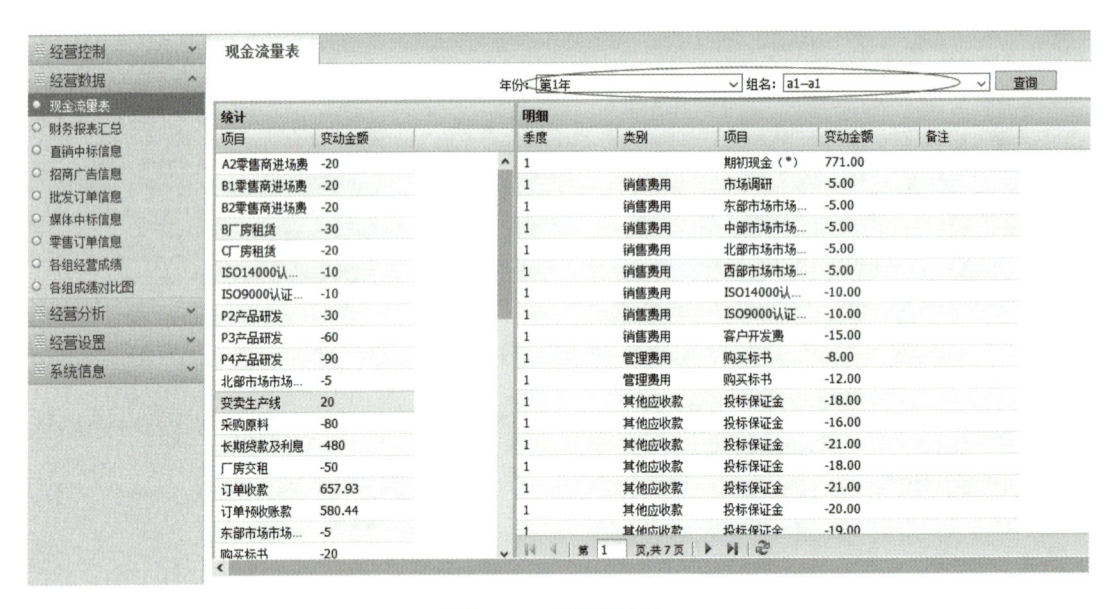

图A-39　现金流量表

2. 财务报表汇总

教师端财务报表汇总是对各小组财务报表的汇总，方便教师查询各小组的经营数据并对各小组的经营情况进行分析，如图A-40所示。

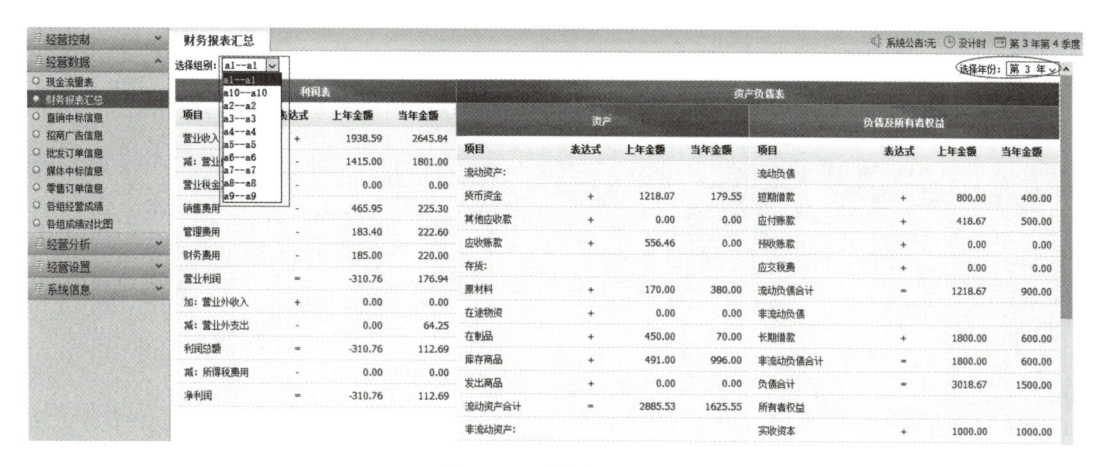

图A-40　财务报表汇总

3. 直销中标信息

本功能模块用于查询各小组的直销订单中标情况，如图A-41所示。

图A-41　直销中标信息

4. 招商广告信息

本功能模块用于查询各小组的广告投放情况，如图A-42所示。

图A-42　招商广告信息

5. 批发订单信息

本功能模块用于查询各个年度各小组批发渠道的订单情况，如图 A-43 所示。

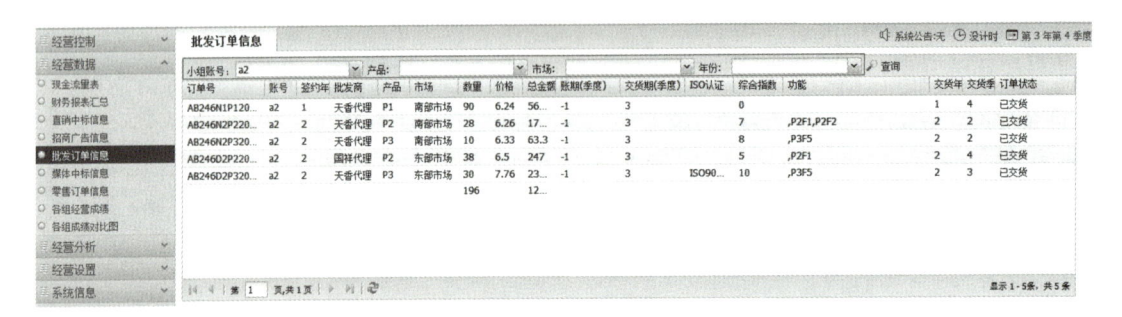

图 A-43　批发订单信息

6. 媒体中标信息

本功能模块用于查询各小组的媒体中标情况，是对媒体中标信息的统计和汇总，如图 A-44 所示。

图 A-44　媒体中标信息

7. 零售订单信息

本功能模块用于查询各小组零售渠道的销售情况，方便教师对各小组的经营情况进行分析和点评，如图 A-45 所示。

图 A-45　零售订单信息

8. 各组经营成绩

本功能模块用于查询各小组的经营成绩，如图 A-46 所示。

图A-46　各组经营成绩

9. 各组成绩对比图

本功能模块用于查询各小组经营成绩的对比柱状图，如图 A-47 所示。

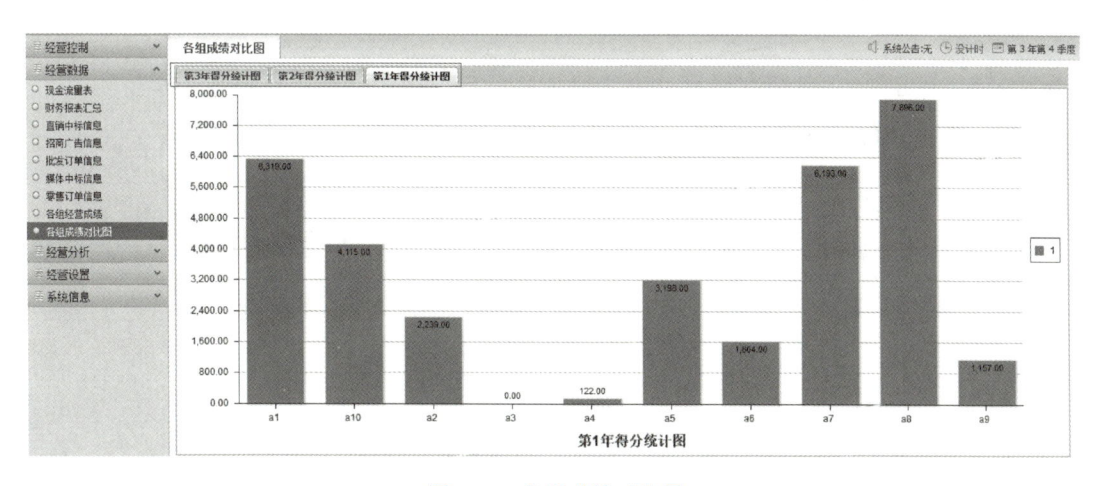

图A-47　各组成绩对比图

五、经营分析

1. 市场预测分析

系统给出不同产品在不同市场、不同渠道、不同年度或季度的销售数量、销售价格预测柱状图，帮助经营者定向分析这个产品的利润空间，如图 A-48 所示。

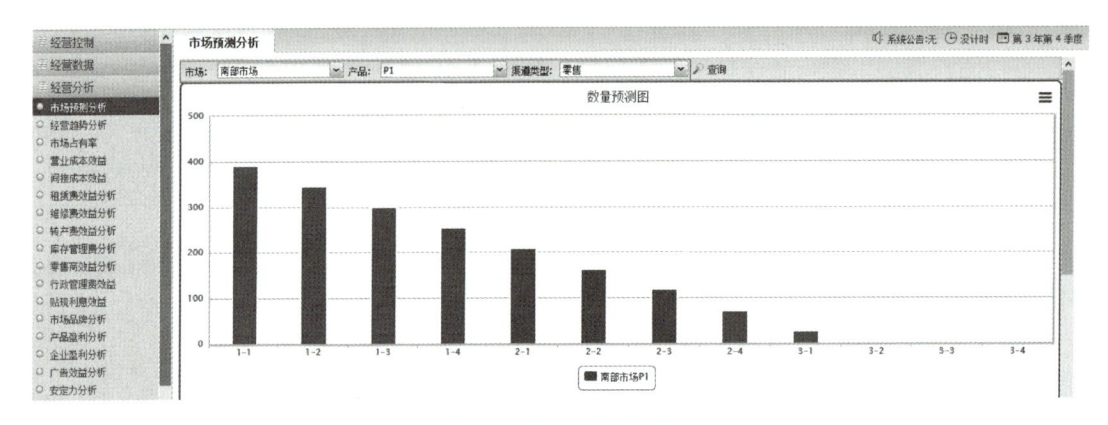

图A-48　市场预测分析

2. 经营趋势分析

系统通过对各个小组每年的经营数据进行分析，最终得出各个小组的经营趋势走向图，总体反映经营者的经营走势，如图 A-49 所示。

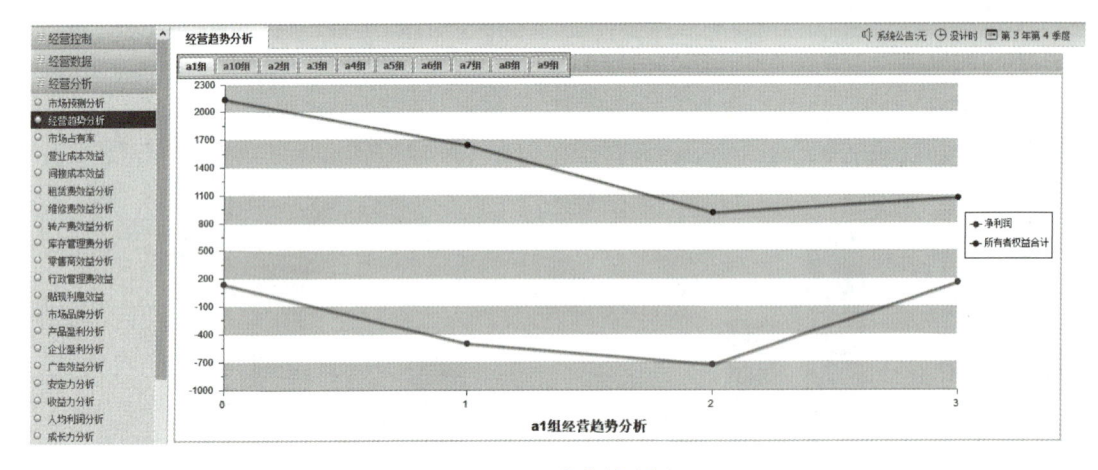

图A-49　经营趋势分析

3. 市场占有率

系统记录各小组的市场销售情况，以饼状图的形式体现。这是分析和点评的重点，可以分析各个小组的销售人群定位和各个人群所占的比重，以及各个小组的优势和劣势，还可以分析市场占有率高的策略优势在什么地方，也可以定向分析各个小组每期的销售情况对比，如图 A-50 所示。

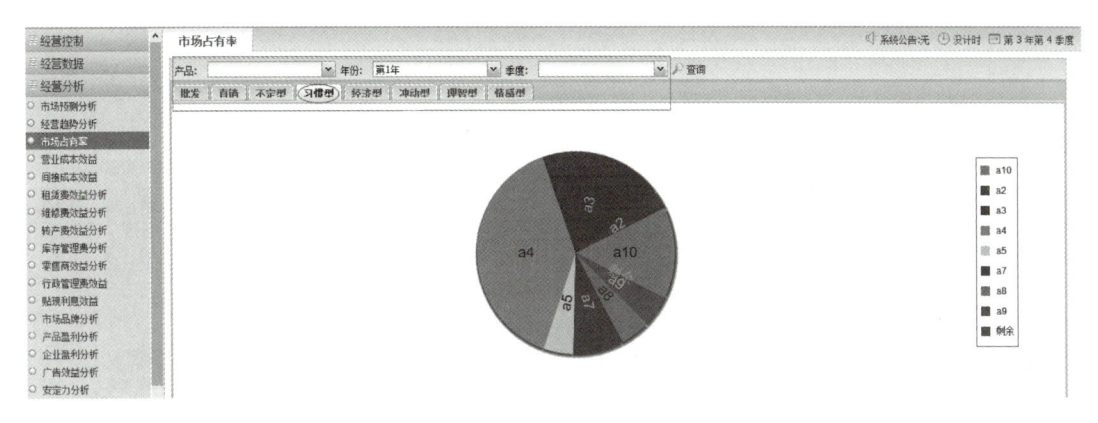

图A-50　市场占有率

4. 营业成本效益

本功能模块用于查询各小组营业成本效益的柱状图，可以分为汇总效益分析（也可只进行年效益分析）和成本分摊分析，如图A-51和图A-52所示。

效益分析：柱状图越高说明该小组的效益越好，成本控制得越好。

成本分摊分析：柱状图越低说明该小组的利润空间越大，回报率越高。

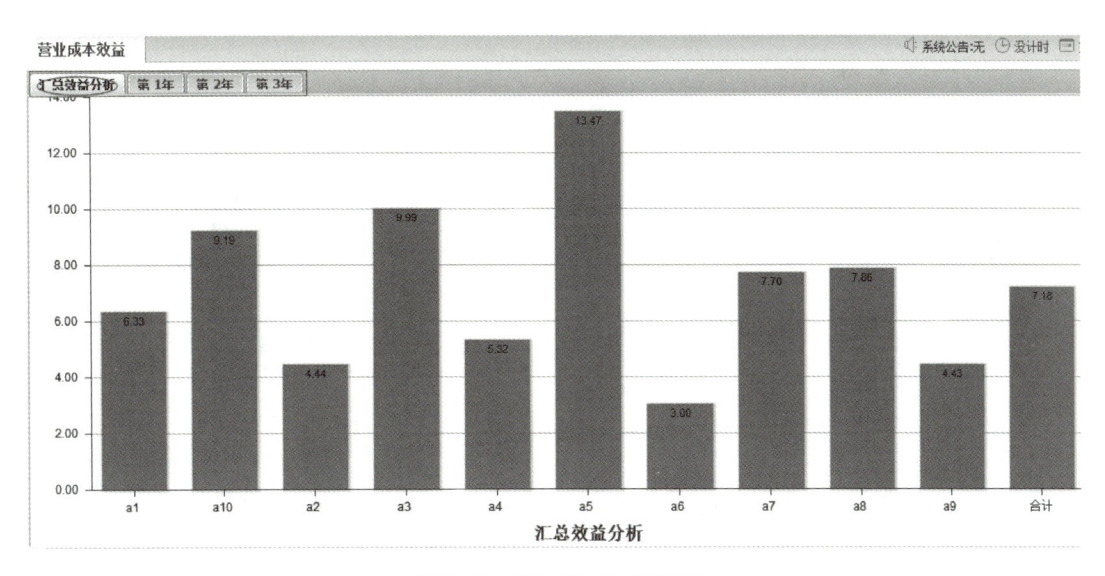

图A-51　营业成本效益分析

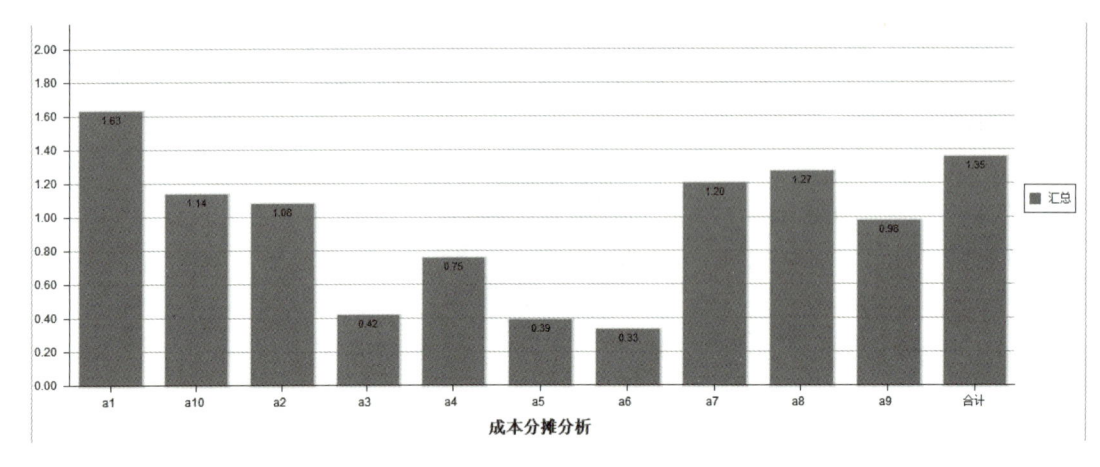

图A-52 营业成本分摊分析（3年汇总）

5. 间接成本效益

本功能模块用于查询各小组间接成本效益的柱状图，可以分为汇总效益分析（也可只进行年效益分析）和成本分摊分析，如图A-53和图A-54所示。

效益分析：柱状图越高说明该小组的效益越好，成本控制得越好。

成本分摊分析：柱状图越低说明该小组的利润空间越大，回报率越高。

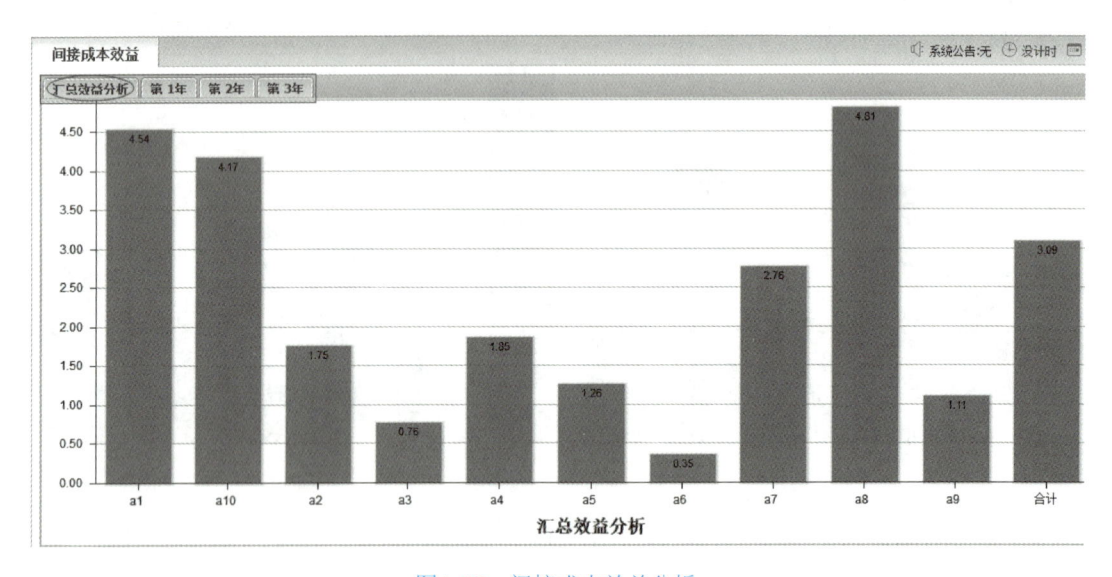

图A-53 间接成本效益分析

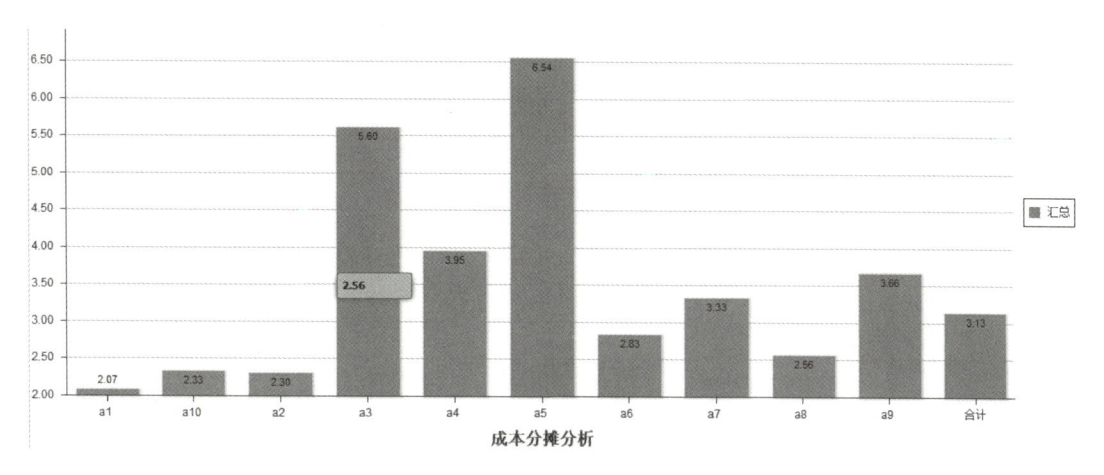

图A-54　间接成本分摊分析

6. 租赁费效益分析

本功能模块用于查询各小组租赁费效益的柱状图，可以分为汇总效益分析（也可只进行年效益分析）和成本分摊分析，如图 A-55 和图 A-56 所示。

效益分析：柱状图越高说明该小组的效益越好，成本控制得越好。

成本分摊分析：柱状图越低说明该小组的利润空间越大，回报率越高。

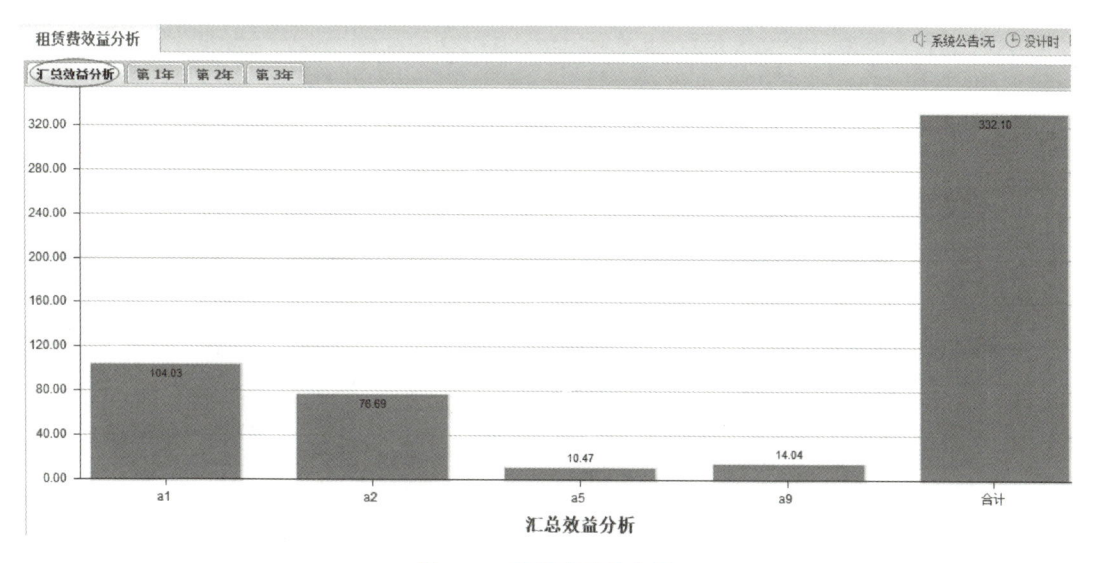

图A-55　租赁费效益分析

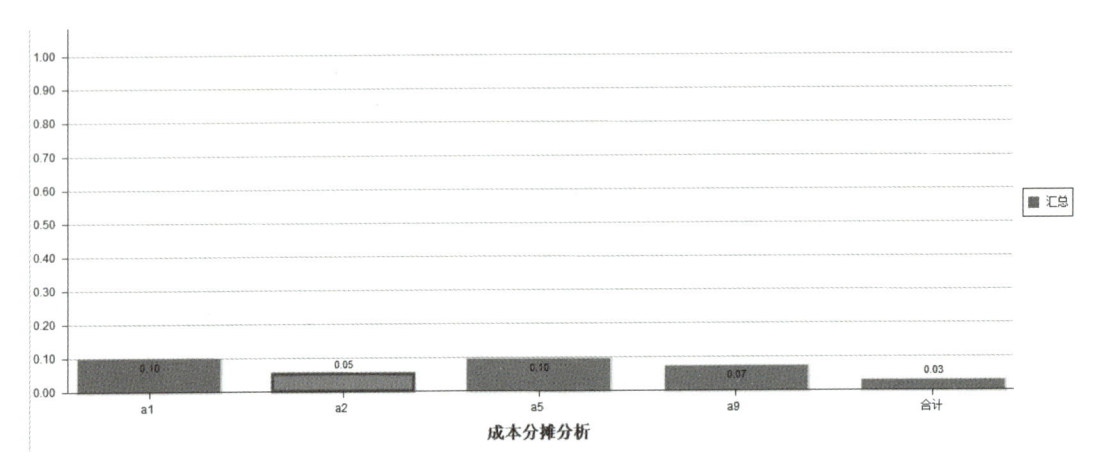

图A-56　租赁费成本分摊分析

7. 维修费效益分析

本功能模块用于查询各小组维修费效益的柱状图,可以分为汇总效益分析(也可只进行年效益分析)和成本分摊分析,如图A-57和图A-58所示。

效益分析：柱状图越高说明该小组的效益越好,成本控制得越好。

成本分摊分析：柱状图越低说明该小组的利润空间越大,回报率越高。

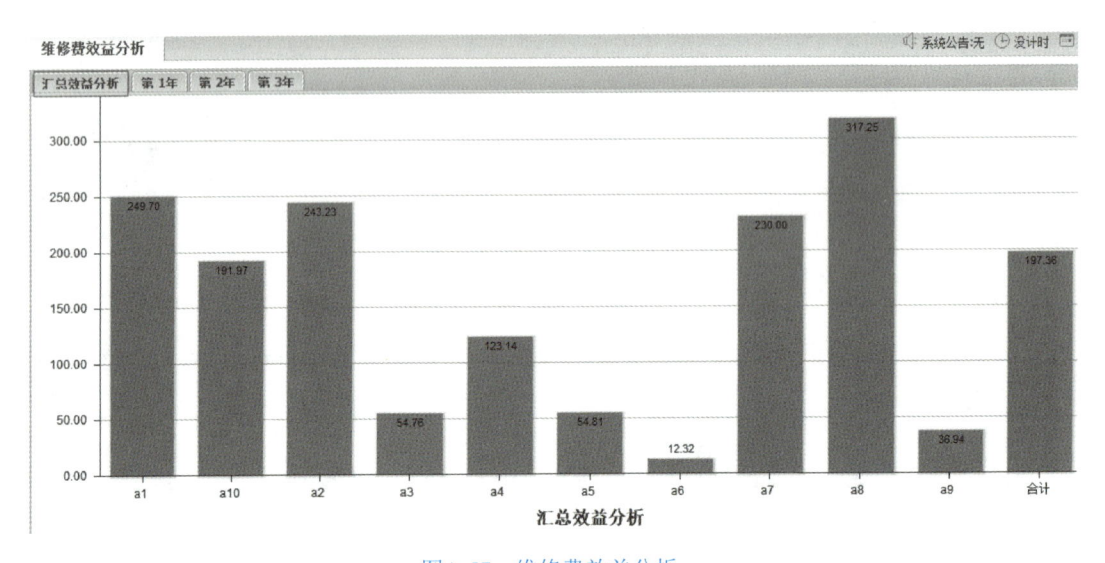

图A-57　维修费效益分析

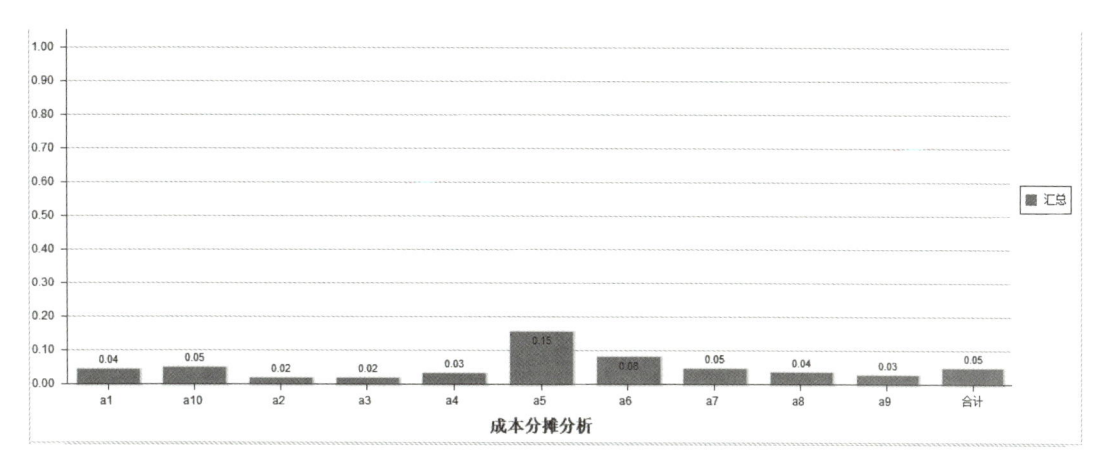

图A-58　维修费成本分摊分析

8. 转产费效益分析

本功能模块用于查询各小组转产费效益的柱状图，可以分为汇总效益分析（也可只进行年效益分析）和成本分摊分析，如图A-59和图A-60所示。

效益分析：柱状图越高说明该小组的效益越好，成本控制得越好。

成本分摊分析：柱状图越低说明该小组的利润空间越大，回报率越高。

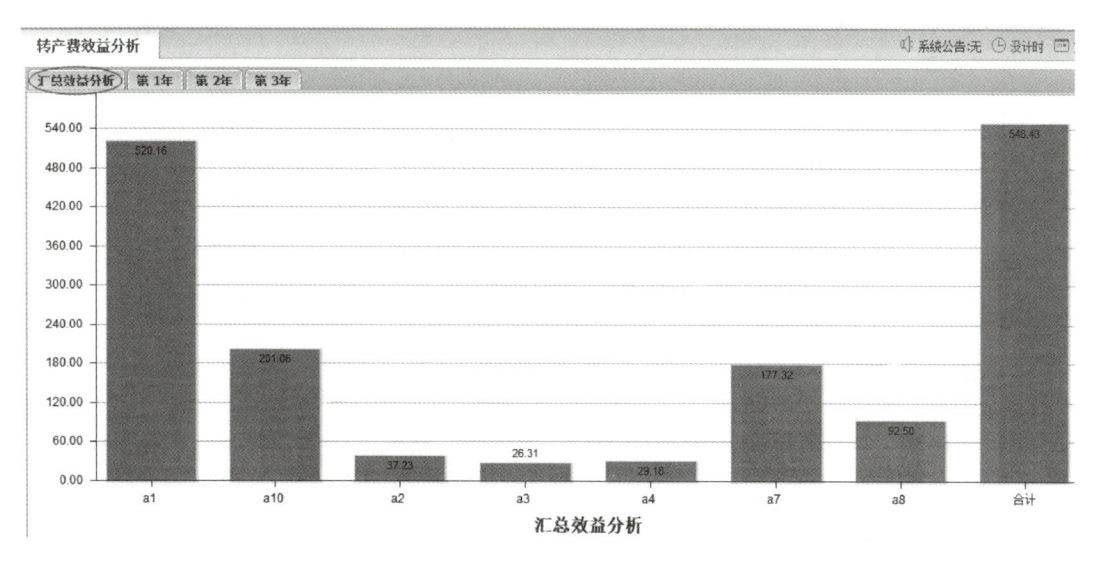

图A-59　转产费效益分析

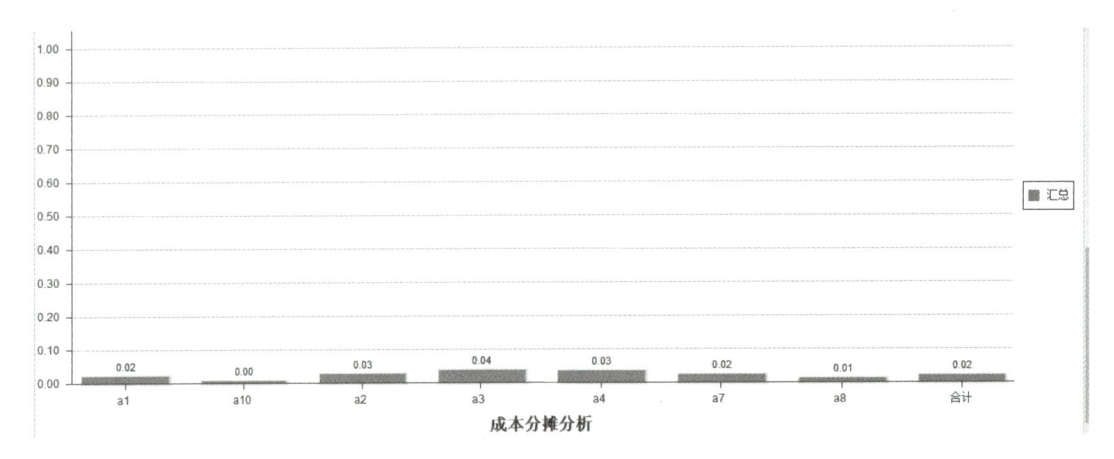

图A-60　转产费成本分摊分析

9. 库存管理费分析

本功能模块用于查询各小组库存管理费效益的柱状图，可以分为汇总效益分析（也可只进行年效益分析）和成本分摊分析，如图A-61和图A-62所示。

效益分析：柱状图越高说明该小组的效益越好，成本控制得越好。

成本分摊分析：柱状图越低说明该小组的利润空间越大，回报率越高。

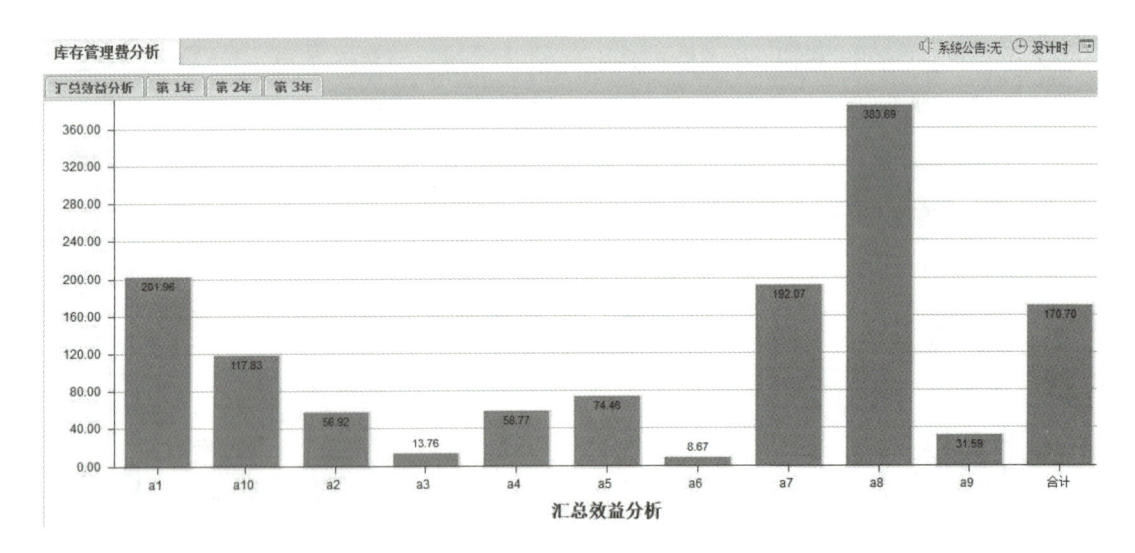

图A-61　库存管理费效益分析

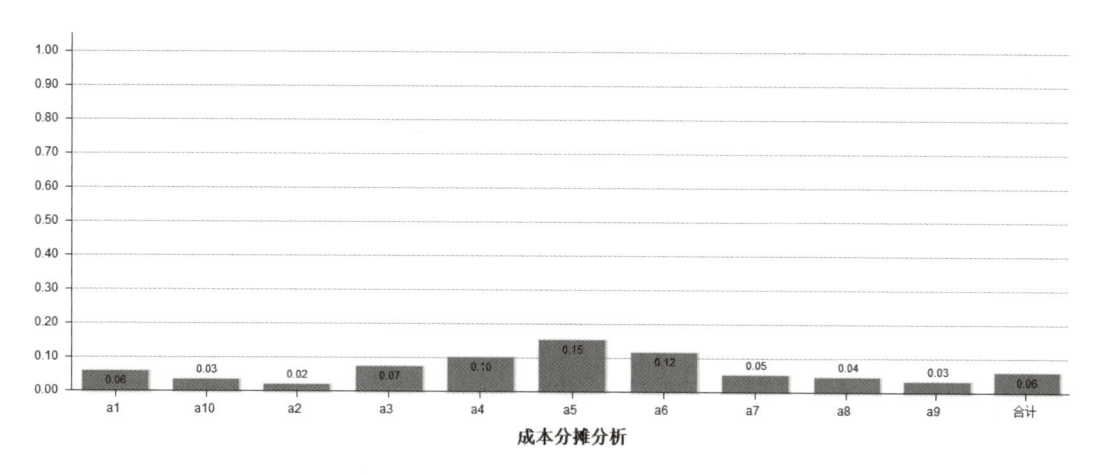

图A-62　库存管理费成本分摊分析

10. 零售商效益分析

本功能模块用于查询各小组零售商效益的柱状图，可以分为汇总效益分析（也可只进行年效益分析）和成本分摊分析，如图A-63和图A-64所示。

效益分析：柱状图越高说明该小组的效益越好，成本控制得越好。

成本分摊分析：柱状图越低说明该小组的利润空间越大，回报率越高。

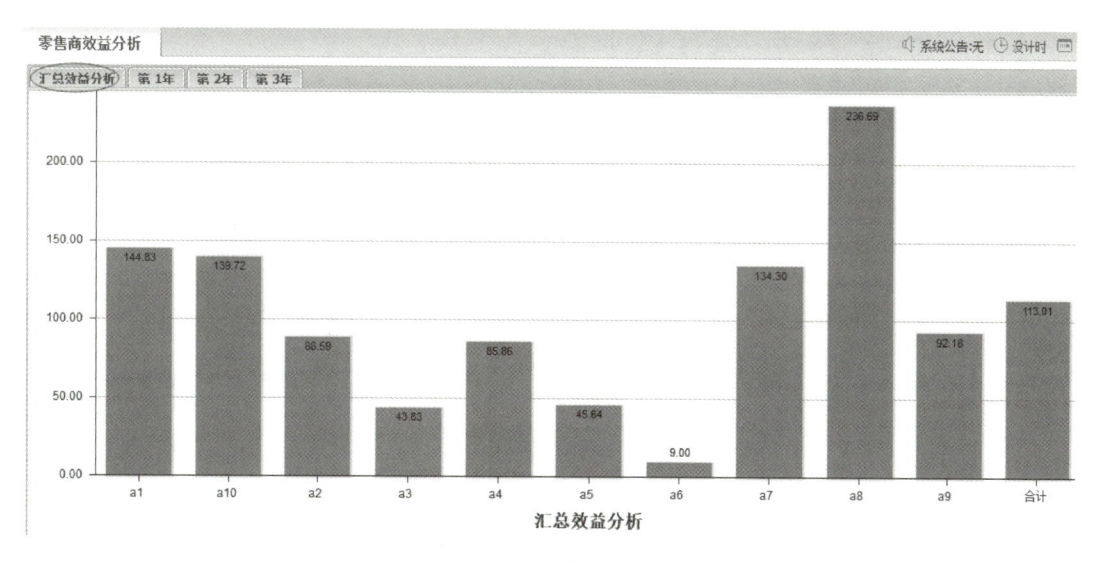

图A-63　零售商效益分析

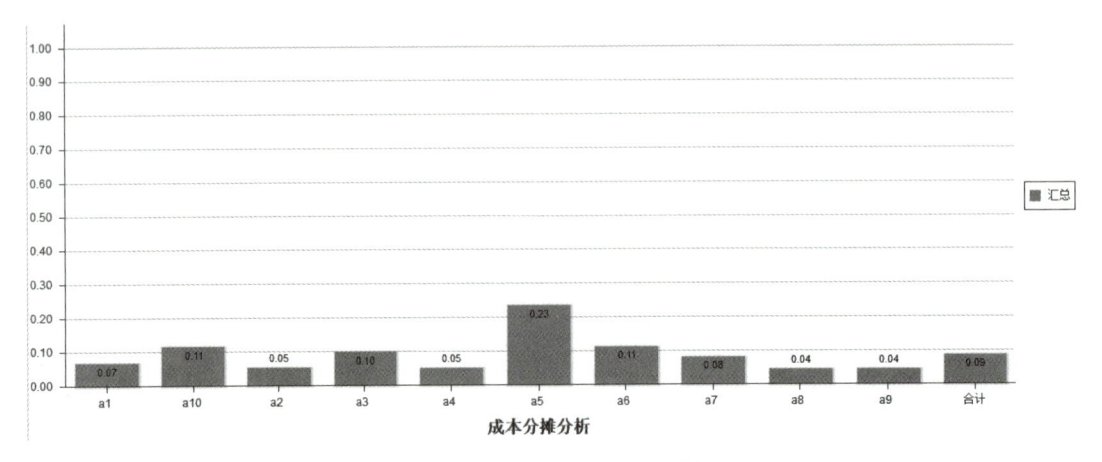

图A-64　零售商成本分摊分析

11. 行政管理费效益

本功能模块用于查询各小组行政管理费效益的柱状图,可以分为汇总效益分析(也可只进行年效益分析)和成本分摊分析,如图 A-65 和图 A-66 所示。

效益分析:柱状图越高说明该小组的效益越好,成本控制得越好。

成本分摊分析:柱状图越低说明该小组的利润空间越大,回报率越高。

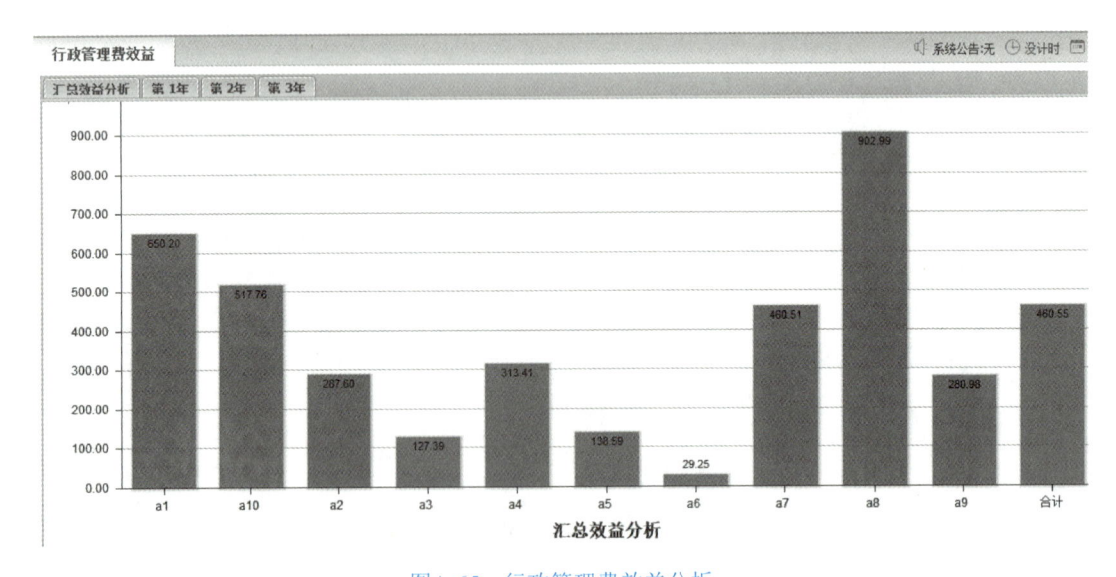

图A-65　行政管理费效益分析

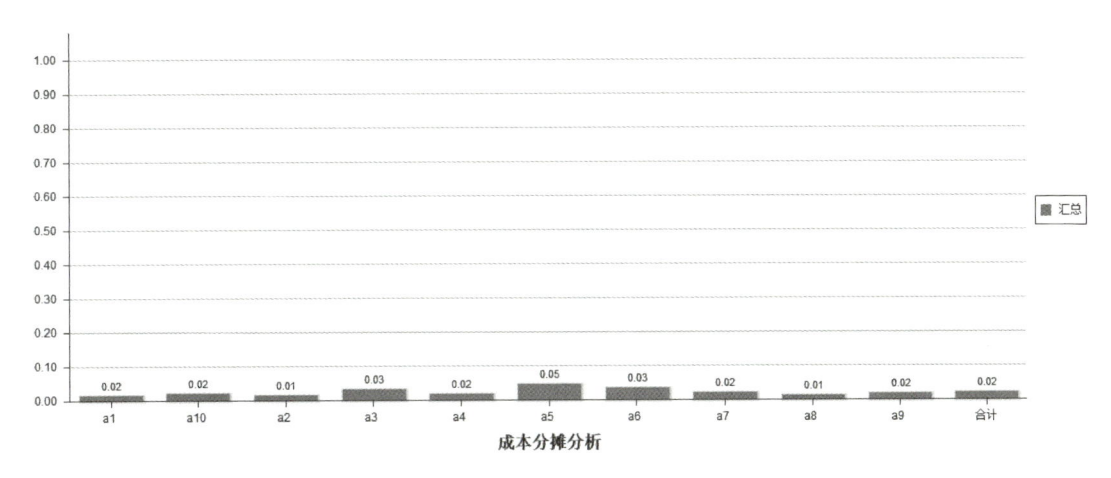

图A-66 行政管理费成本分摊分析

12. 贴现利息效益

本功能模块用于查询各小组贴现利息效益的柱状图，可以分为汇总效益分析（也可只进行年效益分析）和成本分摊分析，如图A-67和图A-68所示。

效益分析：柱状图越高说明该小组的效益越好，成本控制得越好。

成本分摊分析：柱状图越低说明该小组的利润空间越大，回报率越高。

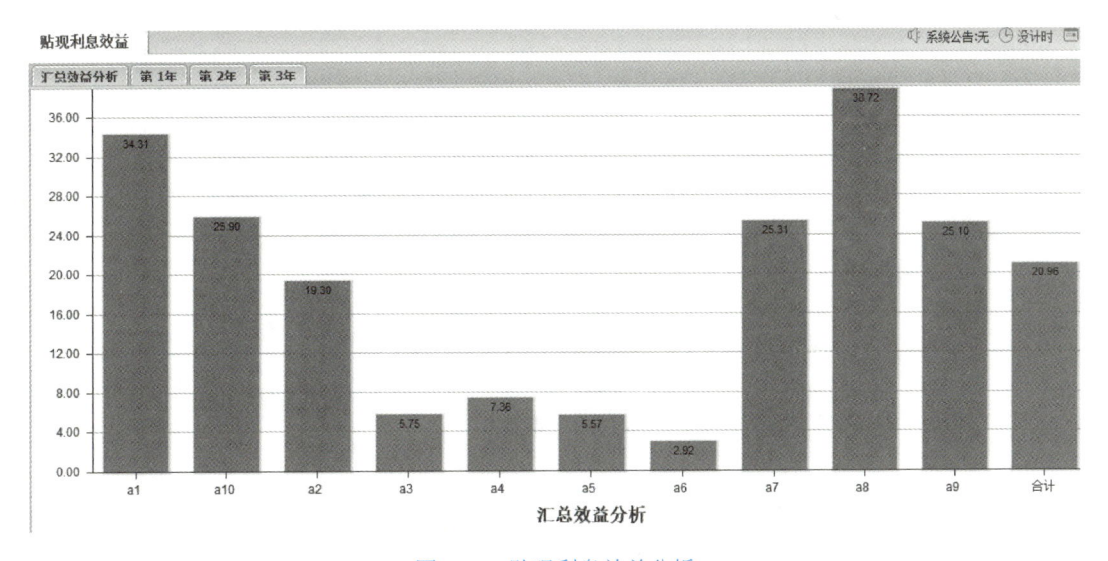

图A-67 贴现利息效益分析

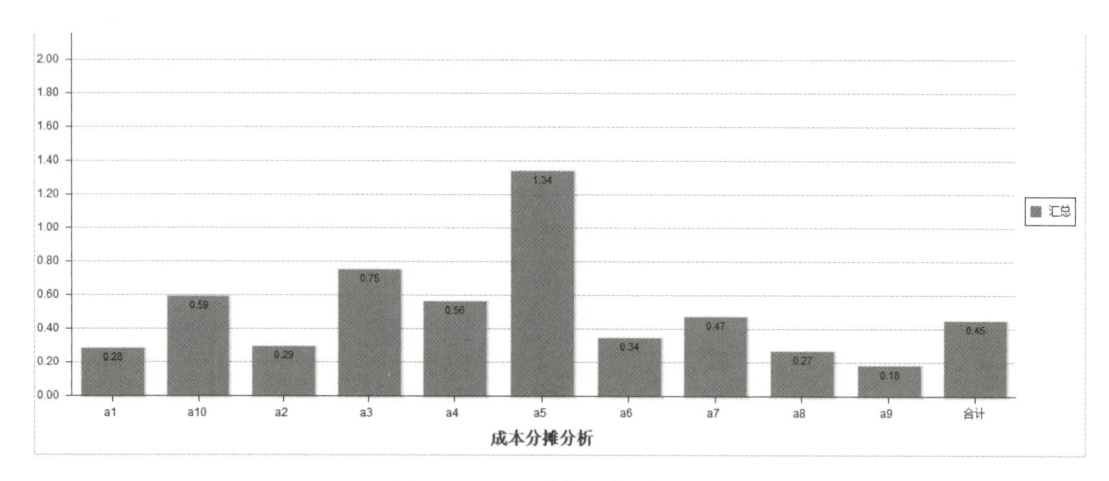

图A-68　贴现利息成本分摊分析

13. 市场品牌分析

本功能模块用于查询各小组市场品牌效益的柱状图，可以分为汇总效益分析和成本分摊分析，如图A-69和图A-70所示。

效益分析：柱状图越高说明该小组的效益越好，成本控制得越好。

成本分摊分析：柱状图越低说明该小组的利润空间越大，回报率越高。

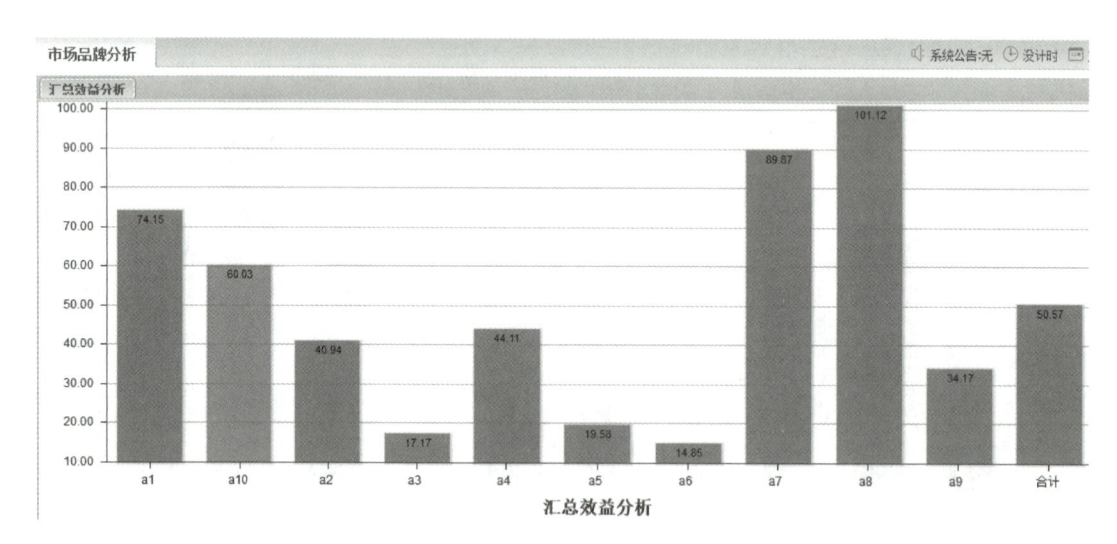

图A-69　市场品牌效益分析

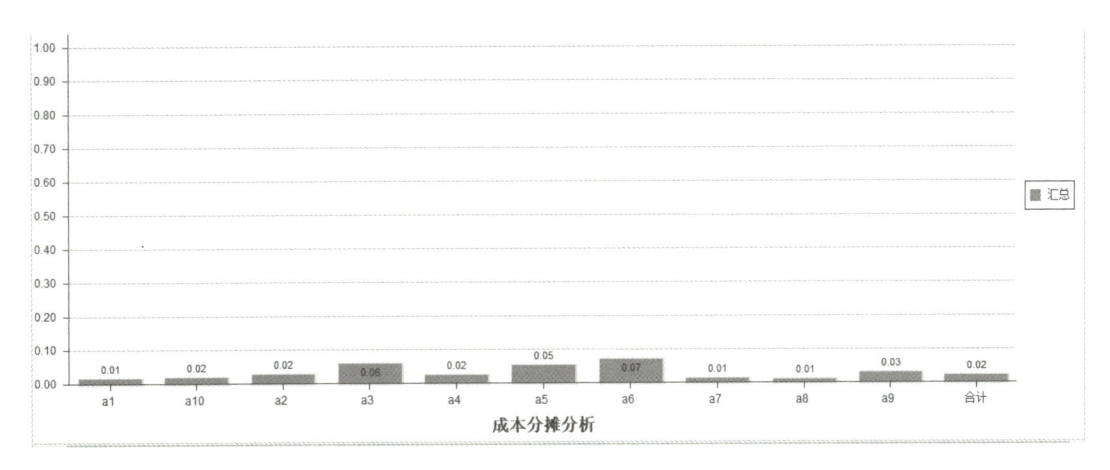

图A-70　市场品牌成本分摊分析

14. 产品盈利分析

本功能模块用于查询各小组的各项费用汇总对比图，有助于进行产品盈利分析，如图 A-71 所示。

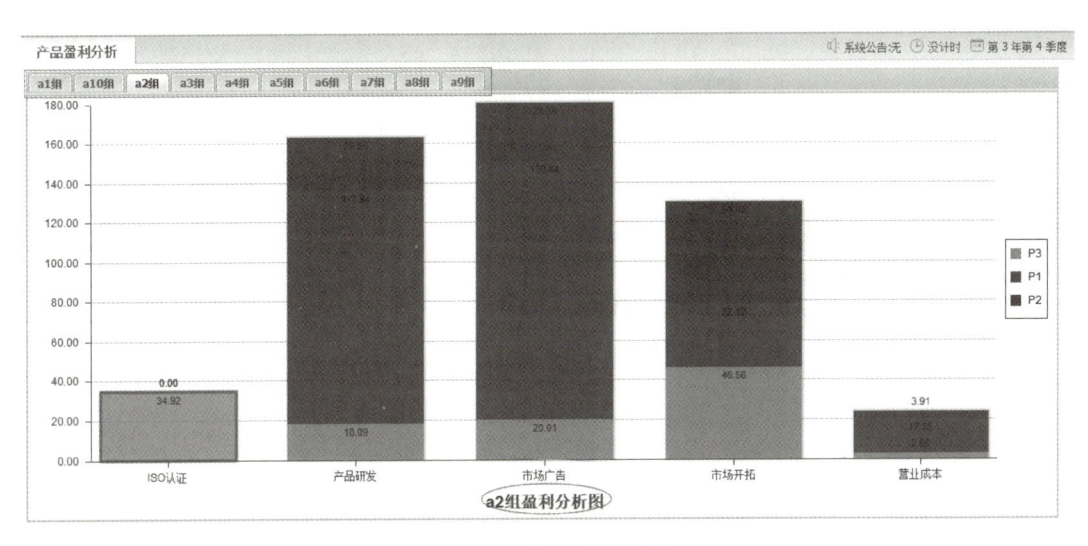

图A-71　产品盈利分析

15. 广告效益分析

本功能模块用于查询各小组广告效益的柱状图，可以分为汇总效益分析（也可只进行年效益分析）和成本分摊分析，如图 A-72 和图 A-73 所示。

效益分析：柱状图越高说明该小组的效益越好，成本控制得越好。

成本分摊分析：柱状图越低说明该小组的利润空间越大，回报率越高。

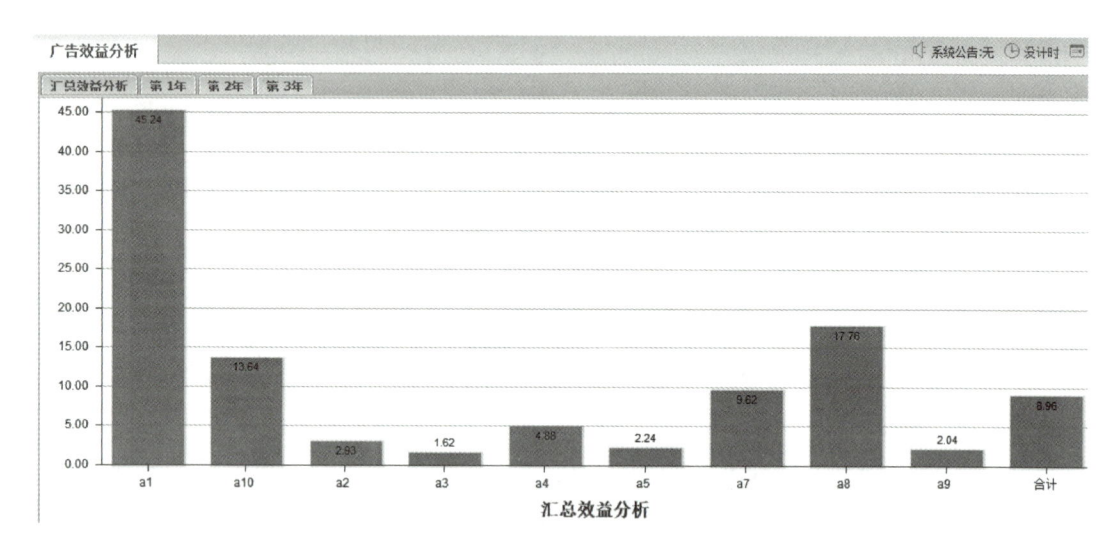

图A-72　广告效益分析

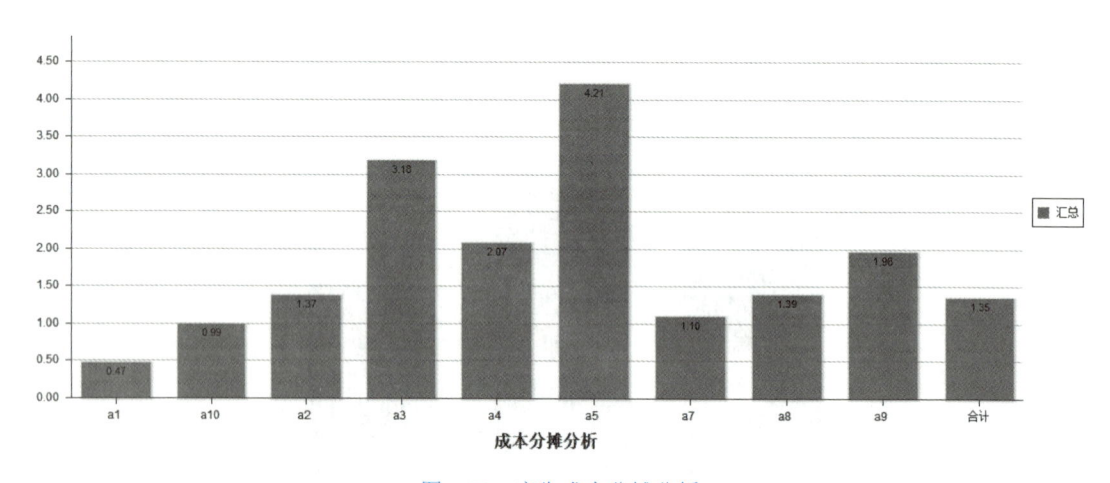

图A-73　广告成本分摊分析

16. 安定力分析

本功能模块用于查询各小组的安定力分析图，可以分为固定资产长期适配率分析、流动比率趋势分析、速动比率趋势分析和资产负债率趋势分析，如图 A-74 所示。

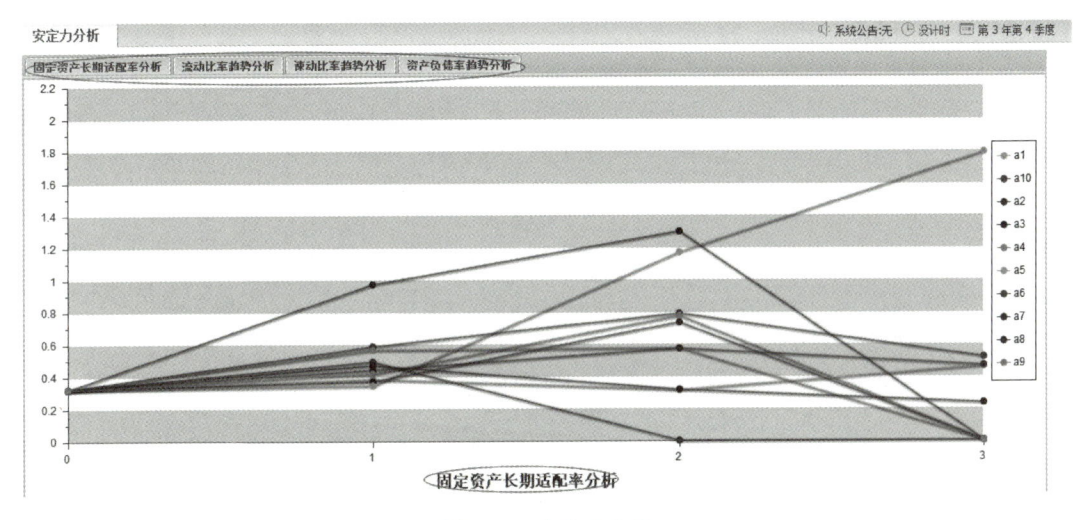

图A-74　安定力分析

17. 收益力分析

本功能模块用于查询各小组的收益力分析图，可以分为净利润率趋势分析、权益报酬率（净资产收益率）（ROE）收益趋势分析、资产报酬率（总资产收益率）（ROA）趋势分析和资产周转率趋势分析，如图A-75所示。

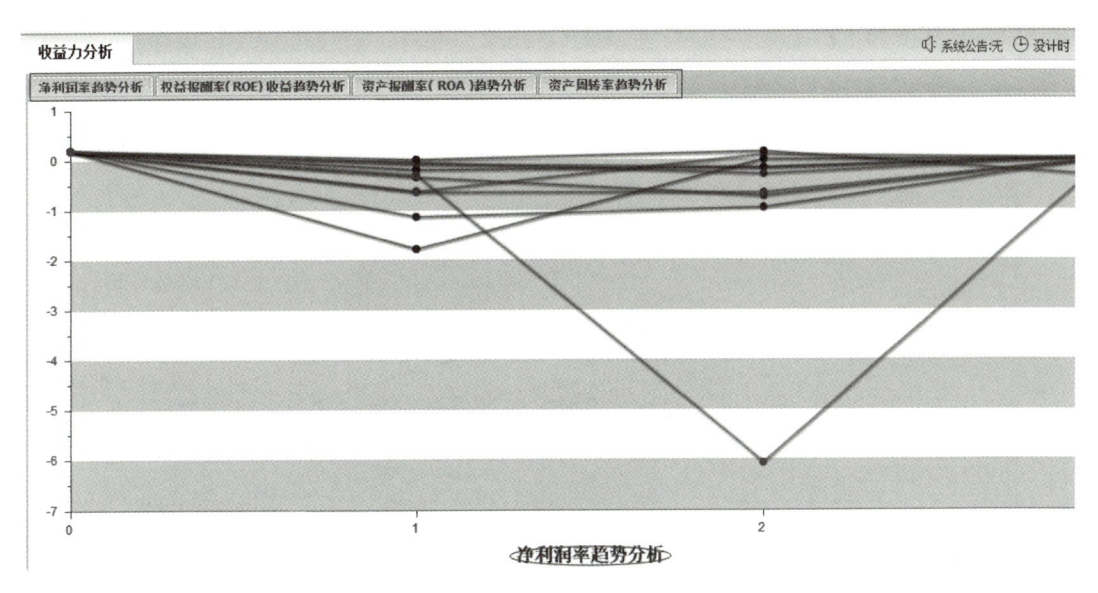

图A-75　收益力分析

系统经营过程中未涉及员工相关参数，故略过生产力分析。

18. 人均利润分析

本功能模块用于查询各小组的人均利润分析图，可以分为人均净利润趋势分析和人均营业收入趋势分析，如图 A-76 所示。

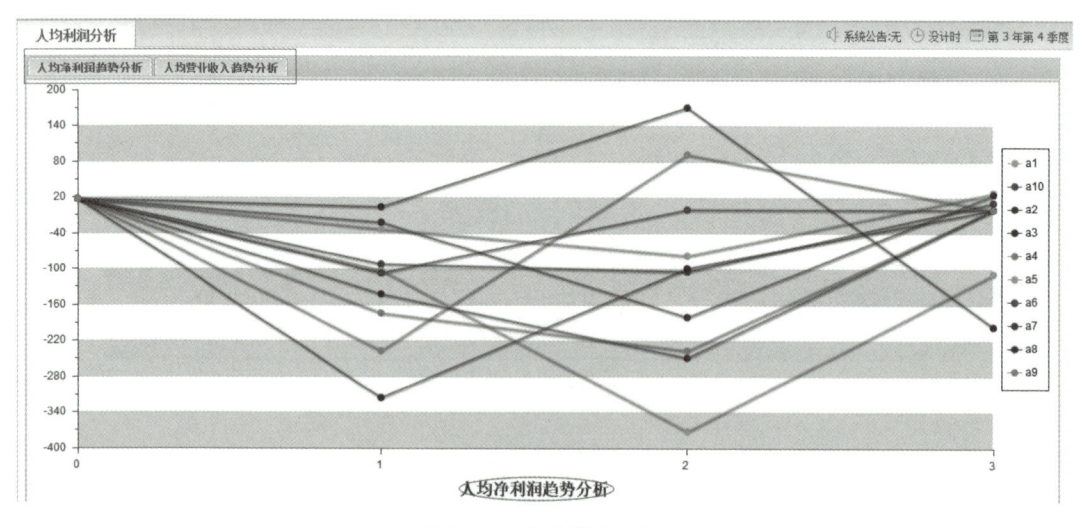

图A-76　人均利润分析

19. 成长力分析

本功能模块用于查询各小组的成长力分析图，可以分为销售成长率分析、净利润成长率分析和权益成长率分析，如图 A-77 所示。

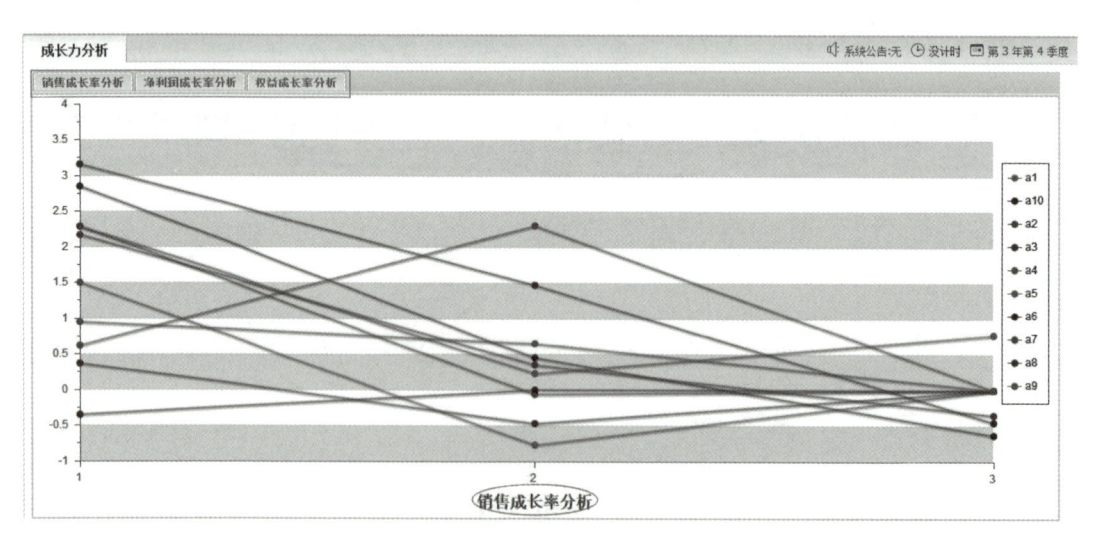

图A-77　成长力分析

20. 活动力分析

本功能模块用于查询各小组的活动力分析图，可以分为非流动资产合计周转率分析、应收账款周转率分析和资产总计周转率分析，如图 A-78 所示。

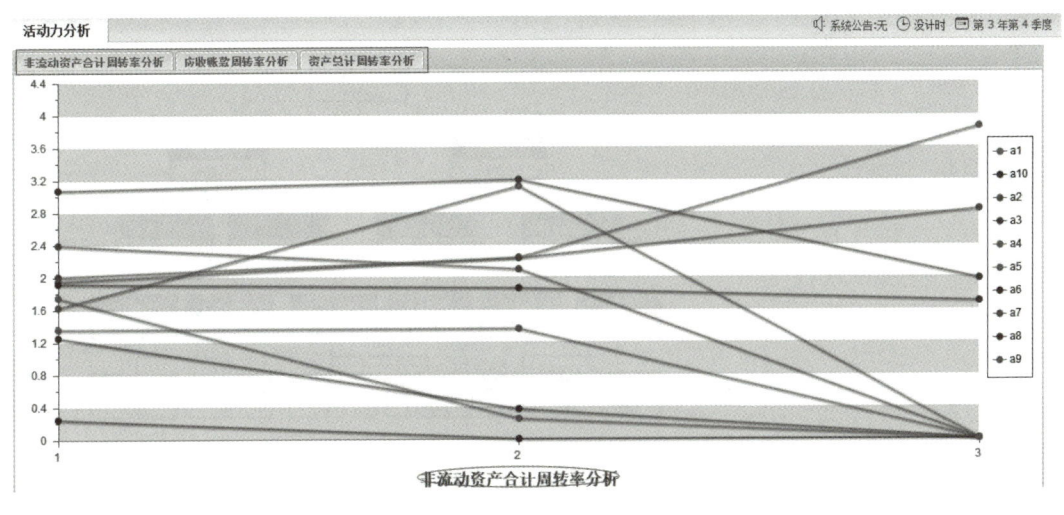

图A-78　活动力分析

21. 驾驶舱

本功能模块用于查询各小组的驾驶舱分析图,可以分为当前现金、负债率和当前库存,以及累计营业收入成本、人均利润率和营业收入,如图 A-79 所示。

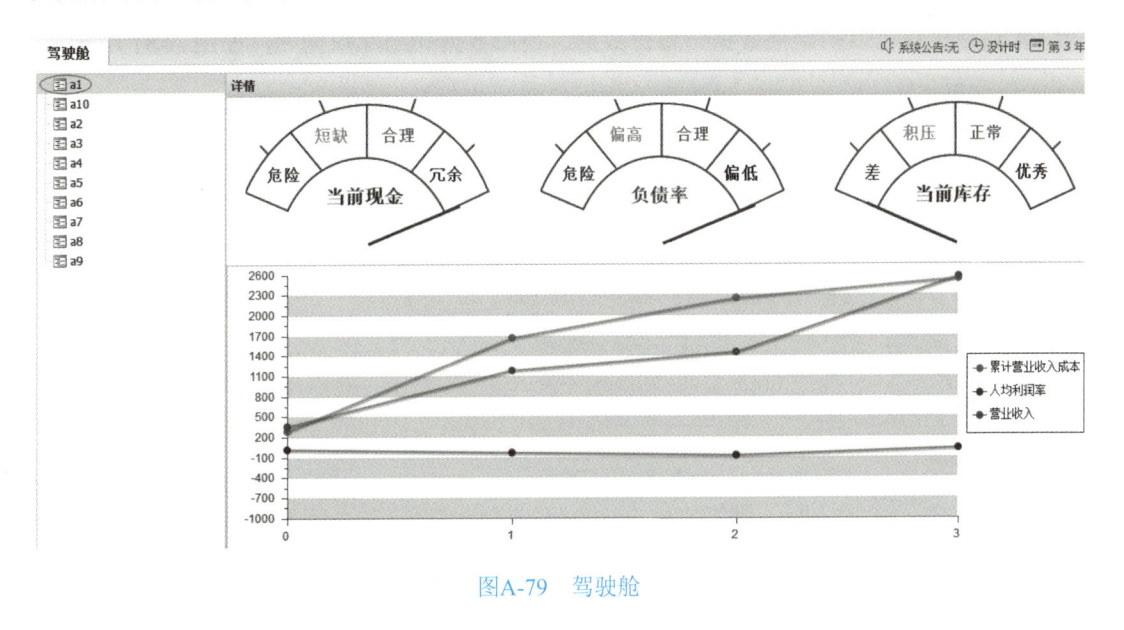

图A-79　驾驶舱

22. 杜邦分析

本功能模块用于查询各小组的杜邦分析图,如图 A-80 所示。

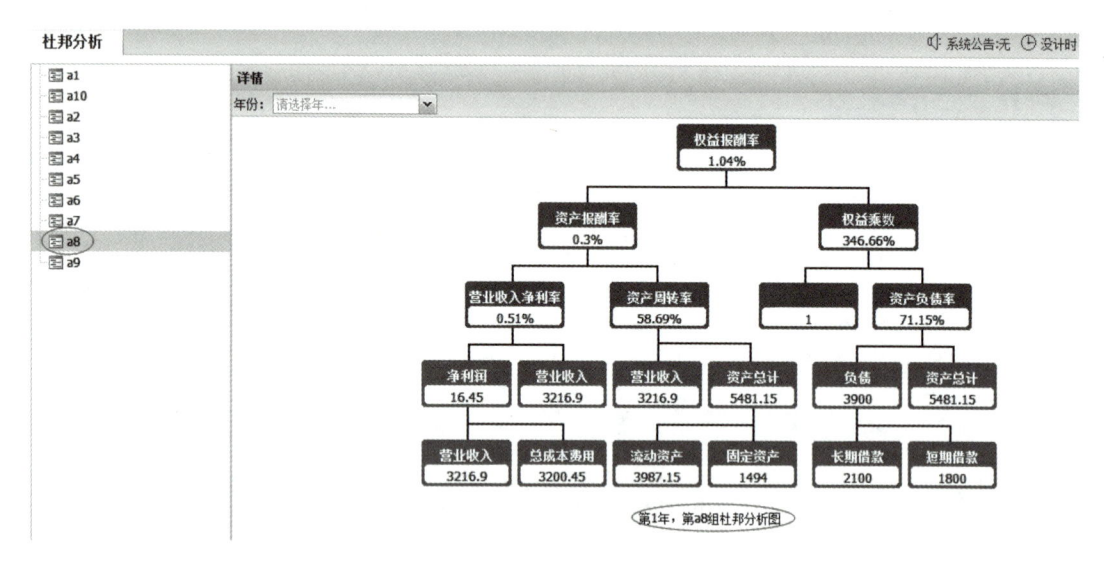

图A-80　杜邦分析

六、经营设置

1. 数据库管理

本功能模块可以初始化数据、备份数据、还原数据和删除数据库，如图A-81所示。

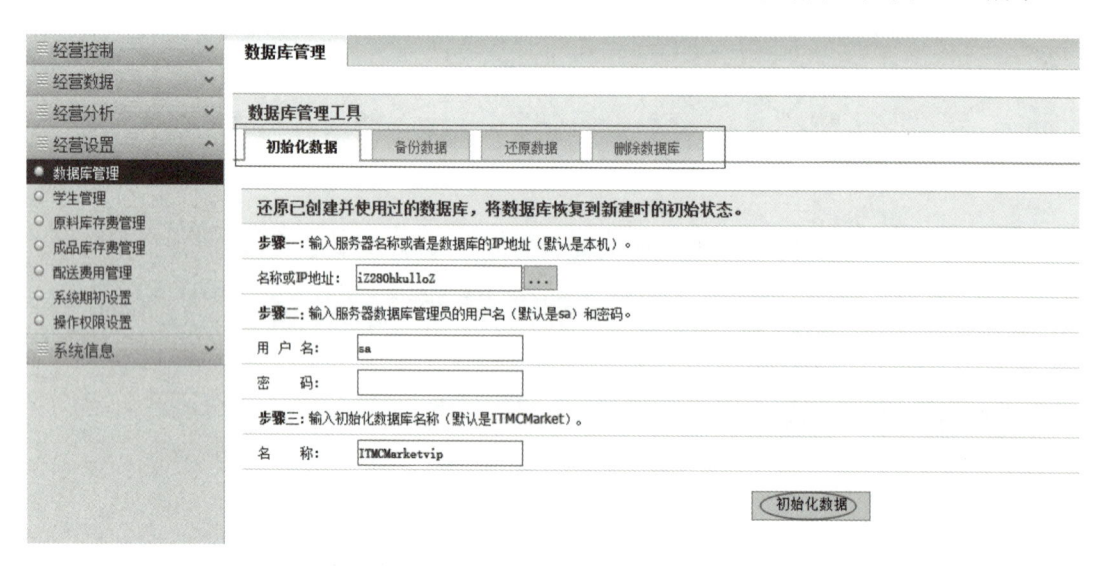

图A-81　数据库管理

2. 学生管理

本功能模块可以自由添加学生账号。可逐一添加，也可批量添加，并可进行添加、修改、查看和删除的操作，如图 A-82 所示。

图A-82　学生管理

3. 原料库存费管理

本功能模块可以添加、修改、查看和删除原料库存费数据，如图 A-83 所示。教师可以在教学初期降低原料库存费，从而降低经营难度；也可以在后期增加原料库存费，以提高经营难度。

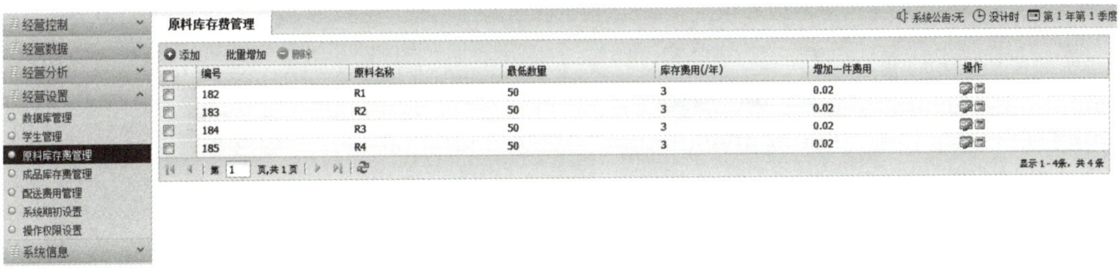

图A-83　原料库存费管理

4. 成品库存费管理

本功能模块可以添加、修改、查看和删除成品库存费数据，如图 A-84 所示。教师可以在教学初期降低成品库存费，从而降低经营难度；也可以在后期增加成品库存费，以提高经营难度。

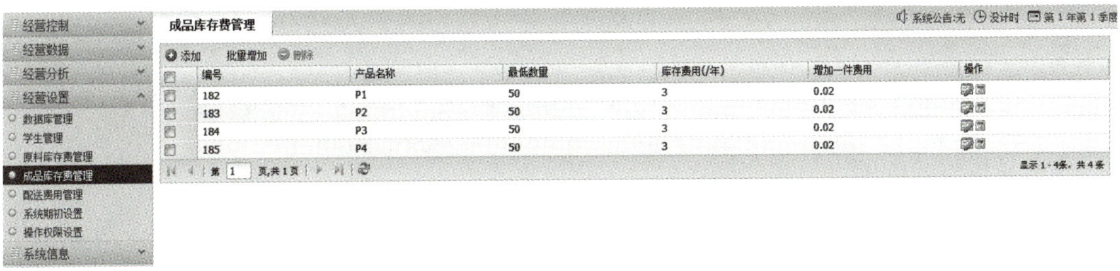

图A-84　成品库存费管理

5. 系统期初设置

本功能模块可以自由调整经营过程中的基础数据，让系统自由化，从而降低或增加经营难度，如图A-85所示。

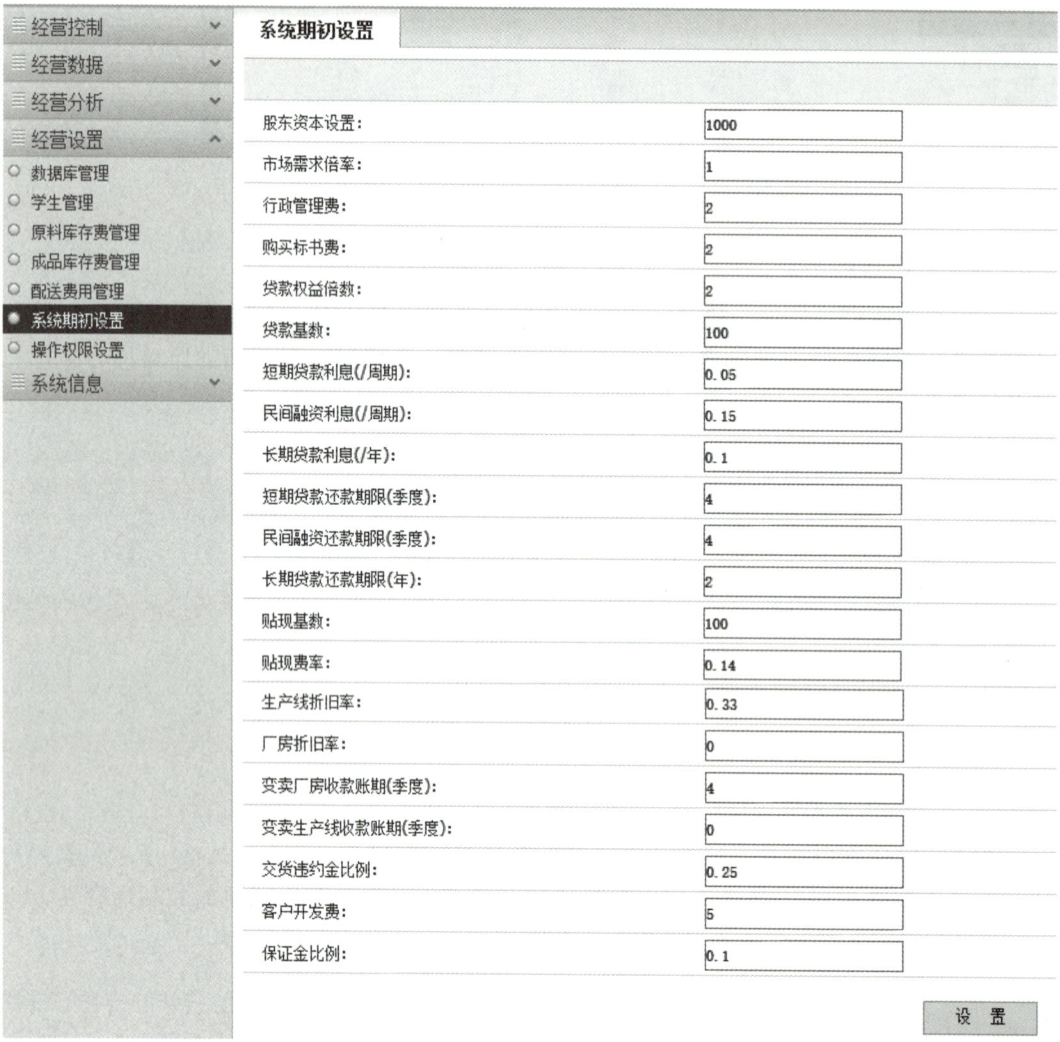

图A-85　系统期初设置

6. 操作权限设置

本功能模块可以根据教学需要设置相应的特殊任务，如图A-86所示。学生在经营过程中，教师应保证"允许单人操作"复选框被选中，否则学生端将无法操作市场营销沙盘系统。

经营控制		操作权限设置
经营数据		
经营分析		
经营设置	∧	

- 数据库管理
- 学生管理
- 原料库存费管理
- 成品库存费管理
- 配送费用管理
- 系统期初设置
- 操作权限设置

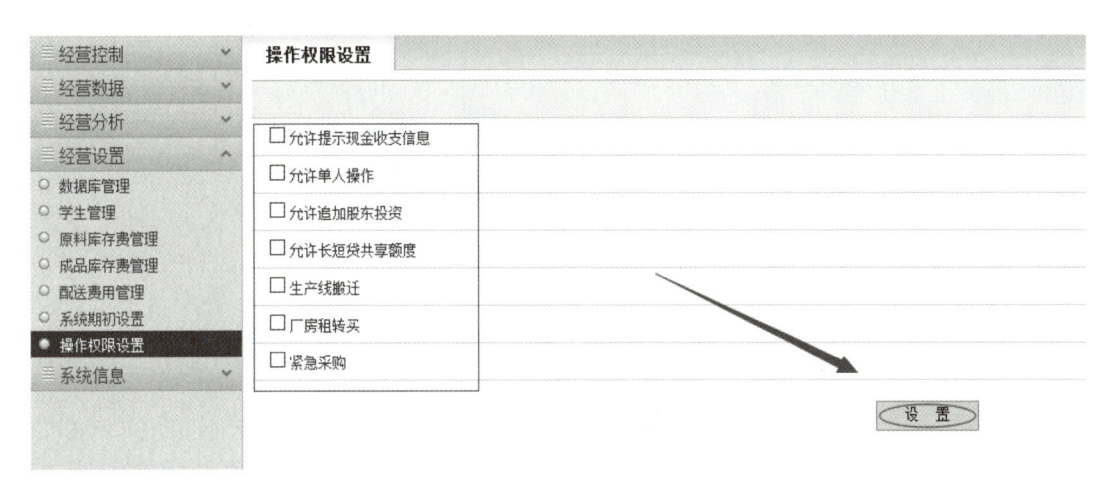

系统信息

☐ 允许提示现金收支信息
☐ 允许单人操作
☐ 允许追加股东投资
☐ 允许长短贷共享额度
☐ 生产线搬迁
☐ 厂房租转买
☐ 紧急采购

设置

图A-86　操作权限设置